国家社科基金
GUOJIA SHEKE JIJIN HOUQI ZIZHU XIANGMU
后期资助项目

数智背景下消费者对商品信息的获知-更新-使用行为研究

宋连莲　王子龙　著

科学出版社

北京

内 容 简 介

本书围绕消费者信息行为展开。数智背景下,消费者信息行为复杂多变,本书采用大数据分析技术和计量经济模型的理论分析方法,探索消费者通过视频广告获知商品信息的行为、推送干扰下的信息更新行为,以及线上跨平台信息对比后的信息使用行为。通过对这三个信息环节的讨论为商家的市场需求预测、市场开发以及营销策略实施提供理论依据和实践指导。

本书适合市场学、信息学和管理科学等学科教学科研人员及学生阅读,也适合大量参与营销管理和信息管理创新、研发活动的企业决策者、执行者及咨询机构人员等阅读。本书的诸多实证研究与结论,可以帮助企业高层管理者在面对纷杂的信息环境时,摸索消费者筛选信息的规律,制定相应的市场策略。

图书在版编目(CIP)数据

数智背景下消费者对商品信息的获知-更新-使用行为研究 / 宋连莲,王子龙著. -- 北京:科学出版社,2024.12

国家社科基金后期资助项目

ISBN 978-7-03-071727-6

Ⅰ. ①数… Ⅱ. ①宋… ②王… Ⅲ. ①消费者行为论—研究 Ⅳ. ①F713.55

中国版本图书馆 CIP 数据核字(2022)第 036522 号

责任编辑:王丹妮/责任校对:王晓茜
责任印制:张 伟/封面设计:有道设计

斜 学 出 版 社 出版
北京东黄城根北街 16 号
邮政编码:100717
http://www.sciencep.com
天津市新科印刷有限公司印刷
科学出版社发行 各地新华书店经销
*
2024 年 12 月第 一 版 开本:720×1000 1/16
2024 年 12 月第一次印刷 印张:12
字数:250 000
定价:138.00 元
(如有印装质量问题,我社负责调换)

国家社科基金后期资助项目
出版说明

后期资助项目是国家社科基金设立的一类重要项目，旨在鼓励广大社科研究者潜心治学，支持基础研究多出优秀成果。它是经过严格评审，从接近完成的科研成果中遴选立项的。为扩大后期资助项目的影响，更好地推动学术发展，促进成果转化，全国哲学社会科学工作办公室按照"统一设计、统一标识、统一版式、形成系列"的总体要求，组织出版国家社科基金后期资助项目成果。

全国哲学社会科学工作办公室

序　一

近年来，人类社会的信息网发生了巨大变化。20 世纪末兴起的互联网彻底改变了人们获取信息的方式，进入 21 世纪，人工智能推送的信息充斥着消费者生活，使得人们更新信息的方式变得被动。筛选并有效使用这些信息才能做出最优的购买决策。在信息获知行为和信息更新行为的双重影响下，消费者的信息使用行为变动较大，由此产生难以预知的购买决策行为。消费者对商品信息的获知、更新和使用行为是消费者做出购买决策前的必经环节，是模拟消费者购买决策过程时考虑的必要因素。数智背景下信息获知、更新和使用行为充满不确定性，这给商家探索市场规律并预测市场需求带来较大的困难。通过营销领域的文献检索发现，数智背景下对消费者个人层面的信息行为的研究非常缺乏。该书在数智赋能的信息技术环境下，研究消费者对商品信息的获知、更新和使用行为，模拟整个购买决策的形成机制，解释各个信息行为环节的特点和不同信息行为之间的关联性，揭示消费者信息行为的内在逻辑，提供更加准确的消费者购买行为拟合机制，为市场预测、市场开发以及营销活动提供管理启示。

传统的商品信息获知渠道是电视广告。随着智能手机的兴起以及移动媒体的发展，消费者从移动通信设备渠道获知商品信息的方式越发普遍。例如，人们在早饭时间点击手机查看新闻，便可获取到一些商品广告信息；在上下班路上或在工作间隙，人们刷看短视频，也可获知一些商品广告信息。在这期间，数据跟踪技术的使用，使得平台能够根据人们浏览的内容推送相关商品的信息。虽然手机信息推送爆发式发展数年，但线上平台广告的点击率和转化率始终占比不高。例如，欧莱雅品牌在 2016 年将广告预算大幅度转移到线上平台，但是广告并未取得预期效果，2018 年的平台广告点击率跌破历史最低值。2019 年，欧莱雅转而加大传统电视广告投入，2020 年广告效果回暖。人们更愿意相信传统电视渠道广告的真实性，传统媒体难以替代的公信力是其站在主流媒体行列的原因。2019 年开始，传统电视再次受到重视，电视广告占比逐年回升。同时，新媒体的收视情况也随着传统电视的再度崛起而受到影响。这个过程中，消费者是通过多渠道交融的方式来获知商品信息的：在通过不同的播放平台或设备观看视频的过程中获知某商品信息。这种多渠道交融的使用行为，使得消费者对商品信息的获知方式多样化，并呈现动态发展趋势。研究消费者商品信息的获知行为，可使卖家更多地了解消费者的信息输入渠道和过程，从而构建符合市场需求的商品信息展示渠道（广告分布渠道）。

人工智能的商品信息推送能够更新消费者对商品的了解，并加快消费者的购买进程。消费者对商品信息的获知行为只是让他们知道某个/某类商品的存在，从广告效用角度来说他们只是到达了市场，离购买还有一定的距离，信息推送的目的是缩短这个距离。现阶段，信息技术可追踪消费者个人的行为，锁定目标消费者，智能地将消费者偏好的商品内容推送给他们。作为理性消费者，他们对信息的更新方式不是被动地接收商品推送信息，主动且有目的的信息检索是他们进行信息更新的一个主要方式。这也是充分利用新信息技术和设备的优势。手机、平板和电脑等设备可辅助消费者自主检索信息。然而，不管是被动地接收推送信息还是主动地寻找信息，消费者最终的信息更新行为都可归纳为采用互联网设备检索目标信息。这时候消费者的信息更新行为直接与信息检索行为相关联。消费者对目标商品信息的检索涉及网页查找、链接点击、网页浏览和页面停留等行为，该行为对商品链接的设计、网站页面的设计等营销策略产生影响。深入研究消费者的信息更新行为有助于了解消费者进行信息更新的行为路径，优化信息更新的渠道。这对商家优化网站页面、设计出符合消费者信息更新行为的个性化网页有直接的帮助作用。

消费者对商品信息的获知途径和更新方式直接影响消费者的信息使用行为，乃至购买决策。例如，消费者在电视广告里获知某个商品，之后在该品牌官网上检索该商品的详细信息，并对比该品牌商品与其他品牌商品的特征。这一商品信息获知和更新行为组合富有说服力，对信息的筛选和过滤符合多数消费者的行为规律，这对购买行为的模拟和预测十分有利。然而，并非所有的消费者信息行为都满足这样的流程设定，有些消费者在电视广告中获知商品信息之后，会被推送的相关商品吸引，转而购买其他商品。这对预测目标商品的市场规律来说增大了难度。况且，电视广告并非消费者获知信息的唯一来源。数智时代下，消费者获知信息的渠道更是多样，如社交媒体广告等。因此，研究消费者信息获知行为和信息更新行为是研究消费者信息使用行为的前提，更是准确识别消费者购买决策的有效途径。

信息使用行为是指消费者在信息获知和信息更新的基础上做出购买决策的过程。消费者获知和更新了商品信息，意味着获取了足够的商品信息，之后便是消费者对信息的筛选使用过程。消费者对商品信息的使用过程即消费者在慢慢消除不确定的过程。这个过程在学术上称为消费者对商品的学习行为：通过不断摄入商品信息，深入了解商品的特性、功能等，当信息使用达到一定的程度后，消费者对商品的不确定性慢慢消除，消费者购买该商品的风险降到最低，消费者就会做出购买该商品的决定。因此，信息使用行为直接决定了消费者的购买决策行为，进而帮助商家对市场需求、市场开发以及相关营销活动做出科学准确的模拟预测。

该书围绕消费者信息行为过程展开。主要采用大数据分析技术和计量经济模型的理论分析方法，探索数智背景下消费者如何获知商品信息、如何更新商品信息以及如何使用这些信息。数智时代下，这些看似简单的信息行为并没有因为信息技术和人工智能变得简单。相反，信息来源和渠道的增多、人工智能的推送，使得信息筛选和使用更加复杂。为了科学拟合消费者的信息行为，该书从信息获知-更新-使用的视角，研究每个信息行为环节的形成机制，分析不同环节之间的影响机制，挖掘每个环节的信息行为所带来的商业管理启示。此外，综合研究消费者在不同信息获知和更新行为下的信息使用行为，模拟市场需求的动态变化规律，为商家进行市场需求预测、市场开发以及实施营销策略提供理论依据和实践指导。

2023 年初夏于浙江大学紫金港校区

序　二

　　随着大数据和智能技术的发展,信息的传送变得快捷,但是充满不确定性。消费者行为研究的重心在于消费者购买行为。对商品信息的掌控直接关系到消费者的购买决策。在商品信息智能推送和多平台推送的情况下,消费者购买的驱动因素从一元变为多元,购买模式由单一变为多重,购买决策从静态转为动态,购买对象由单一考虑变为多重考虑,等等。营销策略的制定和实施主要参考消费者行为。因此,探索消费者信息行为,依此制定合适的营销策略是学术界的一个重要研究方向,也是推动中国市场发展的一股重要力量。

　　营销领域的快速发展使消费者行为研究不断拓展,线上购买的产品类目拓展到各类服务产品,如网络电视节目。随着数智赋能产业发展,网络技术和移动终端设备的使用变得更加频繁,消费者的收视行为从传统线下观看大量转移到线上观看,与之对应的广告投放策略也发生了巨大变化。消费者在消费娱乐的同时在网络交流平台发表言论,对广告的回避更加频繁,如何衡量跨平台广告营销策略的实施效果,以及实现广告编排的优化成为学术前沿话题。

　　国内外的相关研究较注重对影响因素的分析和探讨,主要运用结构方程模型、主成分分析方法等预测出网络消费者最关注的因素,而在消费者动态选择策略研究方面显得不足,对跨平台的选择行为研究集中在消费者意向调研方面,较为精确的理论化模拟研究很是欠缺。该专著分别构建贝叶斯动态模型来模拟消费者对线上广告的观看行为,用贝塔分布和伽马分布模拟消费者回避广告的行为分布,用选择多样化模型模拟消费者对节目和电视广告的选择。提出创新的量化模型,丰富了学科的理论模型。

　　营销环境的变化使消费者的行为在短时期内呈多变性。例如,人们在网页浏览过程中受到手机信息的影响,从而改变网页搜索信息;线上购物时,收到相关产品推送的广告,改变购买目标;等等。消费者购买行为的多变性导致购买结果的复杂化。在数智背景下,消费者对商品信息的获知直接影响其购买决策。研究消费者信息行为能够较为准确地把握消费者信息源,模拟其信息使用行为和购买决策。消费者信息行为更加复杂多变,单一模型的模拟方式无法适用。该专著开创性地提出联立模型,综合考虑消费者信息获知行为和信息更新行为对购买决策的影响。方法论的提出为营销学科的发展提供又一新颖的研究范式和研究理论。

该专著以新时代中国市场为背景,挖掘出具有代表性的消费者信息行为,剖析其发生原因,探索其发展变化规律,从而指导市场营销策略的实施。该专著所研究的主题均是学科前沿话题,具有领域代表性。研究的理论方法创新性强,为学科的发展奠定了理论基础。专题研究内容,如"视频广告渠道的信息获知行为""跨平台信息更新行为"以及"消除商品不确定性的信息使用行为",研究视角独特,研究方法新颖,研究结论对实际营销策略的制定和实施具有可行的参考价值。

王永贵

2023 年夏于浙江工商大学

目　　录

第1章 引 言

1.1 研究背景及意义

2020年9月4日，习近平主席在中国国际服务贸易交易会全球服务贸易峰会上的讲话中强调："我们要顺应数字化、网络化、智能化发展趋势，共同致力于消除'数字鸿沟'，助推服务贸易数字化进程。"①数智化是数字化发展到更高阶段，与智能化融合的产物，以大数据分析与处理为基本特征，以机器学习、人工智能等为核心要素。数智化，作为人类社会发生的一场影响深刻的革命，它将推动经济和社会发生巨大的变化，催生智能市场，改变人们的生活方式。在智能化环境下消费者的行为受到前所未有的影响。如何满足消费者越来越个性化的需求成为实务界和学术界共同关注的焦点，在营销层面，这种趋势尤为明显。

营销理念一直在发生着变化。例如，从20世纪的以生产为主导的商品理念，发展到21世纪的以市场需求为主导的创造"用户价值"理念。信息技术和互联网的发展改变了传统营销背景，提升了消费者在商业行为中的地位。了解消费者利用新技术和信息数据执行购买决策的过程，能够使企业更快地适应数智环境下的市场变化，更有效地争夺市场份额。这对企业迎合市场需求和开发市场及创造用户价值无疑是最有帮助的。

深刻解读消费者在数智时代下的购买决策过程，其购买决策已经与传统理念中的购买决策不同了。信息技术和人工智能使得消费者在购买前的信息使用过程更加复杂，难以预测。例如，某公司在2017年做品牌市场开发的时候，未考虑消费者信息更新行为对信息输出的干扰作用，导致信息呈现方式与市场需求偏差较大，市场开发预期与实际值相差巨大，亏损严重。2021年"双11"期间，虽然平台采用了分期分流的办法，但仍有近九成的卖家对市场预估不准，导致营销策略难以实现预期值。最典型的是经营某服装品牌的公司在人工推送的榜单上增加了10%的订单。由于忽略了人工智能在消费者购买过程中的影响及作用，该品牌未能预测到这部分订

---

① 《习近平在2020年中国国际服务贸易交易会全球服务贸易峰会上的致辞（全文）》，http://www.mofcom. gov.cn/article/news/202009/20200902998962.shtml，2020-09-04。

单，造成营业额的亏损。对于主打老年人服装的爱家品牌，我们在跟踪其2020年"双11"期间的购买信息的时候，发现虽然他们的目标群体是老年人，但是执行购买决策的是中青年人。于是，我们建议他们提高人工智能窗口的推送费用，减少线下门店的推广。于是在2021年"双11"期间，其市场销售额比2020年同期增加了10.12%，而成本却降低了7.5%。可见，充分考虑数智的特点及其在市场营销中的作用，对调节并准确预测市场需求有极大的帮助。

数智时代下，消费者购买决策受到更多因素的影响。信息技术的帮助，使更加细致的消费者购买行为模拟成为可能。对消费者购买决策研究，最初是对线下实体店的消费者购买决策的分析，常用的模型是离散选择模型（discrete choice model，DCM）（Song et al.，2017；Li et al.，2019；Song et al.，2021）。离散选择模型是一种模型拟合方法，针对从多个项目中选择一项的市场选择问题。所有项目的集合称为选择集，选择集中的选项相互独立且项目总数有限。当项目数量太多，决策者难以区分时，Daniel L. Mcfadden（丹尼尔·L. 麦克法登）提出样本选择的方法，从项目中抽取样本供决策者参考。效用函数就此得以提出，用来描述一个决策者遇到多个项目时的决策依据。然而，基于效用函数的离散选择模型是在完全信息的假设下构建而成的，即在实体店购买能够让消费者更充分地了解商品，获知一切想知道的信息，这个假设对于在实体店购买的情况基本上是正确的，但是随着购买环境的改变，该类模型的应用受到限制。

电子商务的迅速发展使得线下购买转为线上购买。现有对消费者网购行为的研究主要是对影响因素的研究（Feo-Valero et al.，2016）。由于线上购买无法满足离散选择模型的完全信息假设，很少有量化模拟的研究出现。直到2012年，Kim和Ratchford提出检索模型（search model）。该模型以离散选择模型为理论框架基础，假设消费者是在信息不确定的情况下做出购买决策。检索模型的出现使得对消费者线上购买行为的模拟研究顺利开展，能够有效控制模拟误差。

随着新零售概念的提出，消费者的购买行为复杂多变，不单是线上或线下购买，而是以线上线下结合的方式进行（Lowenstein-Barkai and Lev-On，2018）。这给消费者购买决策行为的量化模拟研究带来极大的挑战。消费者可能是看到线上信息，受到线上推销活动的感染后，去线下门店核实信息，最后在线上以优惠的价格购买。对这一系列行为的模拟是极其困难的。即使随着信息技术的发展，可以跟踪记录消费者线上和线下的购买行为数据，也难以捕捉变幻莫测的购买行为的规律。

2014 年，消费者跨平台行为（cross-platform behavior）概念提出。很多研究论证了消费者跨平台行为的影响因素（Segijn et al.，2017）以及跨平台行为对商家总体销售营业额的影响（Lin et al.，2019），但对该行为的量化模拟研究并没有顺利开展。尤其在数智环境中，消费者的跨平台行为更加复杂：消费者对平台的使用不局限于跨平台，也可能是同时使用多个平台，即多平台行为（multi-platform behavior）。消费者可以在看电视的时候获知某商品的信息，而后在手机上查找相关信息。在接下来的几天时间内，该商品的商家会通过人工智能推送方式将商品信息不断地推送给消费者。这样，消费者在仅仅使用两个平台的情况下，就能接收到该商品的很多信息，以及相关商品的信息。这种情况下消费者的平台使用行为是包括跨平台和多平台行为的。不管是从平台使用的角度还是从选择行为的角度，都很难准确模拟消费者的购买决策。

鉴于上述实际情况，本书设立了如下研究问题：①消费者多样化的信息获知行为下的广告推广策略研究；②基于动态学习机制的消费者信息更新行为建模；③智能推送信息干扰下的不确定性消除机制研究；④基于消费者网页信息更新行为的链接优化研究；⑤信息获知、信息更新行为对消费者信息使用和购买决策的影响机制研究；⑥信息获知-更新-使用行为下的市场扩散机制和规律研究。

本书从一新的角度开展消费者购买决策的模拟研究：消费者购买决策过程是充分利用信息消除不确定性的过程。商品信息的从无到有、由少变多，反映了消费者认知商品的过程。当消费者对商品的认知达到认可的程度的时候，消费者对商品的不确定性被消除，其就会购买商品。本书抓住消费者这一信息行为演变的过程，对消费者的商品信息获知-更新-使用行为逐一研究、关联归纳并进行因果探索。通过这一细化的行为分析流程，模拟目标市场的购买行为变化规律，归纳市场份额变化的原因，为商家探索商品信息的输出和推送策略、开发市场和实施相关营销策略提供理论指导和实践依据。

1.2　主要研究内容

本书围绕消费者信息行为展开。主要采用大数据分析技术和计量经济模型的理论分析方法，探索数智背景下的消费者如何获知商品信息、如何更新商品信息以及如何使用这些信息，从而准确地模拟市场需求规律。为了科学拟合消费者的信息行为，本书着重探讨个体消费者的信息获知-更新-使用这三个环节，研究每个信息行为环节的特点、不同信息环节之间的相互作用机制，以及在这三种信息行为下的市场需求的动态变化规律，为商家进行市场需求预测、市场开发以及实施营销策略提供理论依据和实践指导。

本书的主要研究内容概括为四点：一是视频广告推送的商品信息获知行为；二是跨平台搜索的信息更新行为；三是消除商品不确定性的信息使用行为；四是消费者信息行为的应用研究。具体内容如下。

1.2.1 视频广告推送的商品信息获知行为

数智背景下消费者对商品信息的获知渠道多种多样，但是对不同渠道信息的信任程度是不同的。具有传统电视广告特征的视频广告是消费者心中最信赖的信息来源。本书专注于研究消费者通过视频广告获知商品信息的行为，研究内容包括以下四部分。第一，被动的不完全信息传递机制。视频广告常以电视节目为载体，节目的特征、播放设备的特征与消费者的广告收视行为紧密相关。由于消费者对广告有天然的回避行为，商品信息获知行为实际上是被动的不完全信息传递行为。第二，视频广告的信息传送机制。贝叶斯更新理论（Bayesian updating theory）以前验和后验信息为更新变量，交替拟合不完全信息的传递过程。第三，对消费者对视频广告的学习行为的模拟。电视节目和视频广告中的信息让消费者初步接触到了商品信息，但是消费者获取信息的行为是动态选择的，消费者在学习商品信息的过程中了解商品质量，该学习行为决定了信息获取行为。第四，消费者信息获知行为模拟。综合分析信息渠道的传递机制、视频广告的信息传送机制，以及二者对消费者信息获知行为的影响，研究消费者的信息获知行为。本书第 3 章首先分析消费者对不同节目的收视行为特征、节目特征和播放设备特征之间的关系，其次构建包含均匀分布和贝塔分布的混合模型，模拟消费者对电视节目的收视行为、对广告的学习行为以及通过广告对商品信息的获知行为。

1.2.2 跨平台搜索的信息更新行为

信息更新行为极为关键，它为消费者降低或消除对商品的不确定性提供充分的信息依据，有效的信息更新有助于消费者快速购买。该部分通过应用大数据分析技术、构建计量经济模型和实证检验，研究消费者从多个信息平台（或渠道）更新商品信息的行为，主要包括以下四部分内容。第一，信息获知行为对消费者跨平台信息检索行为的影响机制。采用数据分析和模型分析法，探索消费者信息获知行为对信息平台选择的影响机制，包括平台选择和平台检索两种行为。第二，消费者网页点击偏好和网页停留时长模拟。消费者选择平台之后，投入到信息检索的行为当中。网页浏览行为主要关注随机浏览和目标浏览行为，在这两种行为下模拟消费者网页点击偏好和网页停留时长。第三，不同平台检索行为的相互影响机制。信息平台之间存在信息重复或信息补充现象。运用因素分析和计量模型，检验平台之间的相互影响关系，消除平台对信息更新行为的内生问题。第四，信息更新行为的模拟。信息更新行为本质上是消费者的目标性信息检索行为，但同时受到智能推送信息的干扰。跟踪消费者的信息检索行为，构建消费者的信息效用最大化理论模型，模拟信息更新行为的动态规模。本书第4章从消费者效用最大化的角度构建理论模型，分析消费者网页信息检索行为、个性化网页浏览行为、网页链接点击行为。

1.2.3 消除商品不确定性的信息使用行为

信息更新完成后，消费者将基于所获信息决定是否购买以及购买的数量。该部分主要研究基于信息获知和信息更新的信息使用行为，包括以下四部分内容。第一，信息更新对消除商品不确定性的机制。在购买之前，消费者将根据信息消除商品不确定性。基于消费者网页浏览行为，构建计量模型，研究信息更新对商品不确定性的消除机制。第二，消费者对商品信息的学习机制。不确定性的消除过程即为对商品信息的学习过程，呈现两面性：一方面通过信息更新更加认可该商品，提高购买的可能性；另一方面通过信息对比放弃该商品，转而购买其替代品。构建贝叶斯更新模型，模拟消费者通过信息更新对商品信息的学习机制。第三，消费者信息使用的预期和风险。信息筛选过程是消费者权衡信息使用预期和使用风险的过程，贝叶斯更新模型通过预期和风险两个变量，模拟消费者信息筛选过程。第四，消费者信息使用行为模拟。该过程可反映消费者对商品的心理接纳轨迹，揭示消费者购买商品的理论机制。第5章探讨消费者消除商品不确定性行为和购买决策行为。基于贝叶斯更新理论，构建消费者动态决策模型，通过模拟消费者对网购预期和风险的感知变化过程来模拟消费者的信息使用机制。

1.2.4 消费者信息行为的应用研究

本书探讨的消费者信息行为皆出于市场实践问题，研究结论皆用来打破实际市场营销瓶颈。应用研究包括以下三部分内容。第一，信息获知行为启示下的广告投放策略。消费者信息获知行为反映了消费者对视频广告的收视行为，研究结论有助于商家解决如何提高广告效率、如何有效进行广告投放等广告营销问题。第二，信息更新行为启示下的网页优化策略。信息更新行为反映了消费者对网站网页的浏览行为，研究结论将为网站进行个性化网页设计、网页链接优化以及网站新功能引进等提供管理启示。第三，信息使用行为启示下的市场营销策略。消费者信息使用行为是基于商品信息获知和更新的不确定性消除行为，反映消费者筛选和利用信息的内在心理机制和外在行为决策过程，研究结论有助于商家探索消费者购买行为规律，预测数智背景下消费者购买决策，以及提高市场占有率。以上论题皆基于实证研究完成。本书第 6 章介绍了实证研究的方法步骤，第 7 章详细阐述了研究结论的实际应用。

为完成上述四个方面的研究，本书采用了四种研究方法。一是大数据处理技术与计量经济模型相结合。数智背景下的消费者信息行为是包含大容量信息数据的记录行为。本书针对消费者信息行为进行分析和模拟，首先要做大数据处理分析，其次针对消费者行为特征，构建创新计量模型，挖掘消费者信息深层次的市场含义。二是规范研究与比较研究相结合。本书对与消费者信息行为主题相关的研究文献进行系统回顾，从中寻求研究薄弱之处，以探寻消费者信息行为的研究内容和方法。在此基础上，综合运用横向比较研究法和纵向比较研究法，对有关消费者行为和营销策略的理论和文献等进行梳理和比较。三是演绎推理与逻辑归纳相结合。本书综合借鉴心理学、市场营销学、统计学、计量经济学等领域的相关理论和方法，对模型的构建、拓展和模型理论验证、实证检验的具体过程等进行演绎推理；对研究问题的提出、研究思路的拓展、研究结论和创新之处等进行逻辑归纳。四是理论分析与实践运用相结合。本书不仅从理论上阐明了数智背景下消费者信息行为的内涵和规律，而且注重将理论研究成果应用于中国营销实践。对模型的验证和对营销策略的模拟都是基于消费者实际行为数据进行的，可为我国企业营销策略的制定和实施提供量化的参考依据。

1.3　研究观点和学术价值

本书的主要观点有三个。一是明确数智环境促使消费者信息行为变化的机制是学术界和企业界亟待解决的重要问题。信息时代的变革促使消费者的信息行为发生本质改变。基于人工智能的信息推送使得消费者的信息获知、更新和使用行为不断出现新模式。探究消费者信息行为的变化机制不仅能够反映数智背景下消费者对信息的态度和行为，而且能够帮助商家制定并实施有效的信息输出和推送策略。二是从信息获知-更新-使用的角度研究消费者个体信息行为契合信息变革的营销研究视角。信息变革使得消费者的信息行为变得复杂、难以模拟。本书提出信息"从无到有"的分步骤研究模式，从信息获知-更新-使用的研究视角进行分析，能够跟踪模拟消费者对某一商品的信息获取行为和购买决策行为。三是动态学习机制模型是营销领域研究消费者信息行为急需的研究理论和方法。数智时代催生的消费者信息行为多变且新颖，现有理论模型很难跟踪模拟消费者多变的信息行为以及由此引发的消费者多重购买决策。创新计量模型能够有效模拟消费者信息获知-更新-使用行为，是准确预测信息变革影响下的购买决策急需的研究理论和方法。

　　本书的学术创新体现在以下三个方面。第一，提出从信息获知-更新-使用的视角研究消费者个体层面的信息行为。该创新点较之前研究的不同之处在于该视角有助于对信息行为进行追踪，捕捉相关历史数据的影响及作用，准确衡量信息行为之间的因果关系。之前的研究主要从消费者信息行为单个环节及视角出发，挖掘相关影响因素，如信息获知环节的信息可靠性（Erdem et al.，2008）和信息来源（Lu and Lo，2009），信息更新环节的需求多样性（Song et al.，2021）、信息更新行为模拟（Kim et al.，2002；Song et al.，2021），以及信息使用环节的决策影响因素、决策优化和模拟等（van Dijk and de Dreu，2021）。这些研究对每个环节的信息行为有着深入的探索，但是对消费者最终的购买决策行为的模拟和预测，以及对相关市场策略的模拟和预测难以达到精准的水平。因为缺乏对信息行为的追踪，相关历史数据的影响及作用未能捕捉到，信息行为之间的因果关系也无法准确衡量。本书从信息获知-更新-使用的视角，全面洞悉消费者信息行为的各个环节，准确测量各个信息行为环节之间的因果关系，对最终的消费者购买行为、市场策略的运行效果等，做出准确的模拟和预测。同时，基于对消费者信息行为的追踪，对个体行为的特征、变化趋势和发展给出科学可行的指导。不管是信息的提供者还是信息的使用者，都可从本书中得到启示。第二，揭示了消费者信息获知行为、信息更新行为和信息使用行为之间的关联性和内在逻辑。较之前的研究，该内容属于原创性的研究内容。现有研究未曾对信息行为之间的关联性和内在逻辑进行过深入探索，主要原因是现有研究专注某一个环节如信息检索行为（Liu and Hill，2021；Zhou et al.，2019；Simonov et al.，2018）、信息溢出效应（Caballero-Luque et al.，2021）等的研究，未综合考虑消费者信息行为的分解动作，从而难以探索消费者信息行为的内在机制。本书将消费者信息行为细分为三个环节，即获知–更新–使用，研究各环节之间的关联度和相互之间的影响，探究内在因果机制，揭示消费者信息行为的内在逻辑含义。这可为探索消费者行为规律，并制定与之相适应的市场策略提供较为准确的理论成果和实践探索。第三，论证了在智能推送干扰下的信息供给变动与需求变动之间的关系。该创新点的特别之处在于探索了智能信息推送的干扰作用。已有研究已经论证了信息供给对消费者需求的影响，如信息种类的繁多（Brynjolfsson et al.，2009）、信息供给平台的多样性（Fu et al.，2017）以及信息传递设备的增多等（Bellotti and Crook，2009）引发消费者对信息需求的增加（Song et al.，2022）等。这类研究关注信息对消费者决策的正面影响，如直播人员持续输出产品信息、博主增加照片传送数量等。然而，消费者在现实的信息环境下，也会受到负面信息的影响。本书着重考虑智能推送信息的干扰。信息的智能推送，如手机推送，会将正面和负面，即消费者需要和不需要的信息全部推送，这种干扰信息的增加，会对消费者需求有什么影响呢？本书通过实证检验，量化干扰信息变动对消费者需求的影响，能为制定信息推送相关的营销策略提供指导。

本书的学术价值体现在以下三个方面。第一，深化了消费者个人层面的信息行为研究。现有关于消费者信息行为的研究在综合分析消费者信息行为方面存在不足，尤其是对于数智背景下消费者信息行为的复杂流程的跟踪研究。本书从消费者信息行为的获知–更新–使用视角出发分步骤挖掘消费者信息行为，深入探索消费者购买决策前的信息行为的每个步骤。这对深化营销领域的消费者信息行为研究具有一定的推动作用。第二，提供了信息获知–更新–使用这一信息行为研究视角，突破了现有专注于一个信息行为环节的研究视角，为全面研究消费者行为并探索内在逻辑提供了研究契机，为营销领域的行为研究提供了又一全新视角。第三，丰富了信息行为研究领域的理论模型和文献。现有文献对购买决策行为的研究较注重对影响因素的分析和探讨，主要运用结构方程模型、主成分分析方法等预测出消费者最关注的因素，而在消费者行为的量化模拟方面显得不足。本书针对消费者信息行为构建创新计量模型，丰富了信息行为研究领域的理论模型。对消费者信息行为的实证分析内容丰富了营销领域消费者行为研究的相关文献。

本书的理论模型的创新主要为以下五点：①拓展单一选择模型为多样化选择模型，构建多样化信息渠道的选择模型；②构建考虑消费者记忆衰退特性的学习函数，拓展了贝叶斯更新理论；③构建均匀分布和贝塔分布联立模型，模拟消费者观看广告的时长，以秒为单位的精确测量，丰富了广告收视行为模拟的理论模型；④构建考虑三项信息，即品牌商品信息、品牌使用者网评信息和竞争品牌使用者网评信息的风险函数，拓展了扩散模型的基础函数；⑤构建动态多样化选择模型，模拟消费者对干扰信息的筛选和购买决策行为。对消费者信息行为的模拟集中在一个模型中，能够较为精准地预测行为导向下的市场策略实施效果。

本书的篇章结构布局以一个完整的学术研究构架为基础。本书的主题为数智背景下消费者对商品信息的获知-更新-使用行为研究，所以本书紧紧围绕信息获知、信息更新和信息使用来展开研究。第3—5 章的研究内容是本书的主体内容，分别阐述消费者信息获知、信息更新和信息使用的详细内容。第 3 章描述以视频广告为渠道的信息获知行为，第 4 章描述跨平台信息更新行为，第 5 章详细阐述了在获知并更新了相关商品信息后，消费者在消除不确定性的过程中的信息使用行为。这三章内容具有层层递进的关系，首先是获知信息，其次是更新信息，最后是使用信息，紧紧围绕本书的主题展开。

第 6 章是实证研究。在 6.1 节将本书所用的数据描述一遍，即数据描述性统计分析。本书使用的数据主要有：收视数据，该数据记录了消费者获取信息的行为过程；网页浏览数据，记录了消费者通过浏览在线网页查询相关商品信息的过程；网购数据，包括消费者网上购买的行为数据。在 6.2—6.4 节中，分别用上述三类数据验证在第3—5 章中构建的研究模型。6.2 节是对信息获知行为中的多样化收视行为的模型的验证，6.3 节是用消费者的网页浏览数据对消费者浏览网页链接的信息更新行为模型的验证，6.4 节用消费者的网购数据，验证信息使用行为模型，并以服装的市场扩散为例，检验消费者信息使用行为对市场扩散的影响。

第2章 文 献 综 述

2.1 信息获知行为相关研究

消费者对商品信息的获知可通过广告、调研、他人告知等多种方式。其中，广告是消费者主要的信息获知渠道，也是商家最常用的、成本最高的商品推广方式。广告信息的传递实质上是强制性的信息传递，消费者被动地获知商品信息，这与人工智能的信息推送的实质较为相似。数智背景下，商家或平台对广告的投放策略是参考大数据分析下的消费者偏好而制定的，匹配消费者需求与广告内容。因此，研究消费者对广告的收视行为能够真实地反映出消费者获知信息行为的影响因素、行为机理和变化规律。但是，视频广告很难独立运行，往往需要载体。广告播放的载体是各类视频节目。因此，与广告收视行为相关的研究涉及视频节目收视行为和视频广告收视行为两个方面。

2.1.1 视频节目收视行为

尽管媒体类型呈现多样化，视频广告支出仍然占据了多数公司和商业广告公司的大部分广告支出（Ewing，2013）。广告的收视情况取决于电视节目收视率（Wilbur，2008），准确理解和预测电视节目收视率有助于准确预测广告的曝光率。此外，广告价格取决于该广告插播载体——某节目的收视率（Danaher and Dagger，2012），当一家公司的广告预算有限时，电视节目收视率的预测结果即为选择合适节目的依据。从电视台的角度来看，了解消费者的偏好和准确预测收视率，有助于其在越来越多的电视台和频道中提高和保持自身竞争力（Danaher et al.，2020）。因此，准确和可信的收视率预测对广告商和电视台都至关重要。消费者收视行为研究可为预测收视率和理解消费者行为提供多种可靠信息。

自1941年7月1日美国播出第一个电视广告以来，消费者的观看行为得到关注（Luce，1959；Lehmann，1971；Rust and Alpert，1984；Moshkin and Shachar，2002；Lu and Lo，2007；Danaher and Dagger，2012）。许多学者通过构建离散选择模型来研究观看选择行为（van Meurs，1994；Yoo and

Kim，2002；Danaher and Dagger，2012）。有些从横截面视角，研究消费者观看行为的影响因素及其与收视率的关系（Lee B and Lee R S，1995；Lu and Lo，2007）。Dennis 和 Gray（2013）将 Lu 和 Lo 的观众满意度模型扩展为一个纵向框架，然而，他们仍然无法回答以下问题，即从行为分析的角度来看，节目的情节性是如何一集一集影响节目选择的。一些使用先前的决策信息作为模型中的附加协变量的研究也无法回答这一问题。

Lehmann（1971）基于选择满足 Luce 公理（Luce，1959）的假设，将单个选项所获得的效用与所有选项的总效用的比率作为概率来预测观众对电视节目的偏好。此后出现了一些专注于总收视率水平的研究（Gensch and Shaman，1980；Horen，1980）。Rust 和 Alpert（1984）采用一种离散选择模型，并结合观众流的概念来预测收视率。此外，多项 Logit 模型也被用于对节目选择行为的研究（Moshkin and Shachar，2002；Rust and Alpert，1984）。

根据研究者使用的方法，以上研究可以被分为两类。一类通过效用函数利用多项 Logit 模型来研究观看选择行为，另一类使用回归和时间序列模型来测量电视收视率。这两类研究有一个共同的特点，它们都在一个特定的时间周期内忽略学习行为对需求的影响。这个共同特征有两个特殊的方面：①只选择一个被研究对象；②没有研究学习效应。这两方面研究与实际的消费者收视行为不符。

Liu 和 Lo（2019）首先通过一个两阶段决策过程来研究消费者收视行为，其应用的模型中明确包含了学习要素，对该模型可以做如下总结：①观众是否收看了这个节目；②如果观众选择收看这个节目，他们会持续收看多长时间。因为观众的学习被包含在模型中，两阶段过程能够更准确地反映电视节目收视率。然而，Liu 和 Lo（2019）提出的将决策过程分为两个阶段，然后在相关性假设下进行整合的过程相当复杂。此外，他们的模型忽略了选择多样化和观众遗忘问题，这是收视研究中很突出的问题。

由 Kim、Allenby 和 Rossi 提出的基于转化加总效用结构的离散-连续选择模型，即 KAR 模型，开辟了一个新的研究领域：KAR 模型包含理论模型的角点解和内解（Kim et al.，2002）。选择多样化指的是消费者在一次购买中可以在一个选择集合中选择不同数量的商品，购买集合中任意一个商品的数量可以是 0。然而，由于离散-连续模型的似然函数没有明确的封闭表达式，对模型中参数的估计需要用到数值积分。Bhat（2015，2018）假设误差项服从极值分布，他称这个模型为多重离散-连续极值选择（multiple discrete-continuous extreme value choice，MDCEVC）模型。Bhat

（2015）提出的假设使得似然函数的最终表达式得到了重大改进，现在这个表达式可以被表示为一个闭式概率结构。从而，与 KAR 模型相比，Bhat 开发的模型对于实际应用来说更为实用。我们基于 MDCEVC 模型来研究消费者收视行为。

在不确定情况下对消费者学习行为进行建模的历史很悠久，最早可以追溯到利用贝叶斯更新理论解释扩散效应的研究（Stoneman，1981；Jensen，1982，1983）。然而，他们中没有人建立出一个应用离散选择理论来将偏好与购买概率联系起来的框架。Meyer 和 Sathi（1985）以及 Roberts 和 Urban（1988）建立了动态 Logit 模型来研究消费者的选择行为。Seetharaman（2003）比较了两种状态的品牌选择依赖模型。一种是概率模型，另一种是随机效用模型。两种依赖性来源，即滞后选择效应和滞后评估效应被包含在模型中。在研究一种新商品的重复购买模式时，Schweidel 和 Fader（2009）考虑了动态演化过程，随着消费者通过重复购买获得更多的经验，这个过程从"尝试状态"转变为"稳定状态"。他们找到了支持这两种状态模型使用的实证证据，然而他们的关注重点是消费间隔时间，他们证明了一个新商品的消费者从初始的"指数购买状态"转移到"稳定状态"是由一个更规则的 Erlang-2 时序分布来表征的。

Erdem 和 Keane（1996）最先正式地对消费者不确定性进行了建模并研究了商品质量。他们发现学习模型对消费者选择行为的动态性进行了很好的拟合。此后，一些类似的研究开始用贝叶斯更新理论来描述消费者选择品牌或商品时的学习行为。这包括 Ackerberg（2003）、Erdem 等（2008）、Chen 等（2019）、Ching（2010）及 Liu 和 Lo（2019）的研究。Erdem 等（2008）研究了价格和广告的质量信号机制如何影响消费者的品牌选择行为的动态模型。这些研究提供了大量使用学习和贝叶斯更新理论的真实案例。在本章中，我们将考虑一个挑战标准学习规则的重要因素，即遗忘效应。

大多数应用贝叶斯更新理论的研究假设客户的质量评估保持稳定。事实上，客户回忆先前对商品质量的评估的能力会随着时间的推移而减弱（Zhao et al.，2011）。这种对先前评估的回忆能力逐渐减弱的现象是由客户随时间推移逐渐忘记造成的。当客户决定再次购买一件商品时，如果客户不能完整地回忆起之前对该商品质量的评估，遗忘事件就发生了。随着时间的推移，客户对先前评估的回忆能力减弱，这使得他们很难寻回先前的商品评估（Anderson，2000）。遗忘会影响客户利用其先前评估的程度，他们只能依赖于打折扣的先前评估。与此同时，质量评估的方差也在增大。截至目前，只有少数研究将客户的遗忘效应纳入贝叶斯学习理论中。例如，

Mehta 等（2004）提出了一个结构化模型来假设消费者回忆他们先前的评估时会伴随着噪声。Zhao 等（2011）通过允许质量感知的方差随时间推移而增大来考虑遗忘效应，同时他们使质量感知的平均水平保持固定。在本书中，我们引入一个指数衰减函数来修正观众的先前评估和评估的方差。节目收视率往往与广告收视率密切关联，因为广告的播放载体是节目，节目收视率高，插播广告的收视率很有可能高，反之亦然。研究消费者节目收视行为的目标是更好地为广告效用研究做铺垫。然而，随着信息技术的变革和移动设备的更新，消费者回避广告的方法越来越多、越来越容易。在手机具备上网功能之前的时代，是传统电视节目播放时代，消费者可以通过使用遥控器转台的方式回避广告，或者在广告播放期间上厕所、喝水、和家人朋友聊天等；手机具备上网功能之后，消费者最常用的广告回避方式是看手机，即在广告播放期间刷手机、聊微信等。频繁的广告回避行为致使广告效用下降，商家或广告主不仅关注节目的收视率，还着重强调广告保留观众的多少。学术领域内，研究者不仅要跟踪消费者对节目的观看行为，还要跟踪消费者在广告期间的回避行为。因此，我们从节目收视和广告收视两个方面对消费行为加以研究，探索消费者对商品信息的获知过程。

2.1.2 视频广告收视行为

对广告收视行为进行研究，首先要观察消费者对某个广告的观看情况，包括是否观看与观看时长。消费者是否观看了广告直接影响该广告的观众到达数，也可以理解为广告的收视率。然而，对广告的观看时长能够更加有效地反映广告的效率。一个只看了 1 秒钟与另外一个看了 10 秒钟的观众，对广告的记忆、对广告信息的使用是不同的。因此，广告的被观看时长更加深刻地反映了观众对广告的信任和喜爱程度。然而，现有对广告的收视率测量是以节目收视率为基础的。收视率以分钟为单位记录受众率，难以反映广告的具体收视状况。因为广告本身是很短的，一般为 10—15 秒，更短的广告只有 5 秒。以分钟为单位的测量方式无法给出具体的广告的收视时长。因此，消费者获知商品信息的机制成为难以解开的谜团。本书首先对广告收视测量方式加以拓展，采用统计模型拟合关注的行为轨迹，将以分钟为单位的记录信息转化为以秒为单位的信息，进而模拟消费者对商品信息的获知过程。

现有的研究缺少一种创新的方法：让研究人员或参与者来测量电视广告的收视率，他们往往是通过安装在电视上的一些记录设备，来测量电视

广告的收视率。通用设备是安装在电视机上用来接收免费无线广播的人员
测量仪（people-meter）（Danaher，1995；Zufryden et al.，1993；Liu and Lo，
2019）以及安装在有线数字电视上的机顶盒（Swaminathan and Kent，2013；
Zigmond et al.，2009）。

基于数据传输和数据存储需求，人员测量仪以分钟为单位来收集信息。
随着越来越多的频道的出现，存储需求也越来越高。此外，如果想要使用
以秒为单位的数据，会更加昂贵。从电视台的角度来看，几乎不可能花更
多的钱来扩大人员测量仪的存储空间，为广告商提供每秒的信息。机顶盒
以秒为单位记录了家庭观众的观看行为，并提供了每秒的广告收视率。然
而，这种机顶盒只能用于有线数字电视。尽管在富裕的城市中，有线数字
电视的扩散速度非常快，但仍有许多城市由于经济原因或隐私问题并没有
数字电视（Kent，2002），或有线数字电视的消费者的比例仍远低于免费无
线电视的消费者的比例。

在学术研究中，广泛使用的是人员测量仪数据（Zufryden et al.，1993；
Lu and Lo，2009；Liu and Lo，2019），因为其提供个人观看信息和相应的
人口信息。这种优势，机顶盒数据无法比拟。相较于"家庭行为"，"个人
行为"是研究和预测大多数市场和经济领域的重要信息。因此，就衡量电
视广告的有效性而言，无法提供个人观看信息，是机顶盒数据的一个非常
严重的缺陷。

观众的人口统计信息对确定潜在消费者具有不可替代的作用。例如，
皮肤护理商品 SK-II 的广告商更感兴趣的是年轻职业女性的观看行为，而
不是家庭观看行为。在这种情况下，人员测量仪数据比机顶盒数据更有用。
有些人可能会担心在使用人员测量仪时，观众是否能够正确按下他们应按
的按钮。Danaher 和 Beed（1993）通过"巧合调查"来回答这个问题，以
确定人们所说的他们所做的事情是否与他们实际正在做的事情一致。结果
显示，92%的小组成员正确地按下按钮。总体而言，人员测量仪数据更适
合学术研究。在无须投入更多资金和精力的前提下，本书试图为广告商将
每分钟的数据转换为每秒数据。

比较广告收视率和节目收视率，对研究二者之间的差异具有重大意
义。Danaher（1995）通过使用一种特殊的人员测量仪系统，获得了同一
频道上同一时间段的广告收视率和节目收视率。他用广告的平均每秒收
视率除以所有节目时间的平均每秒收视率，计算出广告的流失收视率
（Ad drop ratio）。根据他的研究结果，广告收视率下降了 5%，也就是说
在广告播放期间，广告回避行为确实发生了。Schweidel 和 Kent（2010）

也研究了这一问题。他们强调了广告收视率和节目收视率差异的重要性，因为这事关节目选择的噪声和广告商的广告收费。其中有价值的发现是：电视剧吸引了大量的观众，导致了较少的广告回避行为，而真人秀节目导致了更多的广告回避行为。与 Danaher 等（2015）、Schweidel 和 Kent（2010）通过比较收视率来说明节目和广告之间的差异的研究不同，我们选择通过比较所有观众的节目观看时长和广告观看时长，来更清晰地反映节目观看行为和广告观看行为的差异。从 Schweidel 和 Kent（2010）的结论来看，在插播广告时，电视剧具有更高的观众保留率。我们将努力证明电视剧的观看时长百分比与电视剧中广告的观看时长百分比之间存在差异。

将广告与品牌购买相结合，引出了提高广告曝光率是否会使商品购买量增加这一问题。该领域的研究颇具争议（Telser，1964；Comanor and Wilson，1967）。Sawyer（2021）断言消费者对广告重复曝光的反应呈非线性的倒"U"形趋势，即随着广告重复次数的增加，消费者反应增大，到达一个阈值点，然后下降。然而，他的研究结果与 Tellis（2017）的研究结果并不一致，Tellis（2017）认为重复有助于防止在之后遗忘，并用三个原因解释了这一看似矛盾的理论：①先前的研究使用了聚合数据或间接度量；②相比公式，他们更加重视对统计模型的测试；③行为研究被忽略。为了克服这些不足，他开发了一个两阶段的模型来研究重复广告曝光对品牌选择的影响。他使用了来自电视收视记录仪的 251 个小组成员每周的数据，和来自扫描仪的小组成员所在家庭在 52 周内购买 12 个关键品牌的卫生纸的数据。他的结论证实，反复的广告曝光对忠实消费者的品牌购买行为有显著影响，但对新消费者的影响较小。

Zufryden 等（1993）对品牌购买行为的广告效应进行的研究是又一项影响深远的研究，其检验了广告回避行为与品牌选择之间的关系。他使用多项 Logit 模型，比较了部分曝光和全面曝光的广告效果对品牌购买行为的影响。本书使用的数据与 Tellis 等（2000）的类似：家庭层面的购买数据和电视广告曝光信息。他的研究中令人惊讶的发现是：被打断的广告（一个家庭至少看了 5 秒钟的广告）对家庭品牌购买行为的影响似乎比不间断的广告的影响更大。这可能会减小由广告回避行为造成的观众流失的负面影响，从而增强广告效果。然而，Zufryden 等（1993）无法解释这一发现，因为无法使用现有的数据来测量每个观众的注意力水平。

这些研究通过构建统计模型来研究广告投放频率对商品选择的影响，从而衡量广告效果。构建模型来研究广告效果与其影响因素之间关系的方法，是我们今后的研究方向。然而，我们不以家庭为单位，而是更倾向于以个人为单位，使用来自人员测量仪的数据和对广告曝光频率的更准确的测量。因为对于 30 秒的广告而言，观看 10 秒和观看 20 秒，对广告商来说意义大不相同。我们对广告观看时长的估算方法为测量广告效果提供了更精确的量化指标，如广告曝光至少 10 秒，广告曝光频率至少为 50%，这是长期研究道路上的第一步。因此，使用个人的广告观看时长，将产生更有趣的结果，可以更好地反映消费者对商品信息的获知过程，揭示其行为机理。

2.2 信息更新行为相关研究

消费者获知商品信息后，如果有购买意向的话，会搜索更多的相关信息，加深对该商品的了解。这个过程即为消费者对商品信息的更新过程。信息获知只是消费者短暂地获得商品信息，目标是给消费者留下商品的印象，激发其购买欲望。基于理性人的假设，消费者在没有特殊的环境刺激的情况下，冲动性购买的概率是很低的。因此，作为理性人，消费者的合乎逻辑的步骤是通过信息检索加深对商品的了解，不断更新信息，更新对该商品的认知，为购买决策做好准备。因此，研究消费者信息更新行为对准确预测消费者购买行为乃至市场需求至关重要。

当下，电脑、移动设备使得信息更新极为便捷，消费者通过这些设备在网页检索商品的相关信息，即为网页信息检索行为。登录网站、浏览网页并查阅信息，是当下消费者最常用的信息更新行为。因此，跟踪模拟消费者网页行为能够有效预测消费者的信息更新行为，揭示消费者的信息获知和信息更新行为机制，及时把握市场需求动态，准确预测消费市场需求。消费者的信息更新行为从信息源的角度可以分为网页浏览行为和网站链接点击行为。浏览行为主要是查阅信息，链接点击行为主要是检索信息。通过查阅和检索，消费者可不断地获取有关商品的新的信息，不断更新对商品的认知和评价。

2.2.1 网页浏览行为

设计不当的网站可能会影响消费者检索所需信息的效率。无效地延长访问时间会增加消费者的信息检索成本，降低消费者返回该网站以获取更多信息的意愿。现有的许多与网页浏览行为有关的研究文献，讨论不同网站元素对网站效率和网页优化的影响，并提出开发网页设计的指南（Cunliffe，

2001；McKnight，2012；Song and Zahedi，2005；Chen and Hsieh，2012；
Chen et al.，2019；Zhou et al.，2019；Caballero-Luque et al.，2021；Özel，
2021）。Mcknight（2012）选择五个因素来衡量网站信息质量——相关性、
及时性、可靠性、广泛性和有用性。同一年，Chen 和 Dhillon（2012）提
出了一个理论，即由于不同的使用偏好，网站的设计可能会在男性和女性
之间产生不同的反响。除了性别之外，对于不同国家的消费者，文化也会
影响网页设计，将文化价值纳入在线交流应该成为网站推广的一个组成部分
（Elsbach and Stigliani，2018）。信念强化模型旨在衡量网页设计元素的影响
力，并为电子商务网站的设计提供初步指导（Song and Zahedi，2005）。之
后，又出现了一种具有分析网络过程（analyze network processes，ANP）功
能的模型，能够帮助组织管理人员验证其网站内容是否能够实现其既定目标
（Caballero-Luque et al.，2021）。Özel（2021）应用了一种计算学习分类器
和新网页相似度的新理论，该理论基于遗传算法对网页进行分类，且被证
明其性能优于现有的贝叶斯和 k 近邻分类器。

为了研究网站消费者在真实环境中的行为，将跟踪消费者的每次点击
的网页日志文件作为每个网站即时可用的数据库。该数据库包含了各种消
费者在自身环境的自然情景下产生的行为和需求的准确信息。许多研究通
过使用网页挖掘来处理网页日志数据（Zhao et al.，2011；Song and Shepperd，
2007）。网页挖掘是指利用数据挖掘技术自动发现并从网页文档和服务器中
提取信息（Etzioni，1996）。对网页挖掘的研究可以分为三类：网页使用行
为挖掘、网页结构挖掘和网页内容挖掘。近年来，已经构建了大量的信息
挖掘系统，用来预测游客的导航模式（Liu and Kešelj，2007；Masseglia et al.，
1999）。Aros 等（2017）定义了一种新的网页导航模式，称为全屏浏览模
式（total screen pattern，TSP），它提供了无法通过传统网页导航得到的消
费者意图的全貌。

然而，许多网页浏览行为研究缺乏坚实的实证研究，有些仅基于累积
性数据做出描述性统计分析（Cunliffe，2019），忽略了消费者个体信息更
新行为的重要性，并未从消费者偏好的角度挖掘浏览行为的内涵、机理及
规律，研究结论难以指导基于消费者网页浏览行为的网页优化策略，对消
费者后期的购买决策的预测更是无能为力。消费者是网站/网页的使用者，
他们对网页的浏览行为，包括网页提取、网页滞留、网页回顾等，能够反
映消费者对网站信息的获取行为，从而使其有效地更新商品信息。细致且深
入的浏览行为研究有助于准确掌握消费者的信息行为规律，了解消费者对网
页的选择及观看行为方式，对设计高效的网页至关重要。

2.2.2 网站链接点击行为

网站链接点击行为与网页浏览行为的不同之处在于目标性，点击网站链接说明消费者在目标导向下检索信息、累计信息。链接点击行为研究着重关注消费者/用户的点击量、点击顺序以及在所点击页面的停留时长。因此，研究消费者/用户对网站链接的点击行为可以追踪消费者对商品信息进行更新的步骤，并且把握具体的信息源，实现对信息更新行为的数学建模。

网络技术的快速发展改变了我们的生活，它为用户和外部世界提供了直接的沟通渠道（Wolfinbarger and Gilly，2001；Nguyen and Leblanc，2001）。2020年新冠疫情暴发之后，人们大大缩短外出活动的时间，相应地提高了上网的频率并延长了上网时间，网站的数量也在持续增加。尤其对于商品信息的检索和累计，消费者/用户更偏好在线信息检索。由于网站数量不断增多，网站之间的竞争尤为激烈。管理人员不断努力完善他们的网站以赢得更多的用户。

此外，随着网络技术的快速发展，基于互联网的在线等待行为流行起来。在线等待行为是指消费者在网站下帖等待回复，或者在线申请直至完成等。在线等待是一种在线信息累计的状态，这与消费者信息更新行为直接相关。例如，消费者可以在线询问商品信息，等待回复；在网站查询商品信息直至下单等。因此，研究消费者的在线等待行为对追踪消费者信息更新行为极为关键。在线等待行为最需要关注的是等待的时间。不管是检索信息还是等待答案，用户都希望能够用最短的时间获取结果。因此模拟等待行为、预测等待时长成为实质性问题。

当前已存在多种多样的在线等待形式，互联网和人机简化的交互过程设计，使得个人和组织均极大程度地降低了成本、缩短了等待时间，从而提高了等待效率。关于在线等待方面的社会调查和出版物有很多。一份关于在线等待的研究报告（Anker，2007）指出，苏格兰皇家银行中介合作伙伴公司为英国的中间人提供在线等待的渠道，原则上中间人可以在网上提交所有四个主要品牌的问题，并出示一份在线事实说明和协议。如今，大多数大学都有自己的入学网站，以便学生可以在网站上申请入学或课程。学生在线申请就是典型的在线等待行为。学生在入学网站主页提交申请，等待回复；或者学生在线申请课程，等待课程反馈。这个过程中包含三个方面的信息：网页浏览行为、网站链接点击行为和网页等待行为。因此理解消费者的在线等待行为，了解哪些因素会影响其在线等待时间，并预测等待时长对模拟消费者的网页信息偏好、网页浏览行为规律有着极大的正向作用。建立生存函数模型研究消费者的购买行为，将网站日志文件中的数据信息转换为理论指导（Song et al.，2019），成为相关研究的热门话题。从这些研究和结果可以看出，在线等待渗透到人们生活的许多方面，变得越来越重要。

随着网站相关问题的日益突出，对网页链接改进的研究迅速兴起（Chen et al.，2019；Masseglia et al.，1999；Caballero-Luque et al.，2021）。然而，基于点击流数据构建统计模型以解决主页链接优先级问题的研究很少。以前的研究者忽略了点击行为与效用之间的密切关系，未从浏览者偏好的角度提出网页改进的优化策略。据了解，目前还没有系统的实证研究链接优化的具体指导方针。本书首次提出基于效用理论的链接优化方法，以填补网页改进研究中的空白。此外，尽管关于在线等待的研究大量涌现，但基于个体层面对在线等待行为的研究深入程度不足。现有的关于在线等待的出版物主要是报告和调查，缺乏坚实的理论和模型支持。由于定量研究不扎实，难以系统地为管理者提供有用的信息，帮助其决策或制定提高工作效率的策略。同样重要的是，管理人员应提前知道有多少消费者会使用他们的网站，从而做好准备或推广以吸引更多的用户。

消费者在线浏览行为和等待行为与消费者需求息息相关。消费者对网页信息的需要直接决定消费者是否点击这个链接、停留的时长以及回顾的可能性。这个过程主要围绕消费者信息更新展开。消费者效用理论可以解释消费者对网页信息的选择，而生存理论可以解释消费者在网页上的停留时长。本书使用生存分析研究等待时间，等待时间即从消费者到达网站开始直至其最终离开之间的持续时间。

生存分析有很长的发展历史。Gross 和 Clark（1976）出版了讨论适用于完整和删失数据的参数化和非参数化模型的第一本书。Kalbfleisch 和 Prentice（1981）使用生存数据研究了回归问题，具体方法包括 Cox 比例风险模型。

近年来，越来越多的关于生存分析的研究出现，具体成果包括 Reineke 和 Crown（2004）、Callens 和 Croux（2005）、Lee（1999）撰写的文章。生存模型在链接的可行性预测、电视节目的传播模式研究以及营销中的间隔购买时间研究等领域也有广泛的应用。Lu 和 Lo（2007）为电视节目的传播模式构建了一种新的生存模型，帮助决策者在网络上更好地理解其节目的被接受度和相应观众的行为模式。同时，Jain 和 Vilcassim（1991）、Helsen 和 Schmittlein（1993）及 Seetharaman 和 Chintagunta（2003）等运用 Cox 比例风险模型来研究家庭购买行为，对间隔购买时间进行建模。

本书将通过建立生存模型研究消费者更新信息的时长，说明如何利用消费者点击行为来开发四种基础生存模型：指数模型、Weibull 模型、Expo-Power 模型和伽马（gamma）模型。贝叶斯信息准则（Bayesian information criterion，BIC）、均方误差（mean square error，MSE）和平均绝对偏差（mean absolute deviation，MAD）为选择最佳模型的标准。选择 Weibull 模型和 gamma 模型分别拟合网页等待时间。构造 Cox 比例风险模型来研究协变量的影响，根据时间模型提出网站链接优化的管理建议。

2.3　信息使用行为相关研究

消费者在获知商品并更新商品信息后，就会使用该信息购买商品或推荐商品。消费者对信息的使用主要包括信息筛选行为和购买决策行为。信息筛选行为是指对获取的信息加以筛选，提取有用信息，这属于对商品信息的判断和对商品的购买预期的判断。购买决策行为主要是指消费者从打开网页到下单的过程。购买决策直接受到信息筛选行为的影响，间接受到信息获知和更新行为的影响。因此，消费者信息使用行为模拟首先是模拟消费者的信息筛选行为，包括信息获知和更新，其次是模拟消费者下单的决策行为。可见，消费者信息使用行为需要考虑消费者完整的信息行为。

消费者信息使用过程可以理解为消除商品不确定性的信息使用行为。对商品信息的获知和更新行为，都是在帮助消费者消除对商品的不确定性。这个过程包含消费者对商品性价比的学习行为，以及消费者购买商品的预期和风险。本书研究消费者信息使用行为，力求揭示消费者信息使用行为机制、准确地模拟消费者的购买决策。下面主要从消费者的信息筛选行为和购买决策行为两个方面，梳理相关研究文献和报告，对定性和定量的研究进行系统的阐述。

2.3.1　信息筛选行为

消费者对信息的筛选行为主要表现为消费者对信息的不断学习的过程。经过网页信息检索得到新信息后，消费者会对该信息加以判断，有价值的商品判断，能够降低消费者对商品的不确定性。例如，消费者获得的信息是有关商品的使用功能的信息，这部分信息并不是消费者所需要的，消费者所需要的是该商品的升值价值。这个时候，功能信息会被感知为干扰信息，升值信息会被筛选出来，作为有用的信息帮助消费者做购买决策。因此，信息筛选过程是消费者对商品进一步认知的过程。

　　近年来，随着互联网的不断深入发展，互联网普及率日益提升，网络购物已成为人们日常生活的重要组成部分（Zhang and Gu，2014；洪瑞阳等，2017）。网络购物过程中，消费者无法触及商品获得实物体验，主要通过浏览网页介绍、查看历史交易数据、对比不同卖家的商品等获取商品信息，在经过信息筛选获得有利证据后，消费者在脑海中产生一个对拟购商品性价比的预期值，预期值越高购买的可能性也就越大。由于信息的不对称性，消费者对该预期存在不确定性，即购买风险。购买风险直接反映了对商品预期判断的准确程度。表现为网购商品预期与拿到实物后的体验之间存在着差异，可能是物超所值，也可能是货次价高。可见，消费者对商品信息的筛选过程即消费者不断认识商品的过程。信息筛选的过程就是信息选择的过程，去除无用的嘈杂信息，保留有用的信息，用以判断商品的性价比。

　　对于商品的首次网购者来说，其对商品的预期基于多重信息的累计和筛选。例如，从商品信息的获知到信息的检索更新，再到信息的筛选。信息的检索更新包括消费者查阅电商卖家所提供的商品信息（包括交易量和网评信息）。之后消费者汇总信息，加以筛选，决定是否购买。至此，消费者的首次购买完成了。然而，消费者对商品信息的更新和筛选并未结束，在购买并使用商品之后，消费者获得新的信息即体验信息。网购者将根据体验信息来修正之前对商品的预期和购买风险，进而为下一次的购买决策行为提供参考和依据（Danaher et al.，2011；宋连莲和米传民，2019）。网购者在每一次决策之前，都会参照上一次的商品预期和购买风险，结合新增体验信息，产生新的商品预期和新的购买风险，并影响本次商品预期和购买风险（Zhao et al.，2011；Kim et al.，2019）。这种商品预期和购买风险的更新过程，决定了网购者的决策行为乃至以后的购买规律，进而影响电商卖家的营销策略。

　　网购行为研究中，模拟商品预期和购买风险的更新过程对了解和预测市场需求，以及针对性地实施营销策略极其重要。现有专家和学者对影响网购行为的因素进行了分析和探讨。Kukar-Kinney 和 Xia（2017）采用主成分分析方法筛选出三个对网购行为具有显著影响的因素，分别为消费者个体因素、社交因素和网购系统因素，并详细介绍了三因素之间的相互作用关系。Zhang 和 Gu（2014）从消费者社团的角度研究其对网购行为的影响，并指出正面的商品信息对购买行为的调节作用更强烈。本书更加注重定量模拟分析，也有文献对此进行了专门的研究。叶作亮等（2011）基于消费者对消费者（C2C）交易的实际情况，建立了具有购买强化效应的购买概率模型,解释了网购重复率呈幂律分布的现象。饶燕芳和吕晓玲(2014)基于离散选择模型研究分析了网购选择行为,并对购买意向进行预测。总的来看,现有研究在网购认知分析和动态模拟方面显得不足,网购认知行为分析需要具体到对单个网购者的商品预期和购买风险不断更新过程的理论化模拟(Song et al.,2017)。目前,随着网络技术的不断发展,网购行为跟踪技术也较为成熟,电商卖家可以通过大型购物平台(阿里巴巴、京东等)获取顾客下单的记录数据,从而使精准的动态模拟成为可能。该类研究对网购下单概率的预测较为准确,但无法较准确地模拟降价策略的实施效果。

现有研究往往构建结构模型模拟营销策略的实施效果(Erdem and Keane,1996;Song et al.,2022),如 Zhao 等(2011)通过研究动态市场环境下的消费者选择行为模拟商品危机中的营销策略。这些研究构建的效用函数包含两个核心变量:商品质量预期和预期误差(购买风险)(Meyer and Sathi,1985;Roberts and Urban,1988)。消费者的商品质量预期直接影响其购买决策(Erdem et al.,2008);预期误差是伴随商品质量预期产生的,因为消费者预期的商品质量很难与商品的真实质量完全一致。这两个变量是基于贝叶斯更新理论构建的动态变量(Meyer and Sathi,1985;Erdem,1998)。贝叶斯更新理论假设消费者不完全了解商品质量,他们通过购买经历和其他信息源获取商品相关信息,更新对商品质量的判断,从而更改购买决策。这种了解商品质量的动态行为被定义为消费者学习行为(Erdem and Keane,1996)。现有大量研究基于贝叶斯更新理论研究消费者学习行为。例如,Roberts 和 Urban(1988)利用贝叶斯动态模型研究信息不确定与购买决策之间的关系;Erdem 和 Keane(1996)最早运用贝叶斯更新理论模拟消费者的认知更新过程,之后出现了大量的基于贝叶斯更新理论的关于学习行为的研究(Narayanan and Manchanda,2009;Zhao et al.,2011)。

结合网购特点,网购决策模拟研究需将网购预期和风险作为两个核心变量构建到效用函数中。现有研究构建的质量预期模型不包含商品价格,只将贝叶斯更新理论用于模拟商品质量预期的更新过程。价格作为独立静态的变量,缺乏结构模拟,以致模型无法拟合降价营销策略的实施效果。价格作为消费者关注的性价比的一个组成部分进入贝叶斯结构模型中,可以使模型能够有效模拟降价营销策略的实施效果。

2.3.2　购买决策行为

消费者的购买决策行为基于消费者对商品信息的掌握程度。通过商品信息的获知–更新–使用过程，消费者会尽快做出购买决策。购买决策行为研究主要是拟合消费者买或不买的决策以及消费者的购买行为规律。由于网购的影响因素非常多，消费者网购的行为规律往往难以预测。尤其对于生命周期短、替代品多的商品，更是难以追踪消费者的购买行为。消费者对商品信息的获知–更新–使用行为，能够准确地捕捉消费者追踪商品信息的足迹，反映消费者对商品的信赖程度和预购可能性。因此，跟踪研究消费者对商品信息的各种行为，有利于准确模拟消费者网购行为规律。

本书针对某一种商品，跟踪消费者对其相关信息的获知–更新–使用行为，从而模拟该商品的市场扩散机制。商品的市场扩散可理解为自该商品上架后，消费者对它的购买趋势。商品的市场扩散速度快，说明消费者迅速下单购买，并以较快的速度推广给别人。因此，研究消费者网购行为规律即研究某商品的市场扩散规律。为此，本书以网络服装为观察对象，研究其市场扩散规律。电子商务的发展促进网络购物的盛行。自 2008 年以来，服装成为网购交易中最受欢迎的商品（孔伟成等，2011）。电商卖家在享受网络服装交易带来的巨大利润的同时，面临着随之而来的挑战：如何模拟预测一款新服装的市场扩散机制，从而在商品定制和仓储方面做好准备。对于这一棘手问题很多电商卖家未能有效处理，导致出现仓储成本和资金占用成本增加、消费投诉增加和消费者流失等问题（汪芸芳等，2020；徐琪和刘峥，2014；毛照昉等，2016）。导致该营销瓶颈出现的原因在于卖家缺乏对网络服装市场的有效分析，未能构建网购行为拟合模型，因而无法有效地模拟商品扩散机制。服装为在网络上销售的体验式商品，人们无法触碰商品获得体验，只能通过网页展示和网评信息来判断商品的性价比，从而决定是否购买。由于市场竞争激烈，品牌较多，消费者会同时参考竞争品牌的网评信息加以对比。因此，可供参考的信息源分为本品牌商品的网页展示信息、本品牌使用者的网评信息和竞争品牌使用者的网评信息。这三类信息将促使形成不同的市场扩散模式。模拟网络服装的扩散机制需要充分考虑这三类信息对网购决策的影响，据此分析市场扩散过程，构建灵活的扩散模型。现有关于网络服装购买行为的研究较注重对网购影响因素的挖掘及验证，在市场扩散机制模拟方面较欠缺。

常用的扩散理论由 Rogers（1962）提出，该理论分析了新思想、新事物或新产品通过社会系统（社会媒介）被采纳和传播（扩散）的过程，适用于对新产品市场需求量的模拟和预测（Gruber，2020）。Bass 模型是首个基于扩散理论构建的耐用品扩散模型（周英男等，2012；杜宾，2014；傅荣和王佩珊，2018）。之后，出现了大量 Bass 扩展模型（Hartzel and Wood，

2017；陈志刚等，2017；方新等，2017）。国外很多学者依据扩散理论构建两种品牌竞争的市场扩散模型。较为经典的模型是由 Givon 等（1995,1997）将正版软件与盗版软件作为两个竞争品牌构建的市场扩散模型。Krishnan 等（2000）建立模型分析了新品牌对原有品牌的影响，并采用手机市场的数据对模型进行验证。国内学者针对两种品牌市场中的产品扩散问题做了大量研究（艾兴政和唐小我，2000；张磊等，2008；丁士海和韩之俊，2011）。丁士海和韩之俊（2009）总结国内外扩散模型理念，系统地构建了垄断品牌扩散模型、寡头品牌扩散模型、品牌竞争扩散一般模型，并用中国移动和中国联通的用户数据验证了寡头品牌扩散模型。霍良安等（2018）基于 Bass 模型构建了新媒体渠道下的两种创新产品信息扩散模型，黄琦炜和张玉林（2019）建立了不考虑广告或价格策略、考虑广告策略及同时考虑广告和价格策略的产品扩散模型，这两项研究都是采用仿真模拟的方式验证模型，缺乏实证研究。由以上文献（Hartzel and Wood，2017；Givon et al.，1995，1997；Krishnan et al.，2000；艾兴政和唐小我，2000；张磊等，2008；丁士海和韩之俊，2011，2009；霍良安等，2018）的综述可见，现有的扩散模型适用于少数耐用品品牌的（寡头）垄断市场扩散模拟，开展实证研究需要竞争品牌的销售数据。如今，市场竞争激烈，品牌较多，即便是耐用品，市场上也活跃着中外多个品牌。对于网络服装市场，竞争品牌更是不胜枚举，获取各个竞争品牌产品的销售数据难度较大。同时，现有模型结构复杂，很难求得封闭解，进一步影响其实际应用价值。构建适用于网络服装多品牌竞争市场的新型扩散模型很有必要。

生存函数模型可以用来模拟和预测新产品的市场扩散机制，因为其基本功能为模拟系统或事物死亡时间的概率，继而预测每个观察周期的系统失败或事物死亡数量。在新产品上市阶段，存活事件可以看成产品未购买事件，一旦消费者购买了该新产品，那么该产品对于事件主体即消费者来说即死亡（Seetharaman，2003）。生存函数系列中的风险函数，其多样化的函数结构可反映产品在市场上扩散并被采用的过程。除了医学领域（Nasejje et al.，2017；Fu et al.，2017），生存函数模型已成功应用于信用卡用户违约行为预测（Moon and Sohn，2011）和购买行为预测。然而，文献检索结果显示，基于扩散理论构建生存函数模型的研究较少。较早出现的是 Lu 和 Lo（2009）的一项关于电视观众的扩散研究，但是他们的模型构建理念未考虑多个品牌（即电视频道）相互竞争的因素，无法直接应用于模拟网络服装多品牌竞争的情况。受他们的研究的启发，Agag 和 El-Masry（2016）融合扩散理论和 TAM（technology acceptance model，技术接受模型）理论研究消费者参与线上旅游团的意愿的影响因素。之后出现了将扩散理论与需求理论（Kim et al.，2019）、周期理论（Wycinka，2015）融合的研究。但是这几项扩散理论融合研究主要是建立概念模型探索影响因素，并非构建量化模型，对市场扩散机制仅能做出定性的判断，无法做出较为准确的定量预测。本书基于扩散理论构建风险函数，建立创新生存函数模型，量化模拟网络服装的市场扩散机制，揭示其市场特征、市场分布和市场占有状况。有别于现有扩散模型的复杂结构和较高的应用条件，本书构建的创新生存函数模型结构灵活，模型估计只需本品牌产品的销售数据，根据实证结果可预测市场需求，有助于产品定制、仓储准备和营销策略制定，具有较高的实际应用价值。

2.4　文　献　述　评

2.4.1　信息获取行为研究述评

（1）节目观看行为的建模研究难以模拟现实中选择多样化的行为事实。

电视节目作为广告的载体，是强制推送的一种方式（Wilbur，2008）。通过效用函数利用多项 Logit 模型针对观看选择行为的研究只考虑选择对象的单一特性，即消费者可以同时选择多项。使用回归和时间序列模型来测量观众收视率的研究忽略了消费者观看节目的演变过程。这些研究上的不足与消费者收视行为的实际情况不符。

（2）对信息获取过程的建模忽略了消费者对干扰信息的衰退式记忆。

选择多样化模型的出现开辟了一个新的模型构建领域（Bhat，2015，2018；Zhao et al.，2011）。该模型不仅能够解决单一选择问题，且能够解释消费者行为更新特质。该模型依据贝叶斯更新理论来解释行为演变的过程，前提是消费者能够百分之百利用先验信息，但事实并非如此。随着时间的流逝，消费者的记忆会减弱，对先验信息的部分记忆会流失。尤其在智能推送的环境下，消费者可能会同时收到相关的多条节目信息的推送，导致其对先前相关信息的记忆尤为混乱。在使用贝叶斯更新理论的时候，需要特别考虑消费者的信息流失问题。模拟消费者记忆衰退的函数需凸显指数衰减特质。

（3）智能推送信息干扰下的广告观看时长问题急需新的研究视角和研究模型。

广告回避是观看节目时主要的广告信息规避方式。广告观看行为的测量精准度一直是学者探讨的主要问题（Swaminathan and Kent，2013；Zigmond et al.，2009）。随着行为研究的深入开展，精准的广告收视测量成为关注的焦点。目前广泛使用的是人员测量仪数据（Zufryden et al.，1993；Lu and Lo，2009；Liu and Lo，2019），可提供个人观看信息和相应的人口信息。学者还开展了基于个体观看行为记录数据的广告收视行为研究（Schweidel and Kent，2010）。这些研究通过构建统计模型来研究广告投放频率对商品选择的影响，以及广告效果与其影响因素之间的关系。然而，以个人为单位估算广告观看时长的研究极为缺乏。尤其在有干扰信息存在的情况下，消费者对目标广告的观看行为充满不确定性。因为对于 30 秒的广告而言，消费者观看 10 秒和观看 20 秒，对广告商来说意义大不相同。广告观看时长的估算结果能够为测量广告效果提供更精确的量化指标。因此，研究智能推送信息干扰下的广告观看时长问题急需新的研究视角和研究模型。

2.4.2　信息更新行为研究述评

（1）对网页浏览行为的挖掘忽略了个体信息在行为机理中的作用。

消费者对商品信息的更新行为主要是指消费者自主检索商品信息，分为网页浏览行为和网站链接点击行为。对网页浏览行为的研究主要分为三类：网页使用行为挖掘、网页结构挖掘和网页内容挖掘（Liu and Kešelj，2007；Masseglia et al.，1999）。这些研究主要基于累积性数据做出描述性统计分析，忽略了个体信息更新行为的重要性，未能从消费者偏好的角度挖掘浏览行为的内涵、机理及规律，研究结论难以指导基于消费者网页浏览行为的网页优化策略，对消费者后期的购买决策的预测难以达到较为精准的程度。

（2）基于个体层面的在线等待行为研究缺乏。

基于互联网的在线等待行为流行起来。互联网和人机简化的交互过程设计，使得个人和组织均极大程度地降低了成本、节省了时间，从而提高了等待效率。现有的关于在线等待的研究主要是调查报告，缺乏坚实的理论支持。定量研究的弱化使学者很难提出一个系统地解决等待时间的方法。在线等待时间与消费者需求息息相关。消费者对网页信息的需求直接决定消费者是否点击某个链接、停留的时长以及购买的可能性。因此，对消费者个体层面的在线等待行为进行研究成为必然。

（3）在线浏览时长的生存函数忽略了外部信息的干扰作用。

网页等待时间为从消费者到达网站开始直至其最终提交申请之间的持续时间。生存函数的发展着重于构建新型风险函数（Lee，1999）。现有相关研究着重将生存函数应用在医学和交通领域，在营销领域的应用较少。对于风险函数的构建，缺乏对外部干扰信息的模拟。基于指数模型、Weibull模型、Expo-Power 模型和 gamma 模型的生存函数在风险函数的构建上缺乏创新，难以满足现实问题的需要。本书基于 Weibull 模型和 gamma 模型拟合网页等待时间。

2.4.3 信息使用行为研究述评

（1）信息筛选的动态模型缺乏对消费者学习行为的模拟。

消费者对信息的筛选行为主要表现为消费者对信息的不断学习的过程。现有对信息筛选行为的探索缺乏对消费者个体学习行为的探索（Danaher et al.，2011；宋连莲和米传民，2019）。消费者信息筛选的过程就是信息选择的过程，去除无用的嘈杂的信息，保留有用的信息，用以判断商品的性价比。结合网购特点，网购决策模拟研究需将商品质量预期和购买风险作为两个核心变量构建到效用函数中。网购预期受到价格的影响。因此，只有将价格构建到整体模型中，才能有效模拟价格营销策略。

（2）信息使用模型构建复杂，难以求得封闭解。

信息使用模型的构建与决策模型息息相关，当前较主流的模型有品牌选择模型（Krishnan et al.，2000）、垄断扩散模型（丁士海和韩之俊，2009）、产品扩散模型（霍良安等，2018；黄琦炜和张玉林，2019）。这些研究均采用仿真模拟的方式验证模型，缺乏实证研究。现有模型结构复杂，很难求得封闭解，进一步影响其实际应用价值。构建适用于多品牌竞争市场的新型扩散模型很有必要。

（3）对信息使用过程中的信息源模拟不全面。

生存函数系列中的风险函数，其多样化的函数结构可反映产品在市场上扩散并被采用的过程（Nasejje et al.，2017；Fu et al.，2017；Moon and Sohn，2011）。然而，文献检索结果显示，基于扩散理论构建生存函数模型难以全面模拟信息源。在信息使用过程中，可供参考的信息源有三类：卖家商品的展示信息、本品牌使用者的网评信息和竞争品牌使用者的网评信息。这三类信息将促成不同的消费者决策。建议信息使用行为模型要充分囊括所有信息源。

第 3 章 视频广告渠道的信息获知行为

3.1 多样化收视行为

数智时代下，消费者对商品信息的获知行为受到多种媒体的影响。不管是人工智能的信息推送，还是视频广告的播放，都属于消费者被动获知信息的方式。然而，在通常情况下，消费者对某一新商品的获知渠道是广告推送。消费者对广告信息的态度——是拒绝还是接受，直接影响消费者对该商品的购买概率。因此，消费者对视频广告的收视行为决定了其对商品信息的获知行为。此外，考虑到广告的播放方式——基于节目的穿插播放，消费者对节目的收视行为会直接影响其对广告的观看行为。例如，消费者没有选择观看节目 A，那么，插播在节目 A 中的广告是不会被收看到的；或者消费者收看了节目 A，但是在广告播放时间，其回避了广告。因此，研究消费者基于视频广告的商品信息获知行为需从研究消费者对节目的收视行为开始。

近年来，随着信息技术的飞速发展，电视行业受到了研究者的广泛关注。收视行为研究可同时使电视台和广告商受益。从电视台的角度讲，首先，了解节目的受欢迎程度和观众的喜好有助于在日益扩大的媒体行业中保持和提高竞争力。其次，收视率是广告定价的主要依据，收视行为模拟可提供准确的收视预测。据香港电视广播有限公司（Television Broadcasts Limited，TVB）统计，2016 年香港电视广告总收入约为 33.8 亿美元，2019 年达到 39.7 亿美元。广告商在电视广告上投入巨大，他们需要确保广告费花得值当，因为很多观众为了回避商业广告而转台，导致广告收视率降低。因此，从广告商的角度讲，他们不仅需要预测节目收视率，还需要预测广告收视率。由于公司的广告预算有限，他们需要同时根据节目和广告的收视率来选择合适的节目投放广告。因此，收视行为研究对广告商非常重要。

在每天晚上的休闲时间，观众通常会参与多项娱乐活动，在有限的闲暇时间里获得最大的总效用。例如，他们在收看电视时可以选择不同的节目或者参与其他娱乐活动。这是选择多样化的问题，这意味着要在同一个时间段内从多个备选方案中选择一个或多个。传统的 Logit 模型无法处理同时间内多项选择问题。根据 Kim 和 Ratchford（2012）及 Bhat（2015，2018）提出的方法，结合学习和遗忘的影响效应，我们建立了一个新模型来研究特定时间段内观众在多项节目和活动之间的选择问题。如果观众选择并观看了一部剧，并且对剧集的评价是好的，那么这部剧的故事特色会引导观众在第二天选择相同的剧。否则，观众会选择观看其他的节目或者参与其他的活动。我们用"质量"概括一部剧的各方面性质。观看一集后，观众会对这部剧的质量进行评价，这将影响到他下一次的选择。由于存在干扰信息，观众的评价与剧的真实质量之间存在误差。每多收看一集剧，观众获得的关于这部剧的信息就会增加一点。因此，观众对剧质量的评价误差会减小。这是一个动态学习过程。我们通过应用贝叶斯更新理论（Erdem and Keane，1996）来模拟这个学习过程。贝叶斯更新理论涉及三类信息：先验信息、新增信息和后验信息。观看一集剧之后，观众获得了关于这部剧的新增信息，而先验信息是从该集之前的收看中获得的。结合这两类信息，观众可以根据贝叶斯学习理论形成后验信息。在学习过程中，观众还存在遗忘行为，观众对于先验信息的记忆随着时间的流逝而减弱（Mehta et al.，2004）。我们也需要考虑遗忘的问题，因此在贝叶斯更新理论中添加了一个指数衰减函数来捕捉遗忘对观众选择的影响。

3.1.1　多样化收视行为理论分析

目前有大量关于消费者收视行为的研究。很多学者通过建立离散选择模型（如多项 Logit 模型和 Probit 模型）研究观众收视行为的前因后果，这些研究有一个共同点，就是研究不考虑动态过程下的单选择问题。事实上，在晚上的闲暇时间，观众会把他们有限的时间分配给多种活动来最大化总效用。例如，他们可以选择几个不同的节目来收看或者参与其他活动。

此外，一部电视剧至少播放一整季（约 13 集），很多受欢迎的电视剧可能会延续几季（如《老友记》《逝去的光阴》）。在香港，一部电视剧通常有 20 集到 30 集。消费者观看电视剧的过程伴有学习行为，这类似于公司通过收集客户信息了解客户的购物偏好（Fay，2009），或者客户通过重复购买（Schweidel and Fader，2009）来获得更多的关于一个新商品的信息，从而了解商品性能。令人惊讶的是，大多数收视行为研究都忽略了收视行为中的学习行为，反而集中在整体收视率和其他汇总统计上，且几乎不研究收视率是如何生成的。对于少数考虑先前的收视信息的研究，大部分也只是在数量上使用先前的收视信息，将其作为一个协变量加到模型中（Talluri and van Ryzin，2004）。Erdem 和 Keane（1996）开创性地模拟学习行为，受其启发，我们建立了一个动态模型，该模型从定量动态和定性动态两个方面模拟收视行为。定量动态模拟是把先前的收视时长进行加权求和，定性动态模拟是模拟消费者对电视节目质量的评估，并跟随收视行为更新变化。Mehta 等（2004）提出的遗忘效应也包含在上述模型中。本章首次尝试在消费者收视行为的研究中构建定量动态和定性动态模型。此外，我们的模型也解决了对一个人在特定时间段内对多节目/活动的选择进行模拟的问题。一个人可以选择一个以上的电视节目和/或活动，并分配不同量的时间给它们以使总效用最大。我们利用 Kim 和 Ratchford（2012）及 Bhat（2015，2018）提出的选择多样化模型来研究特定的时间段内对不同节目和活动的选择问题。我们称该模型为"收视多样化动态模型"。

营销是通过社会中的交换过程来满足个人需求的（Kotler and Armstrong，2014）。因此，每个人都可以利用交换获益。这种交换过程要求每个人在参与市场体系时做出决策。当一个人确认他有限的资源能够以最有效的方式得到利用时，他就会做出市场决策。然而，对于每个人来说，他们对商品的渴望程度是不同的。在这种情况下，选择决策需要在比较完商品的效用之后做出。"效用"一词通常被理解为一种商品满足消费者需求的能力。根据基数效用理论，效用可以像基数一样通过效用单位来定量测量。例如，吃晚餐获得 5 个单位的效用，看电影获得 10 个单位的效用，从而，两项的总效用为 15 个单位，而且看电影获得的效用是吃晚餐获得的效用的两倍（Gao，2014）。随着一种商品购买数量的增加，获得的总效用也在增加。这里引入另外一个概念——"边际效用"，用来描述随着商品数量的改变，总效用改变的速率。具体来说，边际效用指的是商品数量增加一单位引起的总效用的改变量。一种商品的边际效用不是一个常数。其他条件保持不变，每额外增加一单位商品，边际效用随之减小，从而，第 m 个单位的商品的边际效用小于第 $m-1$ 个单位的商品的边际效用，大于第 $m+1$ 个单位的商品的边际效用，这就是边际效用递减规律。不同商品有不同的边际效用。人们总是会用边际效用高的单位商品替代边际效用低的单位商品。这个理论有助于我们理解在资源（如收入）有限时如何分配资源。人们会将购买一定数量的边际效用较低的商品的金额转移到另一种边际效用较高的商品来平衡不同商品的支出。最后，预算分配会达到均衡状态。

营销理论解释了为什么我们需要利用一个选择多样化模型。我们的研究关注选择行为，可以使用基于效用最大化理论的离散选择模型。然而，本章的真正问题是解决每个消费者在特定时间内面对多种选择的时间分配问题。为了获得最大效用，观众会将每一分钟分配给备选方案中边际效用最高的那个。因此我们需要一个有特殊性质的函数,这个特殊性质是指可以加总来自不止一种备选方案的效用而且边际效用是递减的。Kim 等(2002)讨论了消费者在预算约束下选择不同数量的多个品牌的现象,并构建了一个非线性效用模型来解决选择多样化问题。Bhat(2015)应用非线性效用理论来研究消费者在多个旅行活动中的时间分配问题。之后 Bhat(2018)又做了相关的研究。在本章中,我们采用 Kim 和 Ratchford(2012)构建的非线性模型来研究消费者在多种活动中的时间分配问题。

营销理论有两个重要的概念,即商品质量和学习理论,用于构建动态多样化选择模型。在营销中,具有最高效用的商品被认为具有最好的质量。因此,商品质量是一种概念,它可以被理解为是一个提供最大满意度的商品属性组合。显然,消费者对质量的认知是非常主观的,因为消费者并不总是拥有关于商品属性的全部信息,尤其是当面对一个新商品的时候。在这种情况下,消费者对商品质量的评估将与商品实际的质量存在差异。然而,当人们采取行动(购买商品)时,他们会学习(Kotler and Armstrong,2014),这种学习行为来自重复使用经验(Kerin et al.,2013)。使用过之后,人们会获得关于这个商品的更多的信息,这些新的信息会更新人们对商品质量的评估并将影响到他们下一次的选择决策。这是学习描述由经验引起的个人行为变化的理论。

由重复使用经验引起的学习行为可以用贝叶斯学习理论来解释,即当消费者获得更多信息时,他们可以更准确地评估商品质量。Meyer 和 Sathi(1985)应用贝叶斯更新理论来解决消费者如何在给定有限信息的情况下形成对商品价值的评估,并根据经验修改这些评估的问题。Erdem 和 Keane(1996)使用贝叶斯更新理论来讨论消费者重复使用商品后对商品质量的学习。Ching(2010)和 Erdem 等(2008)也做了相关的研究。在本章中,我们采用贝叶斯学习理论来解释观众对电视剧的收视行为。

3.1.2　多样化收视模型构建

1. 消费者对节目质量的学习

现实生活中,当观众看完一集电视剧后他会对电视剧质量做评估,这会影响他下次的节目选择和观看时长。由于嘈杂的信号,观众对电视剧的真实质量的评估有差异。在观看了更多剧集以后,观众接收到的关于电视剧的信息增加了。因此,他对该电视剧质量的评估的差异会变小。这是一个遵循贝叶斯学习理论的动态学习过程。接下来将介绍 Erdem 和 Keane

（1996）采用的结构学习过程。

假设观众对电视剧的质量不完全了解，即他们不确定电视剧的真实质量。观众在观看一集后获得的"有经验"的质量可以表示如下：

$$A_{E_{it}} = A + \omega_{it} \qquad (3.1)$$

其中，$A_{E_{it}}$ 为观众 i 在时刻 t 的经验质量；A 为电视剧的真实质量；ω_{it} 为误差项，它反映了不同观众 i 在时刻 t 的经验质量的变化。可见，观众对电视节目的质量的判断并不客观。质量判断基于个体的体验值。

式（3.1）表明，观众获得的经验质量在电视剧的真实质量附近波动。这种差异可能有两个原因：一个是观众具有个体差异性，不同的观众由于具有不同的年龄、性别、背景等有不同的偏好；另一个是观众对电视剧拥有不完善的信息，包括信息的不全和不对称。

为了构建贝叶斯学习理论，我们假设误差项 ω_{it} 服从正态分布：

$$\omega_{it} \sim N\left(0, \sigma_*^2\left(D_{it}\right)\right) \qquad (3.2)$$

其中，$\sigma_*^2\left(D_{it}\right)$ 为经验方差；D_{it} 为第 i 个观众在 t 时刻的观看时长。假设 $\sigma_*^2\left(D_{it}\right)$ 是 D_{it} 的递减函数，观看时间越长，方差越小；σ_s 为初始经验方差，我们建立等式：

$$\sigma_*^2\left(D_{it}\right) = \sigma_s^2 / D_{it} \qquad (3.3)$$

在 t 时刻观看电视剧之前，观众已经根据截至时刻 $t-1$ 获得的信息对戏剧质量进行了事先评估。我们将 $I_i\left(t-1\right)$ 设置为第 i 个观众在 t 时刻之前的信息集。$A_{it}|I_i\left(t-1\right)$ 是指观众 i 在时刻 t 之前对剧集真实质量的预估。这个预估服从下面的正态分布：

$$A_{it}|I_i\left(t-1\right) \sim N\left(E_{i,t-1}\left(A\right), \sigma_{i,t-1}^2\right) \qquad (3.4)$$

其中，$E_{i,t-1}\left(A\right)$ 为真实质量预估的平均水平；$\sigma_{i,t-1}^2$ 为估计的不确定性。

当 $t=1$ 时，意味着观众 i 以前从未观看过这部电视剧，$I_i\left(t-1\right) = I_i\left(0\right)$，表明观众 i 没有经验信息，此时预估可以被改写为

$$A_{i0}|I_i\left(0\right) \sim N\left(E_0, \sigma_0^2\right)$$

这个公式表明当观众一集电视剧也没看时，观众对质量 A 的先验评估是服从正态分布的。E_0 是预估的平均值，设为观众无差异变量，原因如下：①观众对频道播放的电视剧的质量有总体印象；②假定在电视剧播放之前，观众没有任何附加信息。

观众的学习行为可以这样解释：在时刻 t 形成观看体验后，观众将使

用这种观看体验更新他对电视剧质量的评价，$A_{E_{it}}$ 是新增信息。

$A_{it} \mid I_i(t-1)$ 是观众 i 在时刻 t 之前对剧集真实质量的预估。根据贝叶斯定理，观众 i 可以根据先验信息和新增信息对该剧的真实质量进行后验评估。既然预估 $A_{it} \mid I_i(t-1)$ 和新增信息 $A_{E_{it}}$ 都服从正态分布，那么后验评估也服从正态分布，其均值为 $E_{i,t}(A)$，方差为 $\sigma_{i,t}^2$。更新的均值和方差可以通过贝叶斯理论获得

$$E_{i,t}(A) = E_{i,t-1}(A) + \frac{N_{it}\sigma_{i,t-1}^2}{\sigma_{i,t-1}^2 + \frac{\sigma_s^2}{D_{it}}} \left(A_{E_{it}} - E_{i,t-1}(A) \right) \tag{3.5}$$

$$\sigma_{i,t}^2 = \frac{1}{1/\sigma_{i,t-1}^2 + N_{it}D_{it}/\sigma_s^2} \tag{3.6}$$

其中，N_{it} 为观众 i 在时刻 t 是否选择这个电视剧，若选择，则 N_{it} 为 1，否则为 0。

式（3.1）—式（3.6）是基于观众对电视剧质量的评估保持稳定的假设获得的（图 3.1）。在我们的模型中，我们还考虑了观众遗忘他们所有先前评估记忆的影响。随着时间的流逝，观众对先前评估的记忆会减弱（图 3.2）。Mehta 等（2004）和 Zhao 等（2011）构建了不同的结构模型来测量遗忘效应。在本章中，我们采用 Rubin 和 Wenzel（1996）的方法，在他们的文章中遗忘意味着记忆衰退。我们构建遗忘模型模拟消费者记忆衰退。在预估均值模型中插入一个指数衰减函数，在预估方差模型中插入指数衰减函数的倒数，用它们测量遗忘效应 $E_{i,t}^{\text{Before}}(A) = \exp(-\gamma l_{i,t}) E_{i,t-1}(A)$ 和 $\sigma_{i,t}^{2\text{Before}} = \exp(-\gamma l_{i,t}) \sigma_{i,t}^2$ 造成的预估方差的增大，其中 $\gamma > 0$ 是衰减参数，用来反映观众忘记每天预估结果的程度；$l_{i,t}$ 表示观众 i 最后一次观看电视剧的时间和 t 之间的实际间隔时间（天数）。

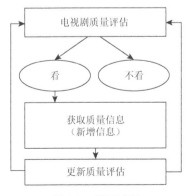

图 3.1　学习过程

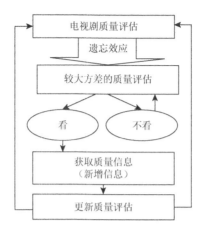

图 3.2　受遗忘影响的学习过程

我们相应地修改贝叶斯公式，并且由遗忘导致的质量评估更新后的均值和方差变为

$$E_{i,t}(A) = E_{i,t}^{\text{Before}}(A) + \frac{\sigma_{i,t}^{2\text{Before}}}{\sigma_{i,t}^{2\text{Before}} + \sigma_s^2 / D_{it}}\left(A_{E_{it}} - E_{i,t}^{\text{Before}}(A)\right) \tag{3.7}$$

$$\sigma_{i,t}^2 = \frac{1}{1/\sigma_{i,t}^2 + N_{it}D_{it}/\sigma_s^2} \tag{3.8}$$

式（3.7）和式（3.8）的证明如下所示。

让我们假设一个普遍的分布。y 的先验概率密度函数（probability density function，PDF）y：$h(y) \sim N(u, \delta_y^2)$。对于附加信息 x，其条件 PDF：$f(x|y) \sim N(y, \delta_x^2)$。$y$ 的后验概率密度函数 $g(y|x)$ 表示为

$$g(y|x) = \frac{h(y)f(x|y)}{\int_{-\infty}^{\infty} h(y)f(x|y)\mathrm{d}y} \tag{3.9}$$

$$h(y)f(x|y) = \frac{1}{2\pi\delta_x\delta_y}\exp\left[-\left(y - \frac{\delta_x^2\mu + \delta_y^2 x}{\delta_x^2 + \delta_y^2}\right)(\delta_x^2 + \delta_y^2)\middle/ 2\delta_x^2\delta_y^2\right]$$

$$\times \exp\left[\left(\frac{\delta_x^2\mu + \delta_y^2 x}{\delta_x^2 + \delta_y^2} - \delta_x^2\mu - \delta_y^2 x\right)\middle/ 2\delta_x^2\delta_y^2\right]$$

$$\tag{3.10}$$

$$\int_{-\infty}^{\infty} h(y)f(x|y)\mathrm{d}y = \frac{1}{\sqrt{2\pi(\delta_x^2 + \delta_y^2)}}\exp\left[\left(\frac{\delta_x^2\mu + \delta_y^2 x}{\delta_x^2 + \delta_y^2} - \delta_x^2\mu - \delta_y^2 x\right)\middle/ 2\delta_x^2\delta_y^2\right]$$

$$\tag{3.11}$$

$$g\left(y\mid x\right)=\frac{\sqrt{\delta_x^2+\delta_y^2}}{\sqrt{2\pi}\delta_x\delta_y}\exp\left[-\left(y-\frac{\delta_x^2\mu+\delta_y^2 x}{\delta_x^2+\delta_y^2}\right)^2\left(\delta_x^2+\delta_y^2\right)\middle/2\delta_x^2\delta_y^2\right] \quad (3.12)$$

后验 PDF 的均值和方差如下所示：

$$\text{Mean}=\frac{\delta_x^2\mu+\delta_y^2 x}{\delta_x^2+\delta_y^2}=\mu+\frac{\delta_y^2}{\delta_x^2+\delta_y^2}\left(x-\mu\right) \quad (3.13)$$

$$\text{Variance}=\frac{1}{1/\delta_x^2+1/\delta_y^2} \quad (3.14)$$

在本书中，真实质量的先验 PDF 如下所示：

$$h\left(A_{it}\mid I_i\left(t-1\right)\right)\sim N\left(E_{i,t}^{\text{Before}}\left(A\right),\ \sigma_{i,t}^{2\,\text{Before}}\right) \quad (3.15)$$

对于附加信息 $A_{E_{it}}$，　$f\left(A_{E_{it}}\mid A\right)\sim N\left(A,\sigma_s^2\left(D_{it}\right)\right)$。

后验 PDF 为 $g\left(A_{E_{it}}\mid I_i\left(t-1\right),A_{E_{it}}\right)$，具有均值 $E_{i,t}\left(A\right)$ 和方差 $\sigma_{i,t}^2$。结合式（3.13）和式（3.14）得

$$E_{i,t}\left(A\right)=E_{i,t}^{\text{Before}}\left(A\right)+\frac{\sigma_{i,t}^{2\,\text{Before}}}{\sigma_{i,t}^{2\,\text{Before}}+\sigma_s^2/D_{it}}\left(A_{E_{it}}-E_{i,t}^{\text{Before}}\left(A\right)\right) \quad (3.16)$$

$$\sigma_{i,t}^2=\frac{1}{1/\sigma_{i,t}^{2\,\text{Before}}+N_{it}D_{it}/\sigma_s^2} \quad (3.17)$$

其中，$E_{i,t}^{\text{Before}}\left(A\right)=\exp\left(-\gamma l_{i,t}\right)E_{i,t-1}\left(A\right)$，$\sigma_{i,t}^{2\,\text{Before}}=\exp\left(\gamma l_{i,t}\right)\sigma_{i,t-1}^2$。

是为式（3.7）、式（3.8）证毕。

2. 动态多样化选择模型

在晚上的一段闲暇时间内，人们通常会选择观看多个电视节目或从事其他活动。就随机效用理论而言，我们假设人们把这个时间段的时间分配给不同的电视节目和活动，以最大化他们的总效用。在这里，我们采用 Kim 等（2002）提出的概念，构建一个具有满足感的效用模型。该模型基于以下假设：一个活动的边际效用随着分配给该活动的时间的增加而下降。如果正在考虑的活动是观看一部电视剧，那么这种假设是值得怀疑的，因为一部电视剧具有循序渐进的特点，这使得观众在观看完前一分钟后，下一分钟的剧情对他来讲变得更具吸引力。如果一个人有无限的时间可以使用，那么情况确实如此。然而，实际上，每个人都处于时间限制之下，个人必须在许多可用于闲暇时间的活动中做出多种选择，这将自然而然地使得我们使用具有满足感的效用模型。我们的方法也受到电视剧观看人数数据的支持。我们从经验中发现，考虑一个人观看了 t 分钟的电视剧，其观看额外分钟电视剧的概率并不随 t 的增加而增大。

多选择适用模型的公式如下：

$$U_{it} = \sum_{j=1}^{J} \psi_{ijt} \left(z_{ijt} + r_j \right)^{\alpha_j} \qquad (3.18)$$

其中，U_{it} 为个人 i 在时间段 t 从 J 个电视节目/活动中获得的总效用；z_{ijt} 为在时间段 t 个人 i 花费在节目 j 上的时间，它具有时间约束 $\sum_{j=1}^{J} z_{ijt} = Z$ ，Z 为个人在一段时间内可以分配的总时间；r_j 和 α_j 为效用模型的参数，r_j 决定转化，α_j 影响边际效用递减率，为了使 z_{ijt} 为 0（第 j 个节目/活动未被选中）且计算简单，我们设定 r_j 为 1；ψ_{ijt} 为个人 i 在 t 时间段 j 节目中 0 时间分配点处的基准边际效用。

如果活动是观看来自目标频道的电视剧，如电视广播有限公司翡翠台（Television Broadcasts Limited Jade，TVBJ）的电视剧，为了开发一个动态观看模型，我们在基线中引入了乘法随机线性函数：

$$\psi_{ijt} = \exp\left(\beta_{ij} + \beta_{ij}^{(1)} x_{ijt} + \beta_{ij}^{(2)} E_{i,t}^{\text{Before}} \left(A_j \right) + \varepsilon_{ijt} \right) \qquad (3.19)$$

其中，ε_{ijt} 捕捉未被观察到的特征，这些特征对观众 i 在 t 时间段观看 j 节目的基础效用产生影响。沿着 Bhat（2005）的研究，我们为 ε_{ijt} 指定了一个标准的极值分布。状态空间特征通过两个协变量 x_{ijt} 和 $E_{i,t}^{\text{Before}} \left(A_j \right)$ 被整合到模型中。我们将第一个协变量叫作"定量动态"，将第二个协变量叫作"定性动态"，因为它们将观看行为的动态引入模型中。x_{ijt} 衡量观众 i 在时间段 t 对节目 j 的选择忠诚度，并用于描述观众重复选择电视剧的倾向，其定义如下：$x_{ijt} = \lambda x_{ij,t-1} + \left(1-\lambda \right) DU_{ij,t-1}$ 。其中 $0 < \lambda < 1$ 是折扣系数，假设其在所有电视剧中都是相同的，x_{ijt} 被假定为独立于 ε_{ijt}；接着 Guadagni 和 Little（1983）的研究，如果观众在第一段时间选择节目 j，则 x_{ijt} 被设定为 λ，否则被设定为 $1-\lambda$；$DU_{ij,t-1}$ 是观众 i 在 $t-1$ 时间段观看节目 j 的持续时间。折扣系数 λ 与学习模型构建中描述的定性动态具有相同的遗忘影响概念。它捕捉了一个现实，即由于遗忘，没有观众可以使用他从以前的剧集中获得的全部信息。前几集经过的时间越长，他记得的信息越少。定量动态 x_{ijt} 直接利用先前剧集中观看持续时间的加权总和来衡量观看动态。定性动态 $E_{i,t}^{\text{Before}} \left(A_j \right)$，代表节目 j 在时间段 $t-1$ 之前的质量评估，它利用观众在之前的节目中评估的质量来定性地测量观看动态。参数 β_{ij}、参数 $\beta_{ij}^{(1)}$ 和参数 $\beta_{ij}^{(2)}$ 是系数。在这里，这些系数被允许在观众之间是不同的，并假定对于所有

观众服从正态分布：$\beta_{ij} \sim N\left(\beta_j, \delta_{\beta_j}^2\right), \beta_{ij}^{(1)} \sim N\left(\beta_j^{(1)}, \delta_{(1)}^2\right)$，和 $\beta_{ij}^{(2)} \sim N\left(\beta_j^{(2)}, \delta_{(2)}^2\right)$。

值得注意的是，根据心理学和营销理论，不确定性对消费者的决定有重要影响。消费者决策中商品质量不确定性与消费者对风险的态度密切相关。不同的商品涉及不同级别的风险。由于我们的模型适用于观看电视剧的行为，观看电视剧不涉及很多风险（如果电视剧不好，可能会浪费一些闲暇时间），我们假设消费者是风险中性的，因此不在基础效用中包含消费者的不确定性（方差）[方程（3.17）]。影响消费者选择的质量不确定性的另一个因素是遗忘。在贝叶斯更新模型中，考虑由观众记忆衰减引起的对节目质量和属性的不确定性。

虽然可以开发单独的基准边际效用 ψ_{ijt}，但对于其余的 $J-1$ 个节目/活动，我们降低了复杂度，构建简易模型：

$$\psi_{0j} = \exp\left(\beta_{0j} + \varepsilon_{0j}\right), j = 2, 3, \cdots, J$$

假设在一个数据文件中，第 i 个人在第 t 个时间周期里在第 j 个节目/活动上所花费的时间为 z_{ijt}，其中 $i = 1, 2, \cdots, I, j = 1, 2, \cdots, J$ 和 $t = 1, 2, \cdots, T$。考虑到式（3.16）中的附加效用指标，预测多重选择是最大化附加效用的选项。最终的似然函数由以下推理导出。

类似于 Kim 等（2002）和 Bhat（2005），我们构造拉格朗日函数并导出 Kuhn-Tucker（库恩-塔克）一阶条件以获得最优需求。拉格朗日函数[以下步骤引自 Bhat（2005）]如下：

$$\mathrm{La} = \sum_{j=1}^{J} \psi_{ijt} \left(z_{ijt} + 1\right)^{\alpha_j} - \mu\left(\sum_{j=1}^{J} z_{ijt} - Z\right) \tag{3.20}$$

其中，μ 为拉格朗日乘子。

Kuhn-Tucker 最佳时间分配的一阶条件（z_{ijt}^*）如下：

$$\psi_{ijt}\alpha_j\left(z_{ijt}^* + 1\right)^{\alpha_{j-1}} - \mu = 0, z_{ijt}^* > 0, i = 1, 2, \cdots, I; j = 1, 2, \cdots, J; t = 1, 2, \cdots, T \tag{3.21a}$$

$$\psi_{ijt}\alpha_j\left(z_{ijt}^* + 1\right)^{\alpha_{j-1}} - \mu < 0, z_{ijt}^* = 0, i = 1, 2, \cdots, I; j = 1, 2, \cdots, J; t = 1, 2, \cdots, T \tag{3.21b}$$

时间预算约束 $\sum_{j=1}^{J} z_{ijt}^* = Z$ 告诉我们只需要分配 $(J-1)_1 < z_{ijt}^*$ 的值，因此对每一天 t 和每个个体 i，指定节目 1 作为个体 i 在第 t 天分配非零的时间量。对于节目 1 指定的选择，Kuhn-Tucker 条件可以写成

$$\mu = \psi_{i1t}\alpha_1\left(z_{i1t}^* + 1\right)^{\alpha_{j-1}} \tag{3.22}$$

将 μ 的表达式与方程（3.20）合并并取对数，Kuhn-Tucker 一阶条件可以重写为

$$V_{ijt} + \varepsilon_{ijt} = V_{i1t} + \varepsilon_{i1t}, z_{ijt}^* > 0, i = 1,2,\cdots,I; j = 2,2,\cdots,J; t = 1,2,\cdots,T \quad (3.23a)$$

$$V_{ijt} + \varepsilon_{ijt} < V_{i1t} + \varepsilon_{i1t}, z_{ijt}^* = 0, i = 1,2,\cdots,I; j = 2,2,\cdots,J; t = 1,2,\cdots,T \quad (3.23b)$$

其中，如果 j 是目标节目，则

$$V_{ijt} = \beta_{ij} + \beta_{ij}^{(1)} x_{ijt} + \beta_{ij}^{(2)} E_{i,t}^{\text{Before}}(A_j) + \ln(\alpha_j) + (\alpha_j - 1)\ln(z_{ijt}^* + 1) \quad (3.24)$$

如果 j 是其他节目，则

$$V_{ijt} = \beta_{0j} + \ln(\alpha_j) + (\alpha_j - 1)\ln(z_{ijt}^* + 1) \quad (3.25)$$

在本章中，我们指定了一个标准的极值分布 ε_{ijt}，并假设 ε_{ijt} 在所有选择中是独立分布的（Bhat，2005）。根据方程（3.23），个体 i 在时间 t 从所有 J 个节目中选择 m 个节目的概率如下：

$$P\left(z_{i1t}^*, z_{i2t}^*, \cdots, z_{imt}^*, 0, \cdots, 0\right) = \left[\prod_{s=1}^{m} c_{ist}\right]\left[\sum_{s=1}^{m} \frac{1}{c_{ist}}\right]\left[\prod_{s=2}^{m} e^{-(V_{i1t} - V_{ist})}\right]$$

$$\times \int_{-\infty}^{+\infty}\left\{\left(e^{-\varepsilon_{i1t}}\right)^{m-1} e^{-\sum_{j=2}^{J} e^{-(V_{i1t} - V_{ijt} + z_{i1t})}} \times e^{-\varepsilon_{i1t}} \times e^{-e^{-z_{i1t}}}\right\} d\varepsilon_{i1t}$$

$$= \left[\prod_{s=1}^{m} c_{ist}\right]\left[\sum_{s=1}^{m} \frac{1}{c_{ist}}\right]\frac{\prod_{s=1}^{m} e^{V_{ist}}}{\left(\sum_{j=1}^{J} e^{V_{ist}}\right)^m}(m-1)! \quad (3.26)$$

其中，$c_{ist} = \dfrac{1-\alpha_s}{z_{ijt}^* + 1}$。

遵循 Bhat（2005）的推导步骤，方程（3.26）的详细步骤如下。个体 i 在 t 时间从总的 J 类中选择 m 种，相应的消费者数量为 $z_{i1t}^*, z_{i2t}^*, \cdots, z_{imt}^*$ 的 m 种的概率如下所示：

$$P\left(z_{i1t}^*, z_{i2t}^*, \cdots, z_{imt}^*, 0, \cdots, 0 \mid \varepsilon_{i1t}\right) = \left\{\left[\prod_{s=1}^{m} g\left(V_{i1t} - V_{ist} + \varepsilon_{i1t}\right)\right] |\mathbf{JA}_{it}|\right\}$$

$$\times \left[\prod_{n=m+1}^{J} G\left(V_{i1t} - V_{int} + \varepsilon_{i1t}\right)\right] \quad (3.27)$$

其中，g 为标准极值密度函数；G 为标准极值分布；$\mathbf{JA}_{it}$ 为雅可比（Jacobian）矩阵，其元素由式（3.28）给出：

$$\mathbf{JA}_{isht} = \frac{\partial\left(V_{i1t} - V_{i,s+1,t} + \varepsilon_{i1t}\right)}{\partial z_{i,h+1,t}^*}, s,h = 1,2,\cdots,m-1; t = 1,2,\cdots,T \quad (3.28)$$

方程（3.27）表示对 m 个选定节目分配最佳时长的概率。从方程（3.21）中的 Kuhn-Tucker 一阶条件可知，具有非零时间投入的方案由非线性函数给出：$\varepsilon_{i1t}=V_{i1t}-V_{ijt}+\varepsilon_{i1t}$（$j=2,\cdots,J$）。式（3.28）表示与个人未选择的方案相对应的离散分布。

将方程（3.27）分别代入 $G(\cdot)$ 及 $G(\cdot)$ 的极值密度函数和分布函数，可以重写如下：

$$P\left(z^{*}_{i2t},z^{*}_{i3t},\cdots,z^{*}_{imt},0,\cdots,0\mid\varepsilon_{i1t}\right)$$

$$=\left[\prod_{s=2}^{m}\mathrm{e}^{-(V_{i1t}-V_{ist}+\varepsilon_{i1t})}\times\mathrm{e}^{-\mathrm{e}^{-(V_{i1t}-V_{ist}+s_{i1t})}}\right]\left|\,\mathbf{JA}_{it}\right|\left[\prod_{n=m+1}^{J}\mathrm{e}^{-\mathrm{e}^{-(V_{i1t}-V_{ist}+s_{i1t})}}\right]$$

$$=\left\{\left[\prod_{s=2}^{m}\mathrm{e}^{-(V_{i1t}-V_{ist})}\right]\times\left[\left(\mathrm{e}^{-\varepsilon_{i1t}}\right)^{m-1}\right]\left[\mathrm{e}^{-\sum\limits_{j=2}^{J}\left[\mathrm{e}^{-(V_{i1t}-V_{ist}+s_{i1t})}\right]}\right]\right\}\times\left|\,\mathbf{JA}_{it}\right|$$

$$(3.29)$$

根据方程（3.28），Jacobian 矩阵的行列式可以计算如下：

$$\left|\,\mathbf{JA}_{it}\right|=\left(\prod_{s=1}^{m}c_{ist}\right)\left(\sum_{s=1}^{m}\frac{1}{c_{ist}}\right) \qquad (3.30)$$

其中，$c_{ist}=\dfrac{1-\alpha_{s}}{z^{*}_{ijt}+1}$。

首先，从方程（3.29）中积出 ε_{1}，得出方程（3.31）：

$$P\left(z^{*}_{i2t},z^{*}_{i3t},\cdots,z^{*}_{imt},0,\cdots,0\right)$$

$$=\left[\prod_{s=1}^{m}c_{ist}\right]\left[\sum_{s=1}^{m}\frac{1}{c_{ist}}\right]\left[\prod_{s=2}^{m}\mathrm{e}^{-(V_{i1t}-V_{ist})}\right]$$

$$\times\int_{-\infty}^{+\infty}\left[\left(\mathrm{e}^{-\varepsilon_{i1t}}\right)^{m-1}\mathrm{e}^{-\sum\limits_{j=2}^{J}\mathrm{e}^{-(V_{i1t}-V_{ijt}+z_{i1t})}}\times\mathrm{e}^{-\varepsilon_{i1t}}\right]\mathrm{d}\varepsilon_{i1t}$$

$$(3.31)$$

对于式（3.31）中积分的最后一项，我们设定 $k=\mathrm{e}^{-\varepsilon_{1}}$，$\mathrm{d}k=-\mathrm{e}^{-\varepsilon_{1}}\mathrm{d}\varepsilon_{1}$，该项可以写成如下形式：

$$\int_{-\infty}^{+\infty}\left(\mathrm{e}^{-\varepsilon_{i1t}}\right)^{m-1}\mathrm{e}^{-\sum\limits_{j=1}^{J}\mathrm{e}^{-(V_{i1t}-V_{ijt}+\varepsilon_{i1t})}}\times\mathrm{e}^{-\varepsilon_{i1t}}\mathrm{d}\varepsilon_{i1t}=-\int_{-\infty}^{0}k^{m-1}\mathrm{e}^{-\left[k\sum\limits_{j=1}^{J}\mathrm{e}^{-(V_{i1t}-V_{ijt})}\right]}\mathrm{d}k \quad (3.32)$$

其次，令 $b=-ak$，其中 $a=\sum\limits_{j=1}^{J}-\left(V_{i1t}-V_{ijt}\right)$。$\mathrm{d}b=-a\mathrm{d}k$，式（3.32）可以写成如下形式：

$$-\int_{-\infty}^{0}\left(-\frac{b}{a}\right)^{m-1}\mathrm{e}^{b}\left(-\frac{1}{a}\right)\mathrm{d}b=-\left(-\frac{1}{a}\right)^{m}\int_{-\infty}^{0}b^{m-1}\mathrm{e}^{b}\mathrm{d}b \qquad (3.33)$$

式（3.33）中的积分表达式可以使用递归方程计算：

$$\int b^{m-1}\mathrm{e}^b \mathrm{d}b = b^{m-1}\mathrm{e}^b - (m-1)\int b^{m-2}\mathrm{e}^b \mathrm{d}b \tag{3.34}$$

一步一步地，式（3.34）可以写成如下形式：

$$
\begin{aligned}
\int_{-\infty}^{0} b^{m-1}\mathrm{e}^b \mathrm{d}b &= \Big[b^{m-1}\mathrm{e}^b - (m-1)b^{m-2}\mathrm{e}^b + (m-1)(m-2)b^{m-3}\mathrm{e}^b \\
&\quad - (m-1)(m-2)(m-3)b^{m-4}\mathrm{e}^b \\
&\quad + \cdots + (m-1)(m-2)\cdots(m-m+1)b^0 \,\mathrm{e}^b \Big]_{-\infty}^{0} \\
&= (-1)^{m-1}(m-1)!
\end{aligned}
\tag{3.35}
$$

将方程（3.21）代入方程（3.34），得

$$(-1)^{m+1}\frac{1}{a^m}\int_{-\infty}^{0} b^{m-1}\mathrm{e}^b \mathrm{d}b = (-1)^{m+1}\frac{1}{a^m}(-1)^{m-1}(m-1)! = \frac{(m-1)!}{a^m} \tag{3.36}$$

最后，方程（3.29）变成

$$
\begin{aligned}
& P\left(z_{i2t}^{*}, z_{i3t}^{*}, \cdots, z_{imt}^{*}, 0, \cdots, 0 \mid \varepsilon_{i1t}\right) \\
&= \left[\prod_{s=1}^{m} c_{ist}\right]\left[\sum_{s=1}^{m}\frac{1}{c_{ist}}\right]\left[\prod_{s=2}^{m}\mathrm{e}^{-(V_{i1t}-V_{ist})}\right] \times \frac{(m-1)!}{\left[\sum_{j=1}^{J}\mathrm{e}^{-(V_{i1t}-V_{ijt})}\right]^{m}} \\
&= \left[\prod_{s=1}^{m} c_{ist}\right]\left[\sum_{s=1}^{m}\frac{1}{c_{ist}}\right]\times \frac{\prod_{s=1}^{m}\mathrm{e}^{V_{ist}}}{\left[\sum_{j=1}^{J}\mathrm{e}^{V_{ijt}}\right]^{m}}(m-1)!
\end{aligned}
\tag{3.37}
$$

个体 i 从当日的 j 个节目中选择 m 个的概率如下：

$$P_T = \prod_{t=1}^{T}\left[\prod_{s=1}^{m} c_{ist}\right]\left[\sum_{s=1}^{m}\frac{1}{c_{ist}}\right]\left[\frac{\prod_{s=1}^{m}\mathrm{e}^{V_{ist}}}{\left(\sum_{j=1}^{J}\mathrm{e}^{V_{ijt}}\right)^{m}}\right](m-1)! \tag{3.38}$$

个体 i 的似然函数如下：

$$L_i = \int_{\beta_{ij}}\int_{\beta_{ij}^{(1)}}\int_{\beta_{ij}^{(2)}}\int_{\omega_{ijt}}\prod_{t=1}^{T}\left[\prod_{s=1}^{m} c_{ist}\right]\left[\sum_{s=1}^{m}\frac{1}{c_{ist}}\right]\left[\frac{\prod_{s=1}^{m}\mathrm{e}^{V_{ist}}}{\left(\sum_{j=1}^{J}\mathrm{e}^{V_{ijt}}\right)^{m}}\right] \tag{3.39}$$

$$\times (m-1)!\, f\left(\omega_{ijt}\right) f\left(\beta_{ij}\right) f\left(\beta_{ij}^{(1)}\right) f\left(\beta_{ij}^{(2)}\right)\mathrm{d}\omega_{ijt}\mathrm{d}\beta_{ij}\mathrm{d}\beta_{ij}^{(1)}\mathrm{d}\beta_{ij}^{(2)}$$

最大化的似然函数可以写成如下形式：

$$
L = \prod_{i=1}^{I} \left\{ \int_{\beta_{ij}} \int_{\beta_{ij}^{(1)}} \int_{\beta_{ij}^{(2)}} \int_{\omega_{ijt}} \prod_{t=1}^{T} \left[\prod_{s=1}^{m} c_{ist} \right] \left[\sum_{s=1}^{m} \frac{1}{c_{ist}} \right] \left[\frac{\prod_{s=1}^{m} e^{V_{ist}}}{\left(\sum_{j=1}^{J} e^{V_{ijt}} \right)^{m}} \right] \right.
$$

$$
\times (m-1)! f\left(\omega_{ijt}\right) f\left(\beta_{ij}\right) f\left(\beta_{ij}^{(1)}\right) f\left(\beta_{ij}^{(2)}\right) \mathrm{d}\omega_{ijt} \mathrm{d}\beta_{ij} \mathrm{d}\beta_{ij}^{(1)} \mathrm{d}\beta_{ij}^{(2)} \right\} \quad (3.40)
$$

在选择多样化模型中共有 16 个参数，即每个节目的满足度 $\alpha_1, \alpha_2, \alpha_3$，系数 $\beta_1, \beta_1^{(1)}, \beta_1^{(2)}$，系数的方差 $\delta_{\beta_j}^2, \delta_{(1)}^2, \delta_{(2)}^2$，初始标准偏差 σ_0，体验误差 σ_s，指数衰减参数 γ，转移系数 λ，节目 2 和节目 3 的基础效用参数 β_{o2}, β_{o3}，节目 1 的真实质量 A_1。然而，由于识别问题，最终有 10 个参数需要估计。第一个识别问题是基础效用函数中满足参数的非唯一性。正如 Bhat（2018）所述，不同节目的满足参数值是相对定义的，因此其中一个必须是固定的。由于节目 2 最不受欢迎，所以我们固定其满足度 α_2，并将其作为其他类别的参考。同样，节目 3 基础效用值中的一个必须固定。由于第一个节目的效用是用两个动态表示的，但第二个和第三个节目是用一个参数来描述的，因此我们固定了第二个节目的基础效用参数，即 β_{o2}。

第二个识别问题是我们模型中的一些参数之间的"尺度不变性"。第一对混合参数是 A_1 和 $\beta_1^{(2)}$，因为我们的模型只能唯一地确定它们的乘积。正如 Erdem 和 Keane（1996）所述，A_1 是一个"潜在"变量，其"绝对值"没有意义，因此我们固定节目 1 的真实质量的值。同样，我们的模型只能唯一地确定效用权重（系数）的方差 $\delta_{(2)}^2$、体验误差 σ_s 和初始标准偏差 σ_0。根据 Erdem（1998）的方法，我们通过固定 $\delta_{(2)}^2$ 的值来解决这个问题。基于初步估计选择固定四个参数 $\alpha_2, \beta_{o2}, A_1, \delta_{(2)}^2$ 的值，然后使用模拟数据来确认一旦这四个参数固定后，所有其他参数都可识别。

式（3.19）中的定量动态和定性动态都是依赖于状态的，并且使用先前的经验来影响当前的决策（Erdem，1996）。导致状态依赖的原因有以下几个：惯性（Erdem，1996）、习惯持续性（Guadagni and Little，1983；Chen et al.，2019）、学习（Erdem et al.，2008；Chen et al.，2019；Liu and Lo，2019）、寻求多样性（Lattin et al.，1985；Kahn et al.，1986；Erdem，1998）等。由这些原因引起的动态过程是不同的。我们将动态过程分为两类：定性动态过程和定量动态过程。惯性、习惯持续性和寻求多样性引起定量动态过程，学习引起定性动态过程。

定量动态过程和定性动态过程是通过使用随机效用函数来模拟先验决策信息的两种不同方式。定量动态强调外部构建先前决策与当前选择之间的依赖关系，这反映了先前经验对当前选择的影响（Erdem and Keane，1996）。研究人员直接将之前的观看时间当作效用函数的一个因素。然而，通过回答为什么以及当前决策如何依赖先前的选择（Ackerberg，2003；Erdem et al.，2008；Chen et al.，2019；Liu and Lo，2019），定性动态在使用先前信息方面比定量动态更深入。更多的经验会缩小差异，使他们的评估更接近真实的平均质量。贝叶斯更新学习过程可以反映这种定性的动态过程。

应该指出，尽管学习过程中的定性和定量的变量，即质量评估和忠诚度，都是基于个人过去观看行为的动态函数，但在我们的模型中，质量和忠诚度评估是通过不同的变量来衡量的，这两个变量具有不同的迭代公式。因此，定性和定量是不同的动态方法，它们对效用的影响也不同。虽然它们基于相同的历史观看信息，并且这两个变量是相关的，但它们仍然可以分开识别。为了确保我们模型中的定性和定量动态变量的可识别性，我们采用仿真模拟的方法，验证定性和定量这两个动态变量的可识别性和可估计性。

我们假设模型中的系数为非随机系数，以此来简化模型，减少模拟和估计的计算量并节省时间。但是模型中仍然包括定量和定性的动态变量，只是这两个变量被简化了。我们为未知参数设置数值并模拟了三组数据，分别为1000 个观测值、1500 个观测值和 2000 个观测值。作者自编 R 程序，采用 R.4.0.5 软件运行仿真验证编码。模型验证的结果如表 3.1 所示。可见，在三个观察组中，先前设置的参数值都能够被估计出来，且误差非常小，在可接受范围内。注意观察定量变量 $\beta_1^{(1)}$（x_{ijt} 的系数）和定性变量 $\beta_1^{(2)}$（$E_{i,t-1}\left(A_j\right)$ 的系数）的估计结果，可得在同一个模型中，这两个变量是可识别的。至此，模型的科学性和合理性得到有力的验证，为模型应用奠定了理论基础。

表 3.1　模型参数的可识别性检验

参数	定型值	模拟结果		
		1000 个观测值	1500 个观测值	2000 个观测值
α_1（节目 1 满足度）	0.8	0.80	0.80	0.80
α_2（节目 2 满足度）	0.5（固定）	0.5（固定）	0.5（固定）	0.5（固定）
α_3（节目 3 满足度）	0.6	0.59	0.60	0.60

续表

参数	定型值	模拟结果		
		1000 个观测值	1500 个观测值	2000 个观测值
β_1（节目 1 的截距）	−1	−1.05	−1.05	−1.07
$\beta_1^{(1)}$（x_{ijt} 的系数）	0.1	0.10	0.10	0.10
$\beta_1^{(2)}$（$E_{i,t-1}(A_j)$ 的系数）	0.2	0.21	0.20	0.20
$\beta_1^{(3)}$（$\delta_{i,t-1}^2$ 的系数）	−0.5	−0.53	−0.51	−0.51
初始标准偏差（σ_0）	1	0.97	1.02	0.99
体验误差（σ_s）	0.8	0.81	0.75	0.75
转移系数（λ）	0.5	0.52	0.49	0.50
β_{o2}（节目 2 的基础效用参数）	1（固定）	1（固定）	1（固定）	1（固定）
β_{o3}（节目 3 的基础效用参数）	2	1.99	1.97	1.98
A_1（节目 1 的真实质量）	5（固定）	5（固定）	5（固定）	3（固定）

3.2　广告收视行为

观众对节目的收视行为直接影响其对广告的收视行为，其对广告的收视行为存在更大变动性。消费者对广告的收视行为直接影响其对商品信息的获知行为。节目收视行为和广告收视行为，这两者既有相关性，又有差异性。消费者对节目和广告的收视行为是相关的：广告被插播在节目中，当人们选择观看节目时，他们也将会看到一些广告，对节目的喜爱程度也会影响其对广告的忍受程度，如果一个人对一个节目很感兴趣，他甚至可以忍受所有的广告，以免错过节目部分。然而，观众对节目和广告的观看模式是不同的。首先，每个人都喜欢的是节目而不是广告，因此，他们选择自己感兴趣的节目来观看，并同时观看了插播在这些节目中的广告，当然，他们也可以选择通过转换频道来回避广告，这被称为广告回避行为。其次，连续剧的故事性特征可以进一步吸引观众。随着每一集的播放，每个观众都将对电视剧形成一种学习行为。然而，广告却没有这样的故事性。如果广告商决定不再购买广告时段，广告可能随时会被停止或替换。最后，节目时间比广告时间长得多。以电视剧为例，一集电视剧的播放时长约为 45 分钟。然而，一个广告只有 5—10 秒。因此，记录在每分钟内的节目观看行为是合理有效的，但用同样的度量记录广告观看行为的做法不恰当。

考虑到电视节目和广告的不同受众模式，有必要分别对此进行研究以解决电视台和广告商的问题。因为电视台更希望通过对未来节目收视率的准确预测，来制定有效的市场策略以保持竞争力，并为其广告时段的收费标准提供准确的参考。然而，广告商则需要更详细的信息来推断他们的广告效果，如每秒广告的收视率，而不是每分钟的节目收视率。观众对广告的观看行为与对节目的不同。许多观众通过转换频道、去洗手间或与他人交谈来回避广告。如果他们喜欢这个节目，就会从其他频道回来、停止交谈，继续观看节目的下一部分。否则，他们将在其他频道观看更有吸引力的节目或忙于其他事情。换句话说，节目和广告的收视率是不一样的，这使得我们的关注点从节目观看行为转变为广告观看行为。

广告商通常关注广告的收视情况，以获得更详细的与广告效果相关的信息。然而，事实是，人员测量仪以每分钟为间隔记录观看行为，而大多数广告的持续时间不到 30 秒。因此，很难获得准确的广告收视率。解决该问题的方法是研究出一种统计方法来模拟广告观看行为，以测量每秒的广告收视率。广告观看模式包括两方面的行为：调入行为（turning-in behavior）和调出行为（turning-out behavior）。调入行为是指为了回避其他频道的广告、浏览和选择节目、下班后休息等，而收看（调入）一个正在播放广告的频道。这一行为大多是随机的，所以在每分钟内发生的调入次数很少。观众的调出行为，则主要是由广告回避行为引起的。当广告开始时，观众的调出行为突然增加，然后随着广告时间的流逝，调出行为慢慢减少。因此，应该考虑不同的统计模型，以分别拟合调入行为和调出行为。广告商更易于理解有多少广告被观看，以及被多少人观看等信息。本章提出使用一种以秒为单位的新度量，来衡量广告效果，即：每个人的广告观看时长。广告观看时长越长，广告效果越好（Tse and Lee，2001）。在本书中，我们研究了计算每个人的广告观看时长的方法。

如果我们能够以秒为单位收集人员测量仪的数据，则对广告效果的测量将更加准确。然而，由于数据传输和数据存储需求，这些测量仪通常被设置为以分钟为单位来收集信息。特别是随着越来越多的频道的出现，这样的存储要求越来越高，成本也越来越高。电视台不愿意花更多的钱来扩大人员测量仪的存储空间，以秒为单位来收集数据（Atkinson，2008）。而且，用测量仪以秒为单位收集数据，也是对资源的浪费，因为电视广告仅仅占据播放时间的一小部分，广告商需要更多的时间去理解和推断广告的有效性。因此，我们努力研究一种方法，将电视广告以分钟为单位的数据转换为以秒为单位的数据。

此外，一般情况下，一则广告的观看次数和观看人数，对广告商来说更为重要。因此，我们建议采用一种新的"规范"来衡量广告效果：每个人以秒为单位的广告观看时长。这应该得到广告商更多的关注。我们有理由相信，广告观看时长越长，广告效果就越好。Tse 和 Lee（2001）证实，非广告回避者比广告回避者记得更多的广告品牌。广告观看时长将决定个人是否对商品形成了深刻的印象。此外，许多广告商需要知道已经观看了至少一半或四分之一广告的观众的数量，以定位潜在消费者。对于不断切换频道来寻找节目的观众来说，随机播放的一两秒广告意义不大。或者，如果观众仅观看广告的前几秒钟，则广告中的商品对于该观众来说可能仍是未知的。以 X 汽车 30 秒广告为例：X 汽车直到第 25 秒才出现在广告中，在前 25 秒，观众在屏幕上只看到一只大鸟在追逐一只蜜蜂，这可能会使观众认为所宣传的商品是一种杀虫剂。在这个例子中，X 汽车广告商想知道有多少观众观看了 25 秒以上的广告。

为了以秒为单位获得每秒钟的广告收视率和每个人的广告观看时长，我们研究了一种对调入和调出行为建模的方法。由于人员测量仪数据仅以分钟为单位提供信息，因此我们假设如果人员测量仪显示在 T^* 分钟个人调入频道中，则准确调入时间 T（T^* 分钟的第 T 秒）在一分钟内服从均匀分布，并且从一个频道离开的时间（调出时间）也服从均匀分布。然而，每当广告时间开始时，调出模式改变，调出时间遵循衰减函数，该衰减函数可以在整个广告时段由贝塔分布、指数分布或 gamma 分布来描述。这是一个合理的假设，因为没有观看特定频道的任意观众可以在节目或广告播放期间随机打开电视并选择频道，或者从其他频道切换到特定频道。因此，可以假定调入时间服从均匀分布。同样，观众可以在节目播放时间内随意切换频道或关闭电视。因此，在插播广告之前和之后的时间段内，我们假设调出行为服从与调入行为类似的均匀分布。此外，一旦广告开播，由于广告回避效应，很多人会立即离开房间去洗手间，或转换到其他频道，甚至关掉他们的电视机，而这种效应会逐渐减弱直到广告结束。因此，使用诸如贝塔分布、指数分布或 gamma 分布等描述的衰减函数来描述广告期间的调出行为。当广告结束后，节目继续，调出行为恢复到正常节目播放期间的模式，并服从均匀分布。我们将通过从当地电视台获得的人员测量仪数据来验证这些分布的准确性。广告商需要的估算方法可以方便地用于任何广告和任何基于可获得的人员测量仪数据的时间间隔。其他方法，如焦点小组、专门小组成员实时访谈，不仅成本高昂，而且不能在所有时间段内使用。此外，这种替代方法受到各种数据收集问题的困扰，如返修错误、存在反应偏差、样本不具代表性和样本量不充分。

3.2.1 广告收视行为分析

本书旨在通过研究消费者对广告的收视行为，挖掘消费者基于广告信息推送的商品信息获知行为。消费者对广告的观看和接受程度，直接决定了消费者对广告推送商品的接受程度。通过消费者对广告的观看时长，我们可以推断消费者对该商品信息的获知情况，即只有消费者获知该商品信息，才有可能去检索更新相关信息，直至购买。

关于消费者对广告的收视行为，最广泛的研究主题是广告跳跃行为（commercial zapping/zip behavior）（也称回避行为），即消费者会在广告播放期间转台、上厕所、说话或喝水等（Danaher and Dagger，2013；Song et al.，2022）。消费者对广告的回避行为直接影响广告的推送效果，如果消费者直接转台不看广告，那该次广告推送对于该消费者的成效为零。作为研究人员，我们需要知道消费者 A 有没有看广告 B，如果看了广告 B，说明广告触及了消费者 A，但是无法预测消费者 A 是否获知了商品的信息，如是否记住了品牌名称、商品内容等。因此，研究消费者 A 对广告 B 的观看时长成为一个重要的研究主题。假设存在以下两种情况：情况 1，如果消费者 A 将广告 B 全部看完，他很有可能被推送到了品牌名称和商品内容；情况 2，如果消费者 A 只看了广告 B 的前两秒，他可能既没看到品牌也没记住商品。情况 1 和情况 2 的广告推送效果是不同的。

然而，现有的信息技术无法细化到消费者对广告的每秒的观看情况，只能记录每分钟的收视行为，尤其针对电视的视频广告，仍然难以准确地记录每秒的信息。为了精准地模拟消费者对商品信息获知的程度，本书采用的方法是：选择合适的分布对观众的调入和调出行为进行模拟，推导出广告每秒钟的收视情况。首先，我们通过人员测量仪数据观察个体的观看模式，推导并测试调入和调出行为的分布模型。其次，基于所选择的模型，我们推导出计算广告观看时长和相应方差的公式。通过这两个步骤，我们可以准确地衡量消费者对广告推送的商品信息的获知程度。

我们观察了许多电视剧每一集的调入和调出模式。一般的发现是，在整集中，调入行为出现的次数几乎没有波动，并且在节目播放期间，调出行为的发生次数也几乎没有变化。然而，广告开始时的调出行为出现的次数有明显的变动。这与 Zigmond 等（2009）的发现类似。而且，在每集电视剧结尾处的广告中，大量观众调出，远远高于剧集中间广告的调出量。

调入行为可以按照观众的类型划分为两种：常规观众调入和偶然观众调入。由于熟悉节目安排，常规观众在剧集的一开始就观看。对于偶然观众来说，他们是随机切换到这一频道的，因此他们并不知道该频道正在播放的是什么节目。偶然观众调入一个频道有以下几个原因：他们听到别人说这个频道播放的电视剧很有趣；他们在忙碌的工作后需要休息或娱乐；他们为了回避别的频道的广告。因此，偶然观众会使调入行为数量发生变化。但是，如果一个人在某频道观看节目，除非有其他重要的事情，否则他不太可能会换台。因此，在特定频道的节目播放期间，每分钟调入行为的发生次数变化不大。当广告开始播放时，该频道的调出观众突然增加，这是由广告回避行为导致的。随着广告的播放，该现象的影响逐渐消退。当广告结束时，就会恢复到一般的调出模式。当一集电视剧结束时，在接下来插播广告期间又会有很多观众离开。

我们选择一集典型的电视剧来展示观众的调入和调出模式。该剧为 2019 年在 TVB 电视台播出的电视剧 A。我们把样本中的观众定义为：至少看了 5 分钟这个剧集的个人。在电视剧 A 的第 20 集中，我们的样本中有 1289 位观众。图 3.3 显示了 2019 年 10 月 20 日 20:45 至 21:33 每分钟内该频道的观众调入和调出数量的百分比。如图 3.3 所示，在整个剧集中，观众调入数量的百分比变化不大，并且没有特定的调入模式。我们假定每分钟内的调入时间，在 60 秒时间间隔内服从均匀分布。

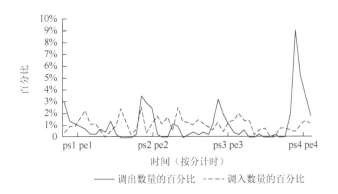

图 3.3　观众调入与调出数量的百分比

ps1 和 pe1、ps2 和 pe2、ps3 和 pe3、ps4 和 pe4 分别指广告时段 1、广告时段 2、广告时段 3、广告时段 4 的开始时间和结束时间

特定频道在节目播放期间，其每分钟的观众调出数量的百分比也几乎没有变化，甚至比广告插播前后的调入数量的百分比变化更加稳定。因此，假

设节目播放期间的调出模式也服从均匀分布是合理的，只是调出频率不同。然而，在图 3.3 横轴标注的每一次开始插播广告时，观众的调出数量突然增加；之后，随着广告的播出，这种现象会逐渐消退。当广告结束时，恢复到节目播出期间的一般调出模式。因此，广告中的调出分布可以用衰减函数来描述。

正如我们从数据源的许多剧集中发现的一样，每集最后一个广告的观众调出数量比前三个广告多得多。为了构建适当的统计模型，对每一个广告的观众调出模式进行更详细的观察是必要的。如图 3.4 所示，我们计算同一个电视剧至少 20 集中的每个广告时段每分钟的平均观众调出数量的百分比。第 2 集的数据如表 3.2 所示。图 3.4 清楚地表明，前三个广告时段的调出模式几乎没有变化。然而，前三个广告时段和第四个广告时段的观众调出数量存在显著差异。这是因为前三个广告都插播在剧集中（内部广告），第四个广告插播在电视剧结尾和另一个广告之间（外部广告）。观众在前三个广告时段调出频道以回避广告，但电视剧的故事性特征使得许多观众依然留在该频道等待下一部分。然而，当一集结束时，更多的观众调出这个频道或关闭电视。为了解决这一问题，我们将调出数据分为两组：前三个广告时段的调出和第四个广告时段的调出。统计理论表明，衰减函数，如贝塔分布、指数分布或 gamma 分布可以用于调出模式，前三个广告和第四个广告分别适用不同的模型。为了确认调出模式，我们在图 3.5 中展示了另一部电视剧至少 20 集中的每个广告时段每分钟的平均观众调出数量的百分比。该剧为 2019 年 4 月 27 日至 2019 年 5 月 29 日每个工作日 19:00 至 20:00 在香港另一家电视台 ATV（Asia Television Digital Media Limited，亚洲电视数码传媒有限公司）播出的电视剧 B。

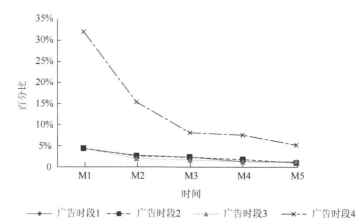

图 3.4　TVB 播出的电视剧 A 中每个广告时段每分钟的平均观众调出数量的百分比

M1 表示广告时段的第一分钟，同样含义适用于 M2—M5

表 3.2　电视剧 A 第 2 集中每个广告时段每分钟的观众调出数据

广告时段 1				广告时段 2				广告时段 3				广告时段 4			
Start: 20:45:41 End: 20:50:29				Start: 21:01:20 End: 21:04:55				Start: 21:15:24 End: 21:19:19				Start: 21:30:50 End: 21:33:20			
Min	Dep/人	Total/人	Percent	Min	Dep/人	Total/人	Percent	Min	Dep/人	Total/人	Percent	Min	Dep/人	Total/人	Percent
M1	13	444	2.93%	M1	13	459	2.83%	M1	15	482	3.11%	M1	43	477	9.01%
M2	6	440	1.36%	M2	11	449	2.45%	M2	9	479	1.88%	M2	24	463	5.18%
M3	5	439	1.14%	M3	1	453	0.22%	M3	5	479	1.04%	M3	16	444	3.60%
M4	4	439	0.91%	M4	0	461	0	M4	2	485	0.41%	M4	8	442	1.81%
M5	3	443	0.68%					M5	1	492	0.20%				
M6	1	452	0.22%												

注：Start 是每个广告的开始时间；End 是每个广告的结束时间；M1 是广告时段的第一分钟，同样含义适用于 M2—M6，Min 是时间（分钟）；Dep 是观众调出数量；Total 是全部观众数量；Percent 是观众调出数量的百分比

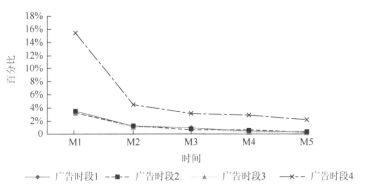

图 3.5　ATV 播出的电视剧 B 中每个广告时段每分钟的平均观众调出数量的百分比

M1 表示广告时段的第一分钟，同样含义适用于 M2—M5

3.2.2　广告收视行为模型构建

1. 均匀分布和贝塔分布模型

假设人员测量仪显示了个人在 T^* 分钟时调入频道，观众的准确调入时间 T（T^* 分钟的第 T 秒）在一分钟内服从均匀分布，即 $T \sim U(0, 60)$。没有要估计的参数。因此，我们可以直接使用该模型。

假定观众调出时间在节目播放期间的任意一分钟内也服从均匀分布，但在广告播放期间服从衰减分布。从图 3.3 中我们可以看到，在节目播放期间，观众的调出数量比调入数量少，这也就意味着在节目播放期间，调出概率低于调入概率。因此，对调出行为，我们使用调出概率来调整其在一分钟内的均匀分布。此外，如前文所述，前三个广告时段与第四个广告

时段的调出模式不同。因此，第四个广告时段的调出概率与前三个广告时段的不同。我们将详细介绍调出概率的含义和用法。

数据来自电视剧 A 前 20 集中插入的四个广告播放期间的观众调入和调出数量。有三种衰减模型可用于拟合插播广告的观众调出数据：指数分布、贝塔分布和 gamma 分布。我们使用最大似然估计，通过计算每个观众的调出概率来估计三个分布中的参数，然后形成似然函数。我们接下来将描述构建前三个广告最大似然函数的步骤，并以贝塔分布为例。

表 3.3 列出了用来表示从人员测量仪数据中观测到的插播广告期间每分钟的观众调出数量的符号。例如，有 N_1 位观众在广告的第一分钟调出。我们假设广告从 t_0 秒开始到 t_1 秒结束，第一分钟和最后一分钟的观众人数分别是 V_1 和 V_5。

表 3.3　插播广告期间每分钟的观众调出数量的符号

时间	第一分钟	第二分钟	第三分钟	第四分钟	第五分钟
观众调出数量	N_1	N_2	N_3	N_4	N_5

定义 p_1 为在电视剧播放期间每个观众每分钟的调出概率，该概率是根据其他一般剧集估计的并假定在该模型中已知。

由于广告可以在任何时刻开始和结束，所以在模型中使用的以秒为单位的时间长度被定义如下：从广告开始分钟的第 0 秒到广告结束分钟的最后一秒。例如，假设广告从 20:48:15 开始，到 20:52:20 结束。整个时间长度为从 20:48:00 到 20:52:60 的五分钟。广告从 $t_0 = 15$ 秒开始，到 $t_1 = 260$ 秒结束，时长为 245 秒。

假设 $N_1, N_2, \cdots, N_5$ 是整个时间长度范围内的观众调出数量。为了找到似然函数，首先，我们用 P_1 乘以第一分钟广告前和最后一分钟广告后的预期偏差，即 $(P_1 \times V_1 \times t_0)/60$ 和 $P_1 \times V_5 \times (5 \times 60 - t_1)/60$，如表 3.4 所示。

表 3.4　调整后的广告每分钟的观众调出数量

项目	第一分钟部分	第二分钟	第三分钟	第四分钟	第五分钟部分
观众调出数量	$N_1 - (P_1 \times V_1 \times t_0)/60$	N_2	N_3	N_4	$N_5 - P_1 \times V_5 \times (5 \times 60 - t_1)/60$

其次，写下 t_0 到 t_1 的偏离似然函数。广告总的观众调出数量为

$$N_1 + N_2 + N_3 + N_4 + N_5 - (P_1 \times V_1 \times t_0)/60 - P_1 \times V_5 \times (300 - t_1)/60$$

这些观测数据在广告播放期间的总体贝塔分布如下：

$$g(t) = \frac{1}{B(a,b)} \left[\frac{(t-t_0)^{a-1}(t_1-t)^{b-1}}{(t_1-t_0)^{a+b-1}} \right], \ t_0 < t < t_1 \qquad (3.41)$$

从式（3.41）中，我们可以得出广告每分钟的观众调出数量及概率（表 3.5）。

表 3.5　广告每分钟的观众调出数量及概率

项目	第一分钟部分	第二分钟	第三分钟	第四分钟	第五分钟部分
观众调出数量	$N_1 - (P_1 \times V_1 \times t_0)/60$	N_2	N_3	N_4	$N_5 - P_1 \times V_5 \times (5 \times 60 - t_1)/60$
观众调出概率	P_1	P_2	P_3	P_4	P_5

第一分钟的观众调出概率（$t_0 < t < 60$）：

$$P_1 = \int_{t_0}^{60} g(t)\mathrm{d}t = \int_{t_0}^{60} \frac{1}{B(a,b)} \left[\frac{(t-t_0)^{a-1}(t_1-t)^{b-1}}{(t_1-t_0)^{a+b-1}} \right] \mathrm{d}t \qquad (3.42)$$

第 n 分钟的观众调出概率（$1 < n < 4$）：

$$P_n = \int_{(n-1)\times 60}^{n\times 60} g(t)\mathrm{d}t = \int_{(n-1)\times 60}^{n\times 60} \frac{1}{B(a,b)} \left[\frac{(t-t_0)^{a-1}(t_1-t)^{b-1}}{(t_1-t_0)^{a+b-1}} \right] \mathrm{d}t \qquad (3.43)$$

最后一分钟的观众调出概率（$(5-1)\times 60 < t < t_1$）：

$$P_5 = \int_{(5-1)\times 60}^{t_1} g(t)\mathrm{d}t = \int_{240}^{t_1} \frac{1}{B(a,b)} \left[\frac{(t-t_0)^{a-1}(t_1-t)^{b-1}}{(t_1-t_0)^{a+b-1}} \right] \mathrm{d}t \qquad (3.44)$$

因此，似然函数如下：

$$L = P_1^{N_1 - \frac{(P_1 \times V_1 \times t_0)}{60}} \times P_2^{N_2} \times P_3^{N_3} \times P_4^{N_4} \times P_5^{N_5 - P_1 \times V_5 \times (300 - t_1)/60} \qquad (3.45)$$

该函数有两个概率参数。如果我们有足够数量的观测值，就可以对它们进行估计。

对于另外两个候选分布——gamma 分布和指数分布，也可以得到类似的公式和参数估计。我们使用卡方检验对拟合度与实际数据进行比较，结果如表 3.6 所示。我们发现均匀分布对调入行为的拟合很好。然而，指数分布拟合效果不佳，其对调出行为的拟合结果是不可接受的，而贝塔分布和 gamma 分布拟合较好。最后，我们选择了拟合度较高（P 值越大，拟合度越高）的贝塔分布来描述广告的调出行为。在前三个广告时段和第四个广告时段，调入行为均匀分布和调出行为贝塔分布的卡方检验的 P 值均大于 0.3，这意味着我们可以接受使用均匀分布和贝塔分布来描述调入和调出行为。

表 3.6 拟合度检验结果

调入/调出行为	广告时段	模型	卡方检验	自由度	P 值
调入行为	四个广告时段	均匀分布	124.39	120	0.37
调出行为	前三个广告时段	贝塔分布	72.88	70	0.38
		gamma 分布	80.06	70	0.19
		指数分布	212.19	70	3.11×10^{-16}***
	第四个广告时段	贝塔分布	35.96	33	0.33
		gamma 分布	42.65	33	0.12
		指数分布	120.05	33	8.07×10^{-12}***

***表示在 0.01 水平上显著

由于我们已经选择了适用于调入行为和调出行为的分布,因此可以根据人员测量仪每分钟的数据来模拟每秒钟的观众人数。此外,我们将介绍用来构建估计以秒为单位的观众的广告观看时长公式的理论。

2. 广告观看时长均值和方差公式的推导

虽然广告的开始和结束时间与电视台的节目时间表完全相同,但是根据人员测量仪收集的样本,每个家庭成员的调入和调出时间只精确到分钟。我们仍然不知道调入和调出的确切时间(在哪一秒钟),因此,我们无法直接从人员测量仪数据中识别广告观看时长。

在之前的章节中,假定调入和调出时间在以秒为单位的一定时间内服从特定的概率分布。因此,我们可以精确到秒来估计广告观看时长。

在我们对调入和调出行为的假设中,调入和调出时间都是随机变量。此外,表示为调入和调出时间函数的广告观看时长也是随机变量,并且可以找到其概率分布。因此,对于人员测量仪数据样本中的每个家庭成员,可以确定随机变量的概率分布并使用其均值来估计每个观众的预期广告观看时长。相应的方差可以用来估计准确度。另外,可以构建广告观看时长的置信区间。

1)调入行为的通用公式

在人员测量仪中的个人调入数据所涵盖的一分钟内,假设广告开始于 t_0 并在 t_1 结束,并且 t_0 和 t_1 都小于一分钟。因此,当实际调入时间 t 属于不同的时间间隔时,个人广告观看时长 w 具有不同的取值:

$$w = 0 \ (t_1 \leqslant t \leqslant 60), \ w = t_1 - t \ (t_0 \leqslant t < t_1), \ w = t_1 - t_0 \ (0 \leqslant t < t_0)$$

我们假设调入时间(t)在 60 秒时间间隔内服从均匀分布。w 的相应概率密度函数是离散型和连续型表达式的组合:

$$f(w) = \begin{cases} \dfrac{60 - t_1}{60}, & w = 0 \\[3mm] \dfrac{1}{60}, & 0 < w < t_1 - t_0 \\[3mm] \dfrac{t_0}{60}, & w = t_1 - t_0 \end{cases} \tag{3.46}$$

可以很容易地得到在一分钟内预期广告观看时长 $E(w)$ 及其方差 $V(w)$：

$$E(w) = \frac{60 - t_1}{60} \times 0 + \int_0^{t_1 - t_0} \frac{w}{60} dw + \frac{(t_1 - t_0) \times t_0}{60}$$

$$= \frac{w^2}{60 \times 2} \Big|_0^{t_1 - t_0} + \frac{(t_1 - t_0) \times t_0}{60} = (t_1^2 - t_0^2) / 120 \tag{3.47}$$

$$E(w^2) = \frac{60 - t_1}{60} \times 0^2 + \int_0^{t_1 - t_0} \frac{w^2}{60} dw + \frac{(t_1 - t_0)^2 \times t_0}{60}$$

$$= \frac{w^3}{60 \times 3} \Big|_0^{t_1 - t_0} + \frac{(t_1 - t_0)^2 \times t_0}{60} = (2t_0^3 + t_1^3 - 3t_0^2 t_1) / 180 \tag{3.48}$$

$$V(w) = E(w^2) - (E(w))^2 = (2t_0^3 + t_1^3 - 3t_0^2 t_1) / 180 - (t_1^2 - t_0^2)^2 / 120^2 \tag{3.49}$$

请注意，由于调入行为服从均匀分布，式（3.47）和式（3.49）也可应用于广告在该分钟之前开始（通过令 $t_0 = 0$）或/并在该分钟之后结束的情况（通过令 $t_1 = 60$）。

2）调出行为的通用公式

如 3.2.2 所述，对于在 t_0 开始在 t_1 结束的广告的观众调出行为，使用衰减型概率函数来描述，其模式覆盖了广告的整个时间长度 (t_0, t_1)。为了能够像以往的研究一样使用以分钟为单位度量的人员测量仪数据，我们将整个观察时间长度 T 定义为覆盖广告时间的总分钟数。例如，如果广告是从 21:01:20 到 21:04:30，则 T 是从 21:01:00 到 21:04:60 的时间长度，即 $T = 4 \times 60 = 240$ 秒。广告开始时间是 $t_0 = 20$ 秒，并且在 $t_1 = 210$ 秒结束。

在广告播放期间，假定观众调出模式服从贝塔分布（$t_0 < t < t_1$），概率密度函数为

$$g(t) = \frac{1}{B(a,b)} \left[\frac{(t - t_0)^{a-1} (t_1 - t)^{b-1}}{(t_1 - t_0)^{a+b-1}} \right], \quad t_0 < t < t_1 \tag{3.50}$$

由于第四个广告时段的调出模式与前三个大不相同，因此我们为这两组分别建立了不同的模型：在前三个广告时段离开的观众组，以及在第四个广告时段离开的观众组。

某一分钟是由部分电视剧时间和部分广告时间组成的（例如，在广告的第一分钟内，电视剧从 0 到 t_0 秒播放，广告从 t_0 到 60 秒播放），或者一分钟全部是广告，这会导致不同的调出行为。因此，我们针对广告不同时间段调出的观众，构建了不同的模型并运用了不同的计算方法。

A. 前三个广告时段

在观察每集电视剧的前三个广告时段的调出模式时发现，广告开始前，调出数量就突然增加。电视台市场部门的解释是，电视剧的每一集结尾会播放一段约 10 秒钟的片尾曲来提示将要插播广告。许多不想看广告的人，在片尾曲开始时，就像在广告开始时一样，调出了这个频道。在这种情况下，我们将调出模式衰减分布的时间扩展为从片尾曲开始的时间到广告结束的时间。换句话说，重新定义 t_0 为广告播放前片尾曲的开始时间。例如，如果广告时间为 21:01:20 至 21:04:30，并且广告播放前的片尾曲持续时间是 10 秒，则 $t_0 = 20-10 = 10$ 秒，$t_1 = 210$ 秒，贝塔分布涵盖从 $t_0 = 10$ 秒到 $t_1 = 210$ 秒的时间长度。用 t_m 表示广告播放前的片尾曲的持续时间，那么广告开始于 $t_0 + t_m$。我们将从 t_0 到 t_1 的时间段称为调出时间，将 $t_0 + t_m$ 到 t_1 的时间段称为广告时间。

我们将构建一个片尾曲开始前和调出时间后服从均匀分布、调出时间内服从贝塔分布的调出模型，来估计广告观看时长的均值和方差。这里的均匀分布的调出率，即在电视剧播放期间每个观众每分钟的调出概率为 p_1，可根据其他一般剧集估计。

情况 1：观众在每次调出时间的第一分钟内调出（$0 < t < 60$），广告在第一分钟内开始（$t_0 + t_m < 60$）。

第一分钟内调出时间的概率密度函数如下：

$$f(t) = \begin{cases} p_1 / 60, & 0 < t < t_0 \\ \dfrac{(t-t_0)^{a-1} \times (t_1-t)^{b-1}}{B(a,b) \times (t_1-t_0)^{a+b-1} \times P_F} \times \left(1 - \dfrac{p_1 \times t_0}{60}\right), & t_0 < t < 60 \end{cases} \quad (3.51)$$

其中，P_F 为贝塔分布从 t_0 到 60 秒的概率，可以通过式（3.52）得到：

$$P_F = \int_{t_0}^{60} g(t)\,\mathrm{d}t = \int_{t_0}^{60} \frac{(t-t_0)^{a-1} \times (t_1-t)^{b-1}}{B(a,b) \times (t_1-t_0)^{a+b-1}}\,\mathrm{d}t = \int_0^{\frac{60-t_0}{t_1-t_0}} \frac{v^{a-1}(1-v)^{b-1}}{B(a,b)}\,\mathrm{d}v \quad (3.52)$$

$1 - \dfrac{p_1 \times t_0}{60}$ 是用来调整概率的。因为调出时间从 t_0 开始，如果观众在 t_0 之前调出，则他的调出模式服从均匀分布，在 $60-t_0$ 秒内的调出模式服从贝塔分布。所以，我们需要用 $1-\dfrac{p_1 \times t_0}{60}$ 调整概率分布。

我们计算在调出时间第一分钟内观众的广告观看时长。很显然，如果观众在广告开始之前调出（$t \leqslant t_0 + t_m$），则 $w=0$；当 $t > t_0 + t_m$ 时，w 在该分钟内的取值在 0 和 $60-t_0-t_m$ 之间。

相应的广告观看时长的概率密度函数如下：

$$f(w)=\begin{cases} \dfrac{p_1 \times t_0}{60} + \displaystyle\int_{t_0}^{t_0+t_m} \dfrac{(t-t_0)^{a-1} \times (t_1-t)^{b-1}}{B(a,b) \times (t_1-t_0)^{a+b-1} \times P_F} \times \left(1-\dfrac{p_1 \times t_0}{60}\right)\mathrm{d}t, & w=0 \\[4mm] \dfrac{(w+t_m)^{a-1}(t_1-t_0-w-t_m)^{b-1}}{B(a,b) \times (t_1-t_0)^{a+b-1} \times P_F} \times \left(1-\dfrac{p_1 \times t_0}{60}\right), & 0<w<60-t_0-t_m \end{cases}$$

（3.53）

调出时间第一分钟内的广告观看时长的期望和方差如下：

$$E(w)=\left[\dfrac{p_1 \times t_0}{60} + \int_{t_0}^{t_0+t_m} \dfrac{(t-t_0)^{a-1} \times (t_1-t)^{b-1}}{B(a,b) \times (t_1-t_0)^{a+b-1} \times P_F} \times \left(1-\dfrac{p_1 \times t_0}{60}\right)\mathrm{d}t\right] \times 0$$
$$+ \int_0^{60-t_0-t_m} \dfrac{w \times (w+t_m)^{a-1}(t_1-t_0-w-t_m)^{b-1}}{B(a,b) \times (t_1-t_0)^{a+b-1} \times P_F} \times \left(1-\dfrac{p_1 \times t_0}{60}\right)\mathrm{d}w$$
$$= \int_0^{60-t_0-t_m} \dfrac{w \times (w+t_m)^{a-1}(t_1-t_0-w-t_m)^{b-1}}{B(a,b) \times (t_1-t_0)^{a+b-1} \times P_F} \times \left(1-\dfrac{p_1 \times t_0}{60}\right)\mathrm{d}w$$

（3.54）

$$E(w^2)=\left[\dfrac{p_1 \times t_0}{60} + \int_{t_0}^{t_0+t_m} \dfrac{(t-t_0)^{a-1} \times (t_1-t)^{b-1}}{B(a,b) \times (t_1-t_0)^{a+b-1} \times P_F} \times \left(1-\dfrac{p_1 \times t_0}{60}\right)\mathrm{d}t\right] \times 0^2$$
$$+ \int_0^{60-t_0-t_m} \dfrac{w^2 \times (w+t_m)^{a-1}(t_1-t_0-w-t_m)^{b-1}}{B(a,b) \times (t_1-t_0)^{a+b-1} \times P_F} \times \left(1-\dfrac{p_1 \times t_0}{60}\right)\mathrm{d}w$$
$$= \int_0^{60-t_0-t_m} \dfrac{w^2 \times (w+t_m)^{a-1}(t_1-t_0-w-t_m)^{b-1}}{B(a,b) \times (t_1-t_0)^{a+b-1} \times P_F} \times \left(1-\dfrac{p_1 \times t_0}{60}\right)\mathrm{d}w \quad (3.55)$$

$$V(w)=E(w^2)-\left(E(w)\right)^2 \quad (3.56)$$

情况 2：广告在第一分钟内未开始（$t_0 + t_m \geqslant 60$），观众在每次调出时间的第一分钟内调出。

当 $t_0 + t_m \geqslant 60$ 时，整个分钟内没有广告，因此这些观众的广告观看时长为 0，其方差也为 0，即 $E(w)=V(w)=0$。

情况 3：广告在第一分钟内开始（$t_0 + t_m < 60$），观众在每次调出时间的第二分钟内调出（$60 < t < 120$）。

其调出时间的概率密度函数如下：

$$f(t) = \frac{(t-t_0)^{a-1} \times (t_1-t)^{b-1}}{B(a,b) \times (t_1-t_0)^{a+b-1} \times P_S}, \quad 60 < t < 120 \quad (3.57)$$

其中，P_S 为贝塔分布从 60 秒到 120 秒的概率，可以通过式（3.58）得到：

$$P_S = \int_{60}^{120} g(t)\,dt = \int_{60}^{120} \frac{(t-t_0)^{a-1} \times (t_1-t)^{b-1}}{B(a,b) \times (t_1-t_0)^{a+b-1}}\,dt = \int_{\frac{60-t_0}{t_1-t_0}}^{\frac{120-t_0}{t_1-t_0}} \frac{v^{a-1} \times (1-v)^{b-1}}{B(a,b)}\,dv$$

$$(3.58)$$

由于这时的调出模式在整个一分钟服从贝塔分布，因此，这里我们只需要 P_S。

广告观看时长的概率密度函数如下（$w = T-60$）：

$$f(w) = \frac{(w+60-t_0)^{a-1}(t_1-w-60)^{b-1}}{B(a,b) \times (t_1-t_0)^{a+b-1} \times P_S}, \quad 0 < w < 60 \quad (3.59)$$

广告观看时长的期望及方差如下：

$$E(w) = \int_0^{60} \frac{w \times (w+60-t_0)^{a-1}(t_1-w-60)^{b-1}}{B(a,b) \times (t_1-t_0)^{a+b-1} \times P_S}\,dw \quad (3.60)$$

$$E(w^2) = \int_0^{60} \frac{w^2 \times (w+60-t_0)^{a-1}(t_1-w-60)^{b-1}}{B(a,b) \times (t_1-t_0)^{a+b-1} \times P_S}\,dw \quad (3.61)$$

$$V(w) = E(w^2) - \big(E(w)\big)^2 \quad (3.62)$$

情况 4：广告在第一分钟内未开始（$t_0 + t_m \geqslant 60$），观众在每次调出时间的第二分钟内调出（$60 < t < 120$）。

其广告观看时长的概密度函数如下：

$$f(w) = \begin{cases} \displaystyle\int_{60}^{t_0+t_m} \frac{(t-t_0)^{a-1} \times (t_1-t)^{b-1}}{B(a,b) \times (t_1-t_0)^{a+b-1} \times P_S}\,dt, & w = 0 \\[2ex] \dfrac{(w+t_m)^{a-1}(t_1-t_0-w-t_m)^{b-1}}{B(a,b) \times (t_1-t_0)^{a+b-1} \times P_S}, & 0 < w < 120-t_0-t_m \end{cases} \quad (3.63)$$

相应的广告观看时长的期望及方差如下：

$$E\left(w\right)=\left[\int_{60}^{t_0+t_m}\frac{\left(t-t_0\right)^{a-1}\times\left(t_1-t\right)^{b-1}}{B\left(a,b\right)\times\left(t_1-t_0\right)^{a+b-1}\times P_S}\mathrm{d}t\right]\times 0$$

$$+\int_{0}^{120-t_0-t_m}\frac{w\times\left(w+t_m\right)^{a-1}\left(t_1-t_0-w-t_m\right)^{b-1}}{B\left(a,b\right)\times\left(t_1-t_0\right)^{a+b-1}\times P_S}\mathrm{d}w$$

$$=\int_{0}^{120-t_0-t_m}\frac{w\times\left(w+t_m\right)^{a-1}\left(t_1-t_0-w-t_m\right)^{b-1}}{B\left(a,b\right)\times\left(t_1-t_0\right)^{a+b-1}\times P_S}\mathrm{d}w \tag{3.64}$$

$$E\left(w^2\right)=\int_{0}^{120-t_0-t_m}\frac{w^2\times\left(w+t_m\right)^{a-1}\left(t_1-t_0-w-t_m\right)^{b-1}}{B\left(a,b\right)\times\left(t_1-t_0\right)^{a+b-1}\times P_S}\mathrm{d}w \tag{3.65}$$

$$V\left(w\right)=E\left(w^2\right)-\left(E\left(w\right)\right)^2 \tag{3.66}$$

情况 5：观众在区间$(3,(T-60)/60)$的每分钟内调出，n 表示区间 $(3,(T-60)/60)$的第 n 分钟，$n=3,\cdots,(T/60-1)$。

调出时间的概率密度函数如下：

$$f\left(t\right)=\frac{\left(t-t_0\right)^{a-1}\times\left(t_1-t\right)^{b-1}}{B\left(a,b\right)\times\left(t_1-t_0\right)^{a+b-1}\times P_M},60\times\left(n-1\right)<t<60\times n \tag{3.67}$$

其中，P_M 为贝塔分布从$60\times\left(n-1\right)$到 $60\times n$ 的概率，可以通过式（3.68）得到：

$$P_M=\int_{60\times(n-1)}^{60\times n}g\left(t\right)\mathrm{d}t=\int_{60\times(n-1)}^{60\times n}\frac{\left(t-t_0\right)^{a-1}\times\left(t_1-t\right)^{b-1}}{B\left(a,b\right)\times\left(t_1-t_0\right)^{a+b-1}}\mathrm{d}t$$

$$=\int_{\frac{60\times(n-1)-t_0}{t_1-t_0}}^{\frac{60\times n-t_0}{t_1-t_0}}\frac{v^{a-1}\times\left(1-v\right)^{b-1}}{B\left(a,b\right)}\mathrm{d}v \tag{3.68}$$

由于这时的调出模式在整个一分钟内服从贝塔分布，我们需要利用P_M来得到截断的贝塔分布。

根据调出分布，我们计算在$(3,(T-60)/60)$区间的每分钟内调出的观众的广告观看时长。

广告观看时长的概率密度函数如下：

$$f\left(w\right)=\frac{\left[w\times 60\times\left(n-1\right)-t_0\right]^{a-1}\times\left[t_1-w-60\times\left(n-1\right)\right]^{b-1}}{B\left(a,b\right)\times\left(t_1-t_0\right)^{a+b-1}\times P_M},0<w<60$$

$$\tag{3.69}$$

广告观看时长的期望及方差如下：

$$E(w) = \int_{0}^{60} \frac{w \times \left[w + 60 \times (n-1) - t_0\right]^{a-1} \left[t_1 - w - 60 \times (n-1)\right]^{b-1}}{B(a,b) \times (t_1 - t_0)^{a+b-1} \times P_M} \mathrm{d}w \quad (3.70)$$

$$E(w^2) = \int_{0}^{60} \frac{w^2 \times \left[w + 60 \times (n-1) - t_0\right]^{a-1} \left[t_1 - w - 60 \times (n-1)\right]^{b-1}}{B(a,b) \times (t_1 - t_0)^{a+b-1} \times P_M} \mathrm{d}w \quad (3.71)$$

$$V(w) = E(w^2) - \left(E(w)\right)^2 \quad (3.72)$$

情况 6：观众在前三段广告的最后一分钟内调出（$T-60 < t < T$）。

当观众在最后一分钟内调出时，调出模式与第一分钟的前 $60 - (T - t_1)$ 秒的模式相反。

调出模式可表示为

$$f(t) = \begin{cases} \dfrac{(t-t_0)^{a-1} \times (t_1-t)^{b-1}}{B(a,b) \times (t_1-t_0)^{a+b-1} \times P_L} \times \left[1 - \dfrac{p_1 \times (T-t_1)}{60}\right], & T-60 < t < t_1 \\ p_1 / 60, & t_1 < t < T \end{cases}$$

$$(3.73)$$

其中，P_L 在本章中被定义为贝塔分布从 $T-60$ 到 t_1 的概率，可以通过式（3.74）得到：

$$P_L = \int_{T-60}^{t_1} g(t)\mathrm{d}t = \int_{T-60}^{t_1} \frac{(t-t_0)^{a-1} \times (t_1-t)^{b-1}}{B(a,b) \times (t_1-t_0)^{a+b-1}} \mathrm{d}t$$

$$= \int_{\frac{T-60-t_0}{t_1-t_0}}^{1} \frac{v^{a-1} \times (1-v)^{b-1}}{B(a,b)} \mathrm{d}v \quad (3.74)$$

这里我们使用 $1 - \dfrac{p_1 \times (T-t_1)}{60}$ 调整概率。因为广告在 t_1 秒结束，如果观众在 t_1 秒之后调出，则他的广告观看时长为定值 $t_1 - t_0$。另外，在下一个 $T - t_1$ 秒内的广告播出之后，调出模式服从均匀分布。

广告观看时长的概率密度函数如下：

$$f(w) = \begin{cases} \dfrac{(w+T-60-t_0)^{a-1} \times (t_1-w+60)^{b-1}}{B(a,b) \times (t_1-t_0)^{a+b-1} \times P_L} \times \left[1 - \dfrac{p_1 \times (T-t_1)}{60}\right], & 0 < w < t_1 - (T-60) \\ \dfrac{p_1 \times (T-t_1)}{60}, & w = t_1 - (T-60) \end{cases}$$

$$(3.75)$$

相应的广告观看时长的期望及方差如下：

$$E(w) = \int_0^{t_1-(T-60)} \frac{w \times (w+T-60-t_0)^{a-1} (t_1-w-T+60)^{b-1}}{B(a,b) \times (t_1-t_0)^{a+b-1} \times P_L} \times \left[1 - \frac{p_1 \times (T-t_1)}{60}\right] dw$$

$$+ \frac{p_1 \times (T-t_1) \times (t_1-T+60)}{60}$$

$$(3.76)$$

$$E(w^2) = \int_0^{t_1-(T-60)} \frac{w^2 \times (w+T-60-t_0)^{a-1} (t_1-w-T+60)^{b-1}}{B(a,b) \times (t_1-t_0)^{a+b-1} \times P_L} \times \left[1 - \frac{p_1 \times (T-t_1)}{60}\right] dw$$

$$+ \frac{p_1 \times (T-t_1) \times (t_1-T+60)^2}{60}$$

$$(3.77)$$

$$V(w) = E(w^2) - (E(w))^2 \qquad (3.78)$$

B. 第四个广告时段

在电视剧的第四部分结束时，一般会播放 10 秒钟左右的片尾曲来展示导演和制片人名单及下一集的预告，然后才插播广告。人员测量仪数据显示：在播放片尾曲期间，观众的调出行为也服从均匀分布，但具有不同的调出率。一个可能的原因是，尽管片尾曲表明了即将播出广告，但许多观众仍留在该频道观看下集预告、前情回顾，或等待下一个节目的播出。我们使用片尾曲期间每个观众每分钟的调出概率 p_2 来调整片尾曲期间观众的调出模式，此数据根据 20 集以上片尾曲播放期间的调出模式估计得到，并假定在模型中已知。

人员测量仪数据调出次数表明，观众在第四个广告之后和在观测区间 (t_1, T) 最后一分钟的其他时间内，同样服从均匀分布，但不同于前四部分的节目播放期间，因为在第四个广告后，会有其他节目。有些观众会留下来看它是否有趣（翘尾效应），有些观众调出。在这种情况下，使用第四个广告后每个观众每分钟的调出概率 p_3 来调整在观测区间 (t_1, T) 观众调出行为所服从的均匀分布，它是未知的，将在模型中进行估计。值得注意的是，我们对 p_1、p_2 和 p_3 使用不同的估计方法，因为对于 p_1 和 p_2，我们使用 20 集以上"全部"剧集播放期间的调出次数的平均值来估计它们。"全部"剧集播放期间意味着这段时间专门用于播放某一特定的电视剧，而第四个广告的最后几分钟几乎都包含了广告和接下来的节目。因此，我们不能使用这段时间调出概率的平均值来估计 p_3，而必须将其作为模型中的未知参数。

情况 7：观众在广告的第一分钟内调出（ $0 < t < 60$ ）。

其调出时间的概率密度函数如下：

$$f(t) = \begin{cases} p_2/60, & 0 < t < t_0 \\ \dfrac{(t-t_0)^{a-1} \times (t_1-t)^{b-1}}{B(a,b) \times (t_1-t_0)^{a+b-1} \times P_F} \times \left(1 - \dfrac{p_2 \times t_0}{60}\right), & t_0 < t < 60 \end{cases} \tag{3.79}$$

其中，p_2 为在片尾曲期间每个观众每分钟的调出概率，根据 20 集以上片尾曲播放期间的调出模式估计得到，假定它在模型中是已知的；P_F 与在前三个广告时段中的定义相同。

相应的广告观看时长的概率密度函数和期望、方差如下：

$$f(w) = \begin{cases} p_2 \times t_0/60, & w = 0 \\ \dfrac{w^{a-1} \times (t_1-t_0-w)^{b-1}}{B(a,b) \times (t_1-t_0)^{a+b-1} \times P_F} \times \left(1 - \dfrac{p_2 \times t_0}{60}\right), & 0 < w < (60-t_0) \end{cases} \tag{3.80}$$

$$E(w) = \frac{p_2 \times t_0}{60} \times 0 + \int_0^{60-t_0} \frac{w^a \times (t_1-t_0-w)^{b-1}}{B(a,b) \times (t_1-t_0)^{a+b-1} \times P_F} \times \left(1 - \frac{p_2 \times t_0}{60}\right) dw$$

$$= \int_0^{\frac{60-t_0}{t_1-t_0}} \frac{v^{a+1} \times (1-v)^{b-1} \times (t_1-t_0)}{B(a,b) \times P_F} \times \left(1 - \frac{p_2 \times t_0}{60}\right) dv \tag{3.81}$$

$$E(w^2) = \frac{p_2 \times t_0}{60} \times 0^2 + \int_0^{60-t_0} \frac{w^{a+1} \times (t_1-t_0-w)^{b-1}}{B(a,b) \times (t_1-t_0)^{a+b-1} \times P_F} \times \left(1 - \frac{p_2 \times t_0}{60}\right) dw$$

$$= \int_0^{\frac{60-t_0}{t_1-t_0}} \frac{v^{a+1} \times (1-v)^{b-1} \times (t_1-t_0)^2}{B(a,b) \times P_F} \times \left(1 - \frac{p_2 \times t_0}{60}\right) dv \tag{3.82}$$

$$V(w) = E(w^2) - (E(w))^2 \tag{3.83}$$

情况 8：观众在第四个广告 $(2,(T-60)/60)$ 区间的每分钟内调出。

n 表示区间 $(2,(T-60)/60)$ 的第 n 分钟，$n = 2, \cdots, (t/60-1)$

其调出模式如下：

$$f(t) = \frac{(t-t_0)^{a-1} \times (t_1-t)^{b-1}}{B(a,b) \times (t_1-t_0)^{a+b-1} \times P_M}, \quad 60 \times (n-1) < t < 60 \times n \tag{3.84}$$

其中，P_M 与在前三个广告时段中的定义相同。

相应的广告观看时长 $(W = T - 60 \times (n-1))$ 的概率密度函数如下：

$$f(w) = \frac{[w + 60 \times (n-1) - t_0]^{a-1} \times [t_1 - w - 60 \times (n-1)]^{b-1}}{B(a,b) \times (t_1-t_0)^{a+b-1} \times P_M}, \quad 0 < w < 60$$

$$\tag{3.85}$$

广告观看时长的期望及方差如下：

$$E(w) = \int_0^{60} \frac{w \times \left[w + 60 \times (n-1) - t_0\right]^{a-1} \times \left[t_1 - w - 60 \times (n-1)\right]^{b-1}}{B(a,b) \times (t_1 - t_0)^{a+b-1} \times P_M} \mathrm{d}w$$

（3.86）

$$E(w^2) = \int_0^{60} \frac{w^2 \times \left[w + 60 \times (n-1) - t_0\right]^{a-1} \times \left[t_1 - w - 60 \times (n-1)\right]^{b-1}}{B(a,b) \times (t_1 - t_0)^{a+b-1} \times P_M} \mathrm{d}w$$

（3.87）

$$V(w) = E(w^2) - \left(E(w)\right)^2$$

（3.88）

情况 9：观众在第四个广告的最后一分钟内调出（$T-60 < t < T$）。

其调出模式如下：

$$f(t) = \begin{cases} \dfrac{(t - t_0)^{a-1} \times (t_1 - t)^{b-1}}{B(a,b) \times (t_1 - t_0)^{a+b-1} \times P_L} \times \left[1 - \dfrac{p_3 \times (T - t_1)}{60}\right], & T - 60 < t < t_1 \\ p_3 / 60, & t_1 < t < T \end{cases}$$

（3.89）

其中，p_3 为第四个广告后每个观众每分钟的调出概率，它是未知的，将在此模型中进行估计；P_L 与在前三个广告时段中的定义相同。

广告观看时长的概率密度函数如下：

$$f(w) = \begin{cases} \dfrac{(w + T - 60 - t_0)^{a-1} \times (t_1 - w - T + 60)^{b-1}}{B(a,b) \times (t_1 - t_0)^{a+b-1} \times P_L} \times \left[1 - \dfrac{p_3 \times (T - t_1)}{60}\right], & 0 < w < t_1 - (T - 60) \\ \dfrac{p_3 \times (T - t_1)}{60}, & w = t_1 - (T - 60) \end{cases}$$

（3.90）

其中，P_L 与在前三个广告时段中的定义相同。

相应的期望和方差如下：

$$E(w) = \int_0^{t_1 - (T-60)} \frac{(w + T - 60 - t_0)^{a-1} \times (t_1 - w - T + 60)^{b-1}}{B(a,b) \times (t_1 - t_0)^{a+b-1} \times P_L} \times \left[1 - \frac{p_3 \times (T - t_1)}{60}\right] \mathrm{d}w$$

$$+ \frac{p_3 \times (T - t_1) \times \left[t_1 - (T - 60)\right]}{60}$$

（3.91）

$$E\left(w^2\right) = \int_0^{t_1-(T-60)} \frac{w^2 \times \left(w+T-60-t_0\right)^{a-1} \times \left(t_1-w-T+60\right)^{b-1}}{B(a,b) \times \left(t_1-t_0\right)^{a+b-1} \times P_L} \times \left[1-\frac{p_3 \times \left(T-t_1\right)}{60}\right] dw$$

$$+ \frac{p_3 \times \left(T-t_1\right) \times \left[t_1-\left(T-60\right)\right]^2}{60} \tag{3.92}$$

$$V(w) = E\left(w^2\right) - \left(E(w)\right)^2 \tag{3.93}$$

3.2.3 模型用法示例

跟踪消费者广告收视行为的模型看似复杂，但是，在计算机技术飞速发展的今天，编入计算机程序，其运算速度很快，模型的功能实现得很容易。这样保证了该模型在实践应用中的可行性。本节举一个例子来说明如何使用广告观看时长的估计理论。表 3.7 和表 3.8 展示了从电视台和人员测量仪中获取的必要信息和原始数据。表 3.7 列示了某一集电视剧的节目时间表。该集从 2019 年 1 月 23 日 21:32:52 开始，到 22:32:05 结束，分别包括四个电视剧部分和四个广告部分。节目时间表信息主要包含每个部分的开始和结束时间以及持续时间，并且非常准确，达到秒级。前三个电视剧部分在开始插播广告前都包括一个 10 秒的片尾曲，即 $t_m = 10$。

表 3.7 节目时间表

开始时间	结束时间	持续时间	节目类型
21:32:52	21:44:29	0:11:37	电视剧
21:44:29	21:49:31	0:05:02	广告
21:49:31	22:02:04	0:12:33	电视剧
22:02:04	22:05:49	0:03:45	广告
22:05:49	22:16:24	0:10:35	电视剧
22:16:24	22:20:14	0:03:50	广告
22:20:14	22:30:30	0:10:16	电视剧
22:30:30	22:32:05	0:01:35	广告
22:32:05	22:33:05	0:01:00	下一个节目

表 3.8 人员测量仪数据

调入时间	调出时间
21:25	21:32
21:43	21:44
21:46	21:56
22:16	22:18
22:20	22:30

表 3.8 中的人员测量仪数据提供了观众 A 观看电视的每个时间间隔内的信息，包括在与节目时间表相同的时间段内同一电视频道的调入时间和调出时间。人员测量仪数据的局限性为，观看时长是以分钟为单位记录的。因此，观众 A 以秒为单位的准确观看时长不能直接从表 3.7 和表 3.8 中找到。基于调入时间服从均匀分布和调出时间服从贝塔分布的假设，本节解释如何得到在该电视剧中观众 A 的广告观看时长的均值和方差。

观众 A 从 21:25 到 22:30 在五个时间间隔内观看该频道。用 Dua_i 表示在第 i 个时间间隔内的广告观看时长。

1）时间间隔 1（21:25—21:32）

由于第一个广告时间从 21:44:29 开始，观众 A 的第一个观看时间间隔为 21:25 到 21:32，并不包含任何广告时间。

因此，$Dua_1 = 0$，$E(Dua_1) = 0$，$V(Dua_1) = 0$。

2）时间间隔 2（21:43—21:44）

观众 A 在 21:44 调出，这是第一个广告开始的那一分钟。观众 A 有可能在 21:44 调出之前观看了一些广告。因此，当观众 A 以情况 1 中的通用公式所描述的调出模式调出时，我们需要估计其在该间隔的最后一分钟的广告观看时长。由于所参照的广告是从 21:44:29 到 21:49:31，且 $t_m = 10$，所以我们得到 $t_0 = 29-10 = 19$，$t_1 = 5 \times 60 + 31 = 331$，$T = 6 \times 60 = 360$，$E(Dua_2) = 4.19$，$V(Dua_2) = 62.52$。

3）时间间隔 3（21:46—21:56）

观众 A 的观看时间涵盖了第一个广告时段的第二部分，即 21:44:29 到 21:49:31。由于观众 A 在 21:56 调出，这是在第一个广告时段之后，该时间间隔内唯一不确定的广告观看时长部分是观众 A 调入时间，即 21:46。因此，我们可以使用调入行为公式来估计这一分钟内广告观看时长的均值和方差。我们令 $t_0 = 29$，$t_1 = 60$，运用式（3.47）和式（3.49），得到 $E(w_a) = 22.99$，$V(w_a) = 101.37$，其中 w_a 是调入分钟内的广告观看时长。

因此，$E(Dua_3) = E(w_a) + 2 \times 60 + 31 = 173.99$，$V(Dua_3) = V(w_a) = 101.37$。

4）时间间隔 4（22:16—22:18）

22:16 到 22:18 的时间间隔涵盖了第三个广告时段的第一部分，此时，调入和调出时间都造成了广告观看时长的不确定。

在 22:16 调入分钟内，由于广告从 22:16:24 开始，所以 $t_0 = 24$，$t_1 = 60$。由式（3.57）和式（3.59）可知，在该分钟内广告观看时长的期望 $E(w_a) = 25.20$，相应的方差 $V(w_a) = 142.56$。

在 22:18 调出分钟内，由 $t_m = 10$，我们得到 $t_0 = 14$，$t_1 = 254$，$T = 300$。

设 w_d 为调出分钟内的广告观看时长。将 $n=3$（第三分钟）代入情况 5，发现该调出分钟内广告观看时长的期望为：$E(w_d)=28.40$，$V(w_d)=299.93$。由于 $\text{Dua}_4 = w_a + 60 + w_d$，因此可以得出观众 A 的广告观看时长的均值和方差：$E(\text{Dua}_4) = E(w_a) + 60 + E(w_d) = 113.60$，$V(\text{Dua}_4) = V(w_a) + V(w_d) = 442.49$。

5）时间间隔 5（22:20—22:30）

22:20，观众 A 调入该频道。由于该分钟涵盖了第三个广告时段的一部分（22:16:24 到 22:20:14），因此需要估计该分钟内的广告观看时长。当观众 A 在 22:30 调出该频道时，另一个广告（即最后一个）（22:30:30 至 22:32:05）恰好开始。我们也需要估计此时观众 A 的广告观看时长。

对于调入分钟，我们令 $t_0=0$，$t_1=14$，使用式（3.57）和式（3.59），得到在该调入分钟内广告观看时长的均值和方差：$E(w_a)=1.63$，$V(w_a)=12.58$。

对于调出分钟，我们令 $t_0=30$，$t_1=125$，$T=180$，使用情况 7 中的公式得出：$E(w_d)=6.32$，$V(w_d)=68.00$。由于 $\text{Dua}_5 = w_a + w_d$，因此我们可以得出：

$$E(\text{Dua}_5) = E(w_a) + E(w_d) = 1.63 + 6.32 = 7.95$$

$$V(\text{Dua}_5) = V(w_a) + V(w_d) = 80.58$$

综上所述，观众 A 在该集中的广告观看时长的均值和方差如下：

$$E(\text{Dua}) = 0 + 4.19 + 173.99 + 113.60 + 7.95 = 299.73$$

$$V(\text{Dua}) = 0 + 62.52 + 101.37 + 442.49 + 80.58 = 686.96$$

标准偏差为 26.21 秒。

我们已经使用基于假定的概率分布的模拟方法验证了每秒观看时长的估计结果。另外，通过模拟，我们能够构建观众 A 的广告观看时长的分布函数。结果显示，在该剧集中，观众 A 的广告观看时长的期望在 95% 水平下的置信区间为 [249.60, 349.31]。

下面进行调入调出模拟验证。

对于时间间隔 1，广告观看时长为 0，因为在该间隔内没有播放广告。

对于时间间隔 2（21:43—21:44），观众 A 在 21:44 调出，这是第一个广告开始所在的分钟。观众 A 有可能在 21:44 调出之前观看了一些广告。所以我们可以使用情况 1 中调出行为的通用公式。

情况 1 相应的广告观看时长的概率密度函数如式（3.53）所示：

$$f(w) = \begin{cases} \dfrac{p_1 \times t_0}{60} + \displaystyle\int_{t_0}^{t_0+t_m} \dfrac{(t-t_0)^{a-1} \times (t_1-t)^{b-1}}{B(a,b) \times (t_1-t)^{a+b-1} \times P_F} \times \left(1 - \dfrac{p_1 \times t_0}{60}\right) \mathrm{d}t, & w=0 \\[4mm] \dfrac{(w+t_m)^{a-1}(t_1-t_0-w-t_m)^{b-1}}{B(a,b) \times (t_1-t_0)^{a+b-1} \times P_F} \times \left(1 - \dfrac{p_1 \times t_0}{60}\right), & 0 < w < 60-t_0-t_m \end{cases}$$

我们可以使用模拟方法来模拟一个观察值，如从 $f(w)$ 函数中模拟出 X_2。同样，我们可以从时间间隔 3，4，5 对应的概率密度函数中模拟出 X_3，X_4，X_5。因此，该观众的模拟广告观看总时长为：$T = X_1 + X_2 + X_3 + X_4 + X_5$，其中 $X_1 = 0$。

重复 5000 次上述过程，我们将获得 5000 个观察值。按升序排列，将模拟数据描述成个人观看时长的分布图。通过观察分布形状或观看时长的直方图，来验证是否可以使用正态分布来拟合观看时长的分布。结果表明，其形状是符合正态分布的，如图 3.6 所示。

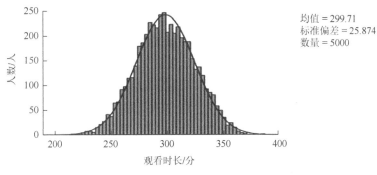

图 3.6　模拟数据分布

广告收视的研究思路和研究方法是不变的，本章构建的模型可以应用到其他的广告收视行为研究中。而且，该理论方法已经通过检验，能够有效减小计算误差，使得对广告收视行为的模拟保持在标准范围内，同时，对消费者关于广告推送的商品信息的获知程度有准确的预测。

第 4 章　跨平台信息更新行为

4.1　网页信息检索行为

随着网络技术的快速发展，基于互联网的网页信息检索行为流行起来。人们在获知某商品后需要对该商品进行进一步了解，才能降低对该商品的不确定性，从而决定购买。网页信息检索成为更新商品信息的主要方式。尤其是当下便捷的移动互联网和设备，使得人们检索信息的行为普遍化。因此研究消费者网页信息检索行为，有利于追踪信息更新的过程，揭示消费者的网页浏览偏好、网页使用行为规律以及网站回访习惯等。研究结论对网站设计和网站优化有一定的理论指导作用。

当前已存在多种多样的网页信息检索形式，其简化的交互过程设计使得消费者极大程度地降低了时间成本，提高了检索效率。网页信息检索的相关研究有一部分集中在线上购物。关于消费者网页浏览行为的调查报告和文献有很多（Kukar-Kinney and Xia，2017；Zhang and Gu，2014）。尽管关于在线购买的研究大量涌现，但基于个体层面的网页浏览行为的详细分析并不多。现有的关于在线购买的文献主要是报告和调查，缺乏坚实的理论和模型支持，缺乏定量研究的系统分析，很难为管理者提供有效的信息，帮助管理者决策或制定提高工作效率的策略。当下，管理人员应提前知道有多少消费者会在他们的网站上购买商品，从而准备好库存、做好定价。这是本章所要解决的问题之一。与网页信息检索相关的另一部分研究关注非购买性质的目标检索，如教育机构的门面网站、医疗机构的功能网站等，其中高等院校类的门面网站最具代表性。大多数大学都有自己的入学网站，以便学生在网站上检索相关院系和教师信息、申报专业或办理各种学籍信息。理解用户/访客的需求、预测用户的信息检索偏好和规律，对优化网站、满足用户需求至关重要。

生存函数模型可以用来模拟和预测消费者的网页信息检索行为。因为其基本功能为模拟系统暂停或事物死亡时间的概率，继而预测每个观察周期的系统失败或事物死亡数量。在用户上网阶段，存活事件可以看成网页信息检索事件，一旦用户结束了检索，那么该检索对于事件主体即用户来说即死亡（Seetharaman，2003）。

生存函数系列中的风险函数，其多样化的函数结构可反映用户上网检索信息的过程。生存分析已成功运用在医学领域（Nasejje et al.，2017；Fu et al.，2017）及信用卡用户违约行为预测（Moon and Sohn，2011）和购买行为预测。然而，文献检索结果显示，基于扩散理论构建生存函数模型，并应用在用户网页浏览行为的研究较少。本章通过建立生存模型研究用户的网页信息检索行为，构建四种基础生存模型：指数模型、Weibull 模型、Expo-Power 模型和 gamma 模型。将 BIC、MSE 和 MAD 作为选择最佳模型的标准。构造 Cox 比例风险模型来研究协变量的影响。由于具有截断 gamma 基础风险函数的比例风险模型不常用其风险函数的复杂形式，本章将构建一个新的比例风险模型。

4.1.1 生存函数模型构建

为了构建合适的模型，我们首先将数据代入四个基础生存函数。本节主要在生存分析的框架下探讨生存函数、（死亡）密度函数及风险函数等三个函数之间的关系，建构 Cox 比例风险函数以及各基准似然函数。计算过程具体如下。

我们假设 Cox 比例风险函数为

$$h(t,X_t) = h(t) \times e^{x_t \beta} \tag{4.1}$$

其中，$h(t,X_t)$ 为在 t 时刻具有协变量值 $X_t = (x_{1t}, x_{2t}, \cdots, x_{nt})$ 的个体的风险率；$h(t)$ 为基础风险函数；$e^{x_t \beta}$ 为 t 时刻的协变量函数。

风险函数还可以写成

$$h(t,X_t) = \frac{f(t,X_t)}{1 - F(t,X_t)} \tag{4.2}$$

其中，$f(t,X_t)$ 为概率密度函数；$F(t,X_t)$ 为相应的累积分布函数；$1 - F(t,X_t)$ 为消费者在 t 时刻还未购买的概率。因此，等式（4.2）表示已知消费者在 t 时刻之前未购买而将在 t 时刻进行购买的概率。

结合等式（4.1）和等式（4.2）：

$$\frac{f(t,X_t)}{1 - F(t,X_t)} = h(t) \times e^{x_t \beta} \tag{4.3}$$

变换等式（4.3）：

$$\frac{dF(t,X_t)}{1 - F(t,X_t)} = h(t) \times e^{x_t \beta} dt \tag{4.4}$$

即要求如下一阶微分方程：

$$\int_0^{F(t,X_t)} \frac{\mathrm{d}F(t,X_t)}{1-F(t,X_t)} = \int_0^t h(u) \times \mathrm{e}^{x_u\beta}\,\mathrm{d}u \tag{4.5}$$

解方程（4.5）可得

$$F(t,X_t) = 1 - \mathrm{e}^{-\int_0^t h(u)\times \mathrm{e}^{x_u\beta}\mathrm{d}u} \tag{4.6}$$

$$f(t,X_t) = h(t) \times \mathrm{e}^{x_t\beta}\mathrm{d}t \times \mathrm{e}^{-\int_0^t h(u)\times \mathrm{e}^{x_u\beta}\mathrm{d}u} \tag{4.7}$$

所有消费者的似然函数为

$$L = \prod_1^n f(t,X_t) \tag{4.8}$$

取对数：

$$L = \sum_1^n \log f(t,X_t) \tag{4.9}$$

四个基础风险函数具体如下。

1）指数函数

$$h_1(t) = a \tag{4.10}$$

风险函数假设：①$a>0$；②风险无记忆性；③平缓。

$$s_1(t) = \exp(-at) \tag{4.11}$$

$$f_1(t) = a \times \exp(-at) \tag{4.12}$$

取对数并取负值可以得到似然函数：

$$L_1 = -\mathrm{Sum}\big(\log(a) - at\big) \tag{4.13}$$

构建 Cox 比例风险函数，消费者的对数似然函数为

$$L_1 = \log(a) + X_t \times \beta - at \times \mathrm{e}^{X_t\beta} \tag{4.14}$$

2）Weibull 函数

$$h_2(t) = a \times b \times (at)^{b-1} \tag{4.15}$$

风险函数假设：①$a,b>0$；②平缓、单调递增或递减；③$b=1$时是特例。

$$s_2(t) = \exp\big(-(at)^b\big) \tag{4.16}$$

$$f_2(t) = a^b \times b \times t^{b-1} \times \exp\big[-(at)^b\big] \tag{4.17}$$

a 值越大，概率密度函数值下降得越快；b 值越大，概率密度函数值下降得越慢。

构建 Cox 比例风险函数，消费者的对数似然函数为

$$L_2 = \log(a) + a \times \log(b) + (a-1) \times \log(t) + X_t \times \beta - (bt)^{a \times e^{X_t \times \beta}} \quad (4.18)$$

3）Expo-Power 函数

$$h_3(t) = at^{a-1} \times \exp(bt^a) \quad (4.19)$$

风险函数假设：① $a > 0$；②平缓、单调递增或单调递减、"U" 形或倒"U" 形，$t = \left[(1-a)/a \times c\right]$ 为拐点。

$$s_3(t) = \exp\left[1/b \times \left(1 - \exp(bt^a)\right)\right] \quad (4.20)$$

$$f_3(t) = at^{a-1} \times \exp\left[1/b + bt^a - (1/b) \times \exp(bt^a)\right] \quad (4.21)$$

a 值越大，概率密度函数值下降得越慢；b 值越大，概率密度函数值下降得越快。从而，取对数并取负值可以得到对数似然函数：

$$L_3 = \log(a) + (a-1) \times \log(t) + (1/b) \times \left(1 - e^{b \times t^a}\right) \times e^{X_t \times \beta} \quad (4.22)$$

4）gamma 函数

$$h_4(t) = \frac{a(a \times 1)^{n-1}}{(n-1)! \sum_{k=0}^{n-1} (1/k!)(at)^k} \quad (4.23)$$

$$f_4(t) = \frac{a}{\Gamma(b)}(at)^{b-1} e^{-bt} \quad (4.24)$$

取对数并取负值可以得到对数似然函数：

$$L_4 = -\text{Sum}\left[\log(a) - \log(b-1) + (b-1) \times \log(at) - bt\right] \quad (4.25)$$

4.1.2 生存函数基础模型选择

本节将简要讨论四种常用的基础生存函数，并将两类数据，即注册数据和提交数据代入函数模型。根据得到的估计结果和相应指标，选择拟合效果最好的模型。

首先，简要介绍一下基础生存函数的四种形式及其属性。$h(t)$ 表示基础风险函数。

指数函数形式为 $h_1(t) = a$，其中 $a > 0$。该基础风险函数为平缓直线，因此，为"无记忆性风险"。Weibull 函数形式为 $h_2(t) = a \times b \times (at)^{b-1}$，其中 $a, b > 0$。该基础风险函数可以是平缓直线，也可以是单调递增或单调递

减的直线。指数函数是 Weibull 函数 $b=1$ 时的特殊情况。Expo-Power 风险函数形式为 $h_3(t) = b \times a \times t^{a-1} \times \exp(ct^a)$，其中 $a,b > 0$。该基础风险可以是平缓直线，也可以是单调递增或单调递减的直线，还可以是 "U" 形或倒 "U" 形的曲线。gamma 函数的形式最为复杂，具体为 $h_4(t) = \dfrac{a}{\Gamma(b)}(at)^{b-1}\mathrm{e}^{-at} /$

$1 - \int_0^t \dfrac{a}{\Gamma(b)}(au)^{b-1}\mathrm{e}^{-au}\mathrm{d}u$，其中 $a,b > 0$。该基础风险函数可以是平缓直线，

也可以是单调递增或单调递减的直线。

采用极大似然估计法将数据代入上述四个基础模型中进行拟合。

注册数据的四种基础模型的对数似然函数具体如下。

（1）指数函数：

$$LL_1 = n\log(a) - a\sum_1^n t_i \tag{4.26}$$

（2）Weibull 函数：

$$LL_2 = bn\log(a) - n\log(b) + (b-1)\sum_1^n \log(t_i) - \sum_1^n (at_i)^b \tag{4.27}$$

（3）Expo-Power 函数：

$$LL_3 = an\log(b) + (a-1)\sum_1^n \log(t_i) + \frac{nb}{c} + c\sum_1^n t_i^a - \frac{b}{c}\sum_1^n \exp(ct_i^a) \tag{4.28}$$

（4）gamma 函数：

$$LL_4 = ab\log(a) - n\log(\mathrm{gamma}(b)) + (b-1)\sum_1^n \log(t_i) - a\sum_1^n t_i \tag{4.29}$$

对于提交数据，由于在购买页面上停留超过 60 分钟的消费者才会包含在研究样本中，因此使用截断模型来拟合数据。截断的概率密度函数形式如下：

$$f^*(t) = f(t) / \int_{60}^{\infty} f(t)\mathrm{d}t \tag{4.30}$$

提交数据的四种基础模型在 $t=60$ 时的截断的对数似然函数具体如下。

（1）指数函数：

$$LL_1' = n\log(a) - a\sum_1^n t_i + 60an \tag{4.31}$$

（2）Weibull 函数：

$$LL_2' = bn\log(a) - n\log(b) + (b-1)\sum_1^n \log(t_i) - \sum_1^n (at_i)^b + n(60a)^b$$

$$(4.32)$$

（3）Expo-Power 函数：

$$LL_3' = bn\log(a) + n\log(b) + (b-1)\sum_1^n \log(t_i) - \sum_1^n (at_i)^b$$

$$-n\log\left\{\exp\left[(b/c)\times\left(1-\exp(60c)^a\right)\right] - \exp(b/c)\right\} \quad (4.33)$$

（4）gamma 函数：

$$LL_4' = ab\log(a) - n\log(\text{gamma}(b)) + (b-1)\sum_1^n \log(t_i)$$

$$-a\sum_1^n t_i - n\log\left(1-\text{Pgamma}(60,b,a)\right) \quad (4.34)$$

在等式（4.26）至等式（4.34）中，n 表示最终样本中消费者的数量。参数 a 和 b 严格为正，过程中需要再参数化，即 $a^* = \ln(a)$，$b^* = \ln(b)$。

$$Pgamma(60,b,a) = \int_{60}^{\infty} \frac{a}{\Gamma(b)} (a\times t)^{b-1} e^{-bt} dt \quad (4.35)$$

通过 R 语言软件得到所有数值的估计结果，从而找出等式（4.26）至等式（4.29），等式（4.31）至等式（4.34）的对数似然函数的最大值。为了比较这四个模型的拟合效果，需要计算以下三个衡量标准的值。

（1）BIC，其具体计算公式为

$$\text{BIC} = -\text{LL} + \frac{1}{2}\times R\times\log(N) \quad (4.36)$$

其中，LL 为对数似然函数值；R 为估计参数的个数；N 为样本观察值的总个数。

（2）MAD，其具体计算公式为

$$\text{MAD} = \frac{1}{n}\sum_{i=1}^{n} |x_{io} - x_{ip}| \quad (4.37)$$

其中，n 为时间间隔的数量；x_{io} 为第 i 个时间间隔内真实的消费者数量；x_{ip} 为第 i 个时间间隔内预测的消费者数量。

（3）MSE，其具体计算公式为

$$\text{MSE} = \sqrt{\frac{\sum_{i=1}^{n} \left(x_{ip} - x_{io}\right)^2}{n}} \quad (4.38)$$

其中，n、x_{io} 和 x_{ip} 与式（4.37）中的参数的含义相同。

注册数据和提交数据这两种数据的参数估计值、每个模型的参数数量、目标函数（负对数似然函数）值，以及 BIC、MSE 和 MAD 的具体结果见表 4.1。从表 4.1 中可以看出，无论是注册数据还是提交数据，指数函数、Weibull 函数和 gamma 函数的参数 a 的估计值都非常小。与此同时，对于两类数据，Expo-Power 函数的参数 b 的估计值也非常小。但是，这些估计值都具有统计显著性（比标准误差大两倍以上），这意味着大多数消费者的等待时间很短。一旦消费者点击进入网站，他们会在很短的时间内提交。然而，Weibull 函数和 gamma 函数的参数 b 的估计值均大于参数 a 的估计值，Expo-Power 函数的参数 a 的估计值大于参数 b 的估计值，这说明四种模型衍生的等待时间概率密度函数在构建形式上非常相似。

表 4.1　注册时间和提交时间的基础生存模型的参数估计结果

参数	指数函数	Weibull 函数	Expo-Power 函数	gamma 函数
	注册数据			
a	0.03 (0.002 3)	0.032 (0.002 6)	1.14 (0.07)	0.032 (0.003 9)
b		0.965 (0.053)	0.02 (0.005)	1.011 (0.096)
c	—	—	−0.003 (0.000 99)	—
参数数量	1	2	3	2
LL	768.299	768.091	762.945	768.293
BIC	770.87	773.23	770.66	773.43
MSE	2.68	2.3	2.7	2.4
MAD	1.8	1.8	2.1	1.8
参数	指数函数	Weibull 函数	Expo-Power 函数	gamma 函数
	提交数据			
a	0.009 (0.000 68)	0.008 (0.001)	1.521 (0.043)	0.013 (0.002 5)
b	—	1.091 (0.118)	0.000 4 (0.000 15)	1.84 (0.47)
c	—	—	-4.54×10^{-5} (0.000 025)	—
参数数量	1	2	3	2
LL	982.08	981.79	979.14	980.31
BIC	984.65	986.93	986.85	985.45
MSE	4.1	3.7	3.6	3.5
MAD	2.5	2.4	2.77	2.4

注：括号中的数字是相关估计值的标准误差

BIC、MSE 和 MAD 都是用于比较模型预测效果的指标。从表 4.1 中可以看出，对于注册数据，BIC 值均大于 770，但四个模型之间的差距较小。MSE 值最小为 2.3、最大为 2.7。MAD 值最小为 1.8、最大为 2.1，这意味着在每个时间间隔内预测的注册数量和实际数量之间差值的平均值大约为 2。在四个模型中，Weibull 函数有最小的 MSE 值和 MAD 值。因此，我们将选择 Weibull 函数用于注册数据下一步的研究。

对于提交数据，四个模型的 BIC 值也非常相近，同时其目标函数（LL）值均大于 979。MSE 值最小为 3.5、最大为 4.1。MAD 值最小为 2.4、最大为 2.77，这意味着在每个时间间隔内预测的提交数量和实际数量之间差值的平均值大约为 3。在四个模型中，gamma 函数有最小的 MSE 值和 MAD 值，这说明 gamma 函数的预测结果最准确。

4.1.3　Cox 比例风险模型

我们已经在消费者具有同质性的假设条件下研究了四种基础风险模型。但是什么样的消费者等待时间较短还未研究。因此，有必要考虑协变量对风险的影响。根据目前的研究，共有两种方法。第一种方法是采用加速失效时间模型，将协变量的函数作为参数（Yamaguchi，1998）。第二种方法是采用 Cox 比例风险模型（Cox，1972）。本节采用后一种方法，因为其不受参数估计的限制，使用简便。

$h(t, X_t)$ 表示在 t 时刻具有协变量值 $X_t = (x_{1t}, x_{2t}, \cdots, x_{nt})$ 的个体的风险率，消费者的协变量值随时间而变化。则 Cox 比例风险函数为

$$h(t, X_t) = h(t) \times \phi(X_t, \beta_j) \tag{4.39}$$

其中，$h(t)$ 为基础风险函数；β_j $(j = 1, \cdots, n)$ 为协变量 x_{jt} 对风险率的影响。$\phi(X_t, \beta_j)$ 按比例调整 $h(t)$ 以反映协变量的影响。在大多数应用中，将 ϕ 表示为指数函数以确保风险函数是非负的。等式（4.39）可以写成

$$h(t, X_t) = h(t) \times e^{x_t \beta}$$

风险函数还可以写成

$$h(t, X_t) = \frac{f(t, X_t)}{1 - F(t, X_t)}$$

其中，$f(t, X_t)$ 为概率密度函数；$F(t, X_t)$ 为相应的累积分布函数；$1 - F(t, X_t)$ 为消费者在 t 时刻还未购买的概率。因此，等式（4.41）表示已知消费者在 t 时刻之前未购买而将在 t 时刻进行购买的概率。

对于注册数据，选择 Weibull 函数作为基础风险函数。根据上述过程，可得

$$
\begin{aligned}
f(t, X_t) &= a \times b \times (a \times t)^{b-1} \times \exp(X \times \beta) \times \exp\left[-(a \times t)^b \times \exp(X \times \beta)\right] \\
&= a \times b \times (a \times t)^{b-1} \times \exp\left[X \times \beta - (a \times t)^b \times \exp(X \times \beta)\right]
\end{aligned}
\tag{4.40}
$$

对数似然函数值为

$$
L = b \times \log(a) + \log(b) + (b-1) \times \log(t) + X \times \beta - (a \times t)^b \times \exp(X \times \beta) \tag{4.41}
$$

对于提交数据，选择截断的 gamma 函数作为基础风险函数。

$$
f^*(t, X_t) = \frac{f(t, X_t)}{\int\limits_{60}^{\infty} f(t, X_t)\, \mathrm{d}t} = \frac{f(t)}{1-P} \times e^{X\beta} \times e^{X\beta \times \ln(1-P)} \Big/ e^{X\beta \times \ln(1-P_{60})}
$$

$$
\tag{4.42}
$$

使用 R 语言软件，

$$
P = Pgamma(t, b, a) = \int\limits_{60}^{\infty} f(u)\, \mathrm{d}u
$$

$$
P_{60} = Pgamma(60, b, a) \tag{4.43}
$$

对数似然函数为

$$
\begin{aligned}
\mathrm{LL} &= \log(f(t)) - \log(1-P) + X \times \beta + \exp(X \times \beta) \times \log(1-P) \\
&\quad - \exp(X \times \beta) \times \log(1-P_{60}) \\
&= \log(a) - \log(gamma(b)) + (b-1) \times \log(a \times t) - a \times t - \log(1-P) + X \times \beta \\
&\quad + \exp(X \times \beta) \times \log(1-P) - \exp(X \times \beta) \times \log(1-P_{60})
\end{aligned}
\tag{4.44}
$$

4.2　个性化网页浏览行为

研究消费者对网站信息的浏览行为主要是概括性地研究消费者的网页行为，提供消费者在开始浏览网页和结束时的行为特点，为消费者个性化的信息检索和信息更新行为提供理论基础。对消费者信息的积累和更新需要更为深入的分析，包括基于消费者个体层面研究其网页浏览行为和网页选择行为，这些研究能够揭示消费者对商品信息的更新方式。

此外，从消费者的网页浏览行为出发优化网页设计是当下重要的研究方向。首先，互联网的迅速发展和潜在的交流能力，使其成为公司重要的销售和沟通渠道，建立一个高效的、具有吸引力的网站极为重要（van

Iwaarden et al.，2003）。其次，与视频广告的收视记录数据不同，每个消费者的网站点击行为都是由网页日志文件逐秒记录的，这是一个有价值的数据库，能够细致地给出消费者的网页行为轨迹。由于消费者的网页行为与网页设计的吸引力和质量密切相关，因此本节旨在从消费者效用角度出发，对消费者网页浏览行为建模，研究消费者的信息获知程度对其网页浏览、选择行为的影响机制，消费者效用最大化的形成机制，以及消费者网页选择行为对个性化网页设计的应用价值。

网络技术的快速发展彻底改变了我们的传统生活和娱乐方式。网络提供了用户与外部世界直接沟通的渠道。例如，我们现在可以上网收集最新信息（Wolfinbarger and Gilly，2001；Nguyen and Leblanc，2001），使用电子银行，网上购物，观看免费电影，收听新歌，观看有线电视频道，使用电子邮件、MSN、Skype 等与朋友联系，甚至可以提供屏幕可视化通信服务使用户进行面对面的交流。这些服务大部分都是免费的，方便且即时可用。网络已成为人们每周 7 天、每天 24 小时与外界保持联系必不可少的一部分。现在公司面临的问题不是是否要建立一个网站，而是如何建立一个有效的网站，从而吸引和保持访问量。

随着对网络的更多关注，对网页设计的研究正在迅速兴起（Cunliffe，2001；Chen and Dhillon，2012；Mcknight，2012；Song and Zahedi，2005；Chen et al.，2019；Caballero-Luque et al.，2021）。然而，根据网页日志文件构建统计模型来进行网页设计的研究很少。先前的一些研究缺乏可靠的实证研究背景，对网页日志数据的使用，多是用来呈现一些简单、基本的汇总统计数据，如影响因素、访问频率和访问时间，或者是有关导航模式和用户未来移动的算法和体系结构，这些对于评估一个网站是否能够满足其访客的需求，从而提高个性化推荐系统的质量可能是有用的，但是，很难将这些研究称为开发网页设计指南，因为它们并没有使用统计模型来测度网页的竞争力和满意度。本章进行了将网页日志文件所包含的信息转换为统计模型的第一次尝试，以帮助构建网页设计指南的开发工具。我们举例说明了如何根据一家教育机构网站消费者的点击行为来构建模型，以衡量消费者在查看某些网页时获得的效用，然后构建了网页设计的两个度量指标。

假设存在一个包含 N 个网页的网站。访问该网站的每个消费者花费不同的时间（有些可能为零）来浏览每个页面。为了研究消费者对各种页面的时间分配，我们可以使用经济学中的效用概念来衡量浏览页面的奖励，因为普遍认同只要浏览页面就会产生效用。我们在这里定义的效用是信息的效用，消费者（不管他是不是重复消费者）阅读网页一分钟，他将获得信息并更多地了解网站上展示的商品。他阅读网页花的时间越长，他获得的信息将越多，因此他得到的效用也就越多，但达到饱和点后，效用将会降低。效用概念在许多领域有着广泛的应用，如商品购买（Meyer and Sathi，1985；Ackerberg，2003；Zhao et al.，2011）、品牌选择（Akçura et al.，2004；Erdem et al.，2008）、活动出行选择（Bhat et al.，2016；Bhat，2018）等。普遍采用的使用效用概念的选择模型是多项 Logit 模型，它处理从一组互斥的替代方案中只选一个的情况（Train，2009；Folse et al.，2010）。为了提高准确率，对该模型进行扩展，Kim 和 Ratchford（2012）建立了一种基于效用的需求模型，该模型使用转化后非线性的可加结构和多元正态误差项。但是他们没有考虑消费者需求的一个特点——在许多实际情形中，消费者会同时做出多个选择。需要注意的是，Kim 模型是一种特殊的选择模型，它超越了离散选择模型中"选择"的限制意义，该限制意义为只能做出一种选择，该选择是可替代的。该特殊模型反映的信息有两个方面：有多少种类可以选择以及每个种类有多少可供选择。基于这种特殊模型研究消费者如何在网站中不同类别的网页上分配时间。模型的类似用法可以在Bhat（2015，2018）撰写的文章中找到，他提供了一个重要的延伸，假设误差项服从极值分布，会使概率结构呈现一种简单封闭形式。

使用效用函数的优点是它允许不分配时间给某些页面，以及非零时间分配的边际效用递减，这两者都是网页消费者行为的常见特征。我们将我们的模型应用于从某教育机构获得的网页日志文件，以验证普遍适用的经济模型是否可以在研究网页消费者行为方面取得良好效果。我们通过回答网页设计相关问题来说明所构建模型的应用价值：网站主页上应包含多少图标或标题，以及如何安排有用的信息标题。与该内容放置策略相关的是：将更多的信息和链接放到主页上通常会增加点击量。但是，由于主页的空间有限，因此网站所含网页子集的关键描述可以显示在主页上供消费者直接点击，以缩短查找时间。如果在网站主页上使用小号字体呈现每个页面的主题信息，则会出现两个问题：一个问题是影响主页观感，因为在主页上夹杂着过多的文字，缺乏艺术设计感，缺乏吸引力；另一个问题是，消费者在网站主页显示的大量主题消息中寻找他需要的正确信息，也是一种对时间的浪费。因此，了解消费者选择网页的偏好可以帮助网页设计人员确定在主页上显示哪些信息。使用我们构建的模型，首先能够有效模拟消费者的信息查找和信息更新行为，其次能够创建两个度量指标，即效用损失和补偿时间来衡量网页类别的相对吸引力。效用损失和补偿时间将在应用研究部分加以说明。

4.2.1　时间分配方法模拟分析

首先，我们定义总的网页浏览时间（total webpage reading time，TRT）。这是消费者阅读他选择的所有页面的信息所花费时间的总和，不包括搜索时间。例如，如果消费者花费 1 分钟寻找页面 A，花费 6 分钟阅读页面 A 上的信息，花费 2 分钟寻找页面 B，花费 5 分钟阅读页面 B 上的信息，则 TRT 是 6 分钟加 5 分钟，即 11 分钟，而不是消费者花费的时间总和。阅读时间也用于计算消费者从这次访问中获得的效用。假设 TRT 是有限的，并且基于随机效用框架原则，网站消费者将有效地分配他的可用时间，以最大化所获得的效用。使用时间分析的经济学方法，为市场研究中的消费者行为理论分享了许多重要的概念和想法，包括离散选择模型以及其他方法，以便适应多种选择可能同时发生的情形，多种选择可能同时发生的情况比比皆是。在市场营销领域中，超市的扫描数据表明，客户经常在同一类商品中选择不同的替代品。模拟消费者的费用分配对零售商的分类和定价策略非常重要。在交通方面，出行决策反映在不同类型车辆的组合和时间分配上。环境经济学家在娱乐需求分析中也面临类似的挑战。传统的离散选择模型（如多项 Logit 模型）只允许消费者做出一种选择，不适用同时做出多种选择的情形。

许多研究都致力于对这种决策行为进行建模。由 Wales 和 Woodland（1983）提出的效用最大化框架在现有许多方法中普遍应用。它假设误差项服从正态分布，并分析决策的不同组合，形成可能性集。然后使用 Kuhn-Tucker 条件在预算和非负性约束条件下使模型最大化。Wales 和 Woodland（1983）使用一种适用于三种选择的特殊二次效用函数验证了这种模型的成功应用。本章的研究集中于 Kim 等（2002）和 Bhat（2005，2008）提出的对 Wales 和 Woodland 的框架具有代表性的两种延伸。Kim 等（2002）在 Wales 和 Woodland 的框架中使用了一种新的效用函数，并且其在酸奶商品中的应用非常成功。新的效用函数具有转化结构，既可以适应内部解决方案，也可以满足边际收益递减的要求。指定误差项服从多元正态分布，由此构建数量需求的分布。在估计模型时，由于最优需求是混合离散连续的，因此不同购买策略被分为不同的类型。这种复杂性导致应用不便，特别是当选择的种类很多时。Bhat（2005）进一步进行了研究，他使用 Kim 等（2002）提出的效用函数，但把误差项服从多元正态分布改为误差项服从广义极值分布。这一改变，产生了一个紧凑的封闭形式，使模型更加实用。

为了选择最好的模型来帮助进行网页设计，我们考虑每个模型误差项的多元正态分布和极值分布。最终有六种不同的新模型，模型中有两个重要的参数：第一个是基础效用参数，表示为 ψ，ψ 的值越大，网页越受欢迎；第二个是满意指数，记为 α，它影响边际收益递减率。

第一组模型（模型 1 和模型 2）的效用函数表示为 $U_1(t) = \sum_{i=1}^{5} \psi_i \ln(t_i + 1)$。模型 1 和模型 2 是最简单的模型，仅包含每个类别的一个基准效用参数。参数少使得模型的参数估计、验算变得简洁，因此该组模型应用很广泛。然而，其仍然具有可叠加性、非线性和平移特征等边际效用函数递减的特征。模型 1 和模型 2 可以作为基准模型，与其他模型的效用进行对比。

第二组模型（模型 3 和模型 4）的效用函数为 $U_2(t) = \sum_{i=1}^{5} \psi_i (t_i + 1)^{\alpha}$。这组函数模型的结构类似于 Kim 建立的模型，区别在于模型 3 和模型 4 假设选择的所有 α_i 相等，即所有的满意指数是一致的。该模型是所有包含满意指数的效用函数的最简单版本，它可以作为基准模型来提供参数的初始值，并与其他更复杂的模型进行比较。

第三组模型（模型 5 和模型 6）的效用函数为 $U_3(t) = \sum_{i=1}^{5} \psi_i (t_i + 1)^{\alpha_i}$。可见，该组模型解除了满意指数相等的假设。不同类别的物品可以有不同的边际效用递减率，这可以为我们提供更多关于递减效应异质性的信息。该种形式的函数能够更为真实地反映实际情况，因为针对不同的物品，消费者/用户的满意程度是不同的。将满意指数设为个体异质性的变量，能够模拟消费者异质性对效用的影响。然而，由于 α 和 ψ 之间可能存在相互影响效应，构建模型时要尽量降低该效用，于是假设一些具有相似性质的替代品具有相同的满意指数，非相似替代品之间具有不同的满意指数。

4.2.2 时间分配模型构建

消费者对于商品信息的检索和更新，主要是在相关网站进行的。按照网页行为，消费者类型可以分为两种：一是对商品感兴趣的、希望了解更多关于商品信息的浏览者；二是有意向购买该商品、想获得关于购买流程的详细信息，甚至可能在线购买的潜在购买者。我们为这两组消费者构建了时间消费模型。花费在网站上的 TRT 用于从这两组消费者中选择样本。对于浏览者，从网页日志文件中随机选择 873 个消费者，他们的 TRT 在 15 分钟到 20 分钟（900—1200 秒）之间。对于购买者，我们选择 510 个消费者，其在网站上的 TRT 在 117 分钟到 134 分钟（7020—8040 秒）之间。我们将网站的网页内容分为六类：类别 1 是商品详细信息，类别 2 是其他商品，类别 3 是常见问题，类别 4 是退换货信息，类别 5 是商品评价，类别 6 是混合网页。

1. 浏览者的六种模型

这六种模型首先应用于浏览者的点击数据。在这些模型中，仅使用五个类别，因为类别 6 包含混合页面。假定在每次访问网站时浏览者使 $U(x)$ 形式的效用最大化，其约束条件是 $\sum_{i=1}^{5} t_i \leqslant T$，其中 T 表示该次访问的 TRT。表 4.2 展示了每个模型的参数估计结果。

表 4.2　浏览者六种模型的参数估计结果

效用函数 1：$U_1(t) = \sum_{i=1}^{5} \psi_i \ln(t_i + 1)$

项目	Obj	ψ_1	ψ_2	ψ_3	ψ_4	ψ_5
MVN	5561.887	40（固定）	10.669 (0.018)	1.791 (0.003)	1.938 (0.001)	15.327 (0.058)
GEV	4954.673	40（固定）	8.808 (0.505)	0.889 (0.094)	0.892 (0.094)	10.141 (0.617)

效用函数 2：$U_2(t) = \sum_{i=1}^{5} \psi_i (t_i + 1)^{\alpha}$

项目	Obj	ψ_1	ψ_2	ψ_3	ψ_4	ψ_5	α
MVN	5103.025	40（固定）	16.551 (0.045)	3.346 (0.009)	3.477 (0.020)	20.175 (0.049)	0.404 (0.001)
GEV	4930.388	40（固定）	10.484 (0.640)	1.125 (0.124)	1.132 (0.124)	11.957 (0.757)	0.140 (0.019)

效用函数 3：$U_3(t) = \sum_{i=1}^{5} \psi_i (t_i + 1)^{\alpha_i}$，$\alpha_1 = \alpha_2 = \alpha_5 = \alpha_1'$，$\alpha_3 = \alpha_4 = \alpha_2'$

项目	Obj	ψ_1	ψ_2	ψ_3	ψ_4	ψ_5	α_1'	α_2'
MVN	5083.119	40 （固定）	18.289 (0.363)	3.036 (0.007)	3.228 (0.012)	23.043 (0.263)	0.452 (0.000)	0.548 (0.000)
GEV	4927.807	40 （固定）	10.283 (0.631)	0.480 (0.159)	0.484 (0.158)	11.741 (0.751)	0.125 (0.021)	0.282 (0.062)

注：MVN（multi-variate normal，多元正态）表示具有多元正态分布误差项的模型，GEV（general extreme value，广义极值）表示具有广义极值分布误差项的模型，Obj 为目标函数值，括号中的数字为标准误差

尽管 ψ_1 固定为基准值，但可以观察到 ψ_5 的值在五个估计的 ψ 中最大，并且 ψ_3 是所有六个模型中最小的。它表明，类别 1 的网页吸引了大多数对商品感兴趣的消费者，因此他们在这些网页上花费了更多的时间。此外，类别 3 主要包含与常见问题相关的页面。一般来说，如果消费者有一些问题或想了解更多关于网站内容的信息，那么其在类别 3 的网页中进行浏览

查看的可能性较大。但是，如果他对网站十分熟悉，或者只是浏览网站，则无须查看这些常见问题页面。因此，浏览者不经常访问类别 3 的网页。类别 4 也是类似的，因为它包含有关退换货的信息，不是一个常用的类别。值得注意的是，浏览者组中，每个模型的 ψ_4 的估计值均大于 ψ_3。一个可能的原因是，该组中的大多数消费者仅仅无目的地浏览了此类网页。退换货信息似乎比常见问题更有吸引力。ψ_2 的估计值比 ψ_3 和 ψ_4 大得多，因为类别 2 的网页展示的是其他商品的信息，这对于对该品牌感兴趣的任何人来讲，都是重要信息。类别 5 与类别 1 高度相关，如果消费者更加关注类别 1 中的内容，这表明他们对该商品感兴趣，会想要查看类别 5 中的商品评价，这些评价是来自其他消费者购买该商品后的体验信息，是该商品的潜在消费者所关注的信息。

在表 4.2 中，目标函数为 $F = -\ln l$，其中 l 代表似然函数。我们期望找到 F 的最小值，F 的值越小，似然函数越好，函数的拟合程度越高。值得注意的是，就目标函数而言，在所有三个版本的效用函数中，具有广义极值分布误差项的模型优于具有多元正态分布误差项的模型。这表明，与 Kim 模型中使用的多元正态分布相比，Bhat 模型中使用的极值分布可能是误差项的更好选择。

效用函数 2 的模型的结构与 Kim 模型的结构类似，为了减少参数的数量、减弱参数之间的相互作用，我们在这里令 $\alpha_1 = \alpha_2 = \alpha_3 = \alpha_4 = \alpha_5 = \alpha$，并将其用作基准模型。把效用函数 2 应用于浏览者数据，其效果优于先前使用的效用函数的模型，因为效用函数 2 的目标函数比先前的模型更好（目标函数值更小）。

效用函数 3 放松对 α 值的限制，并允许对其进行参数估计。由于它与参数 ψ 存在混杂效应，我们不能让每个类别的 α 的取值都不同，并且根据从先前的基准模型观测到的每个类别的相似性和吸引力程度，假设 $\alpha_1' < \alpha_2'$。基于目标函数，效用函数 3 的模型优于先前所有模型。我们还观察到 MVN 和 GEV 两个模型中的满意参数估计值，再次表明类别 3 和类别 4 比类别 1、类别 2 和类别 5 更受欢迎。在之后的分析中，我们将使用包含广义极值分布误差项的效用函数 3，它的目标函数值最小。

2. 潜在购买者的六种模型

基于潜在购买者的数据集，我们构建了另外六种模型。仍然是按照消费者多样化选择的效用函数，参数变量的不同，能否凸显效用模型的不同特征。此外，我们继续考虑模型对比的效果，分别假设误差项服从正态分布和极值分布，总共有三组六个模型。对模型进行参数估计，结果见表 4.3。

表 4.3　购买者六种模型的参数估计结果

效用函数 1：$U_1(t) = \sum_{i=1}^{5} \psi_i \ln(t_i + 1)$

项目	Obj	ψ_1	ψ_2	ψ_3	ψ_4	ψ_5
MVN	5919.146	40	7.409 (0.013)	2.555 (0.003)	0.341 (0.000)	25.595 (0.165)
GEV	5554.244	40	3.530 (0.254)	0.591 (0.051)	0.108 (0.015)	16.504 (1.213)

效用函数 2：$U_2(t) = \sum_{i=1}^{5} \psi_i (t_i + 1)^{\alpha}$

项目	Obj	ψ_1	ψ_2	ψ_3	ψ_4	ψ_5	α
MVN	5561.587	40	9.166 (0.091)	2.638 (0.003)	0.959 (0.003)	28.180 (0.230)	0.343 (0.000)
GEV	5528.273	40	5.135 (0.441)	1.001 (0.111)	0.193 (0.030)	18.817 (1.379)	0.140 (0.019)

效用函数 3：$U_3(t) = \sum_{i=1}^{5} \psi_i (t_i + 1)^{\alpha_i}$，$\alpha_1 = \alpha_2 = \alpha_5 = \alpha_1'$，$\alpha_3 = \alpha_4 = \alpha_2'$

项目	Obj	ψ_1	ψ_2	ψ_3	ψ_4	ψ_5	α_1'	α_2'
MVN	5501.170	40	7.551 (0.081)	0.787 (0.012)	0.289 (0.009)	21.702 (0.889)	0.268 (0.001)	0.548 (0.000)
GEV	5510.399	40	4.381 (0.401)	0.169 (0.064)	0.035 (0.013)	17.792 (1.328)	0.088 (0.023)	0.377 (0.038)

注：括号中的数字是标准误差

　　一个有趣的区别是表 4.3 中的目标函数值大于表 4.2 中的目标函数值，主要是因为潜在购买者（117 分钟到 134 分钟）比浏览者（15 分钟到 20 分钟）在网站上花费了更长的时间。表 4.2 和表 4.3 之间另一个有趣的区别是，在表 4.2 中，对浏览者而言，在两种误差项服从不同分布的所有模型中，类别 3 的估计值小于类别 4 的估计值；而在表 4.3 中，对潜在购买者而言，情况却正好相反。这可能是由于潜在购买者更关心商品的详细信息，并且考虑了许多问题。因此，他们会花费更多时间在包含常见问题的网页上，而不是关于退换货的一些具体信息的网页。另外，基于目标函数值而言，除一种情况外，误差项服从广义极值分布的模型均优于误差项服从多元正态分布的模型。但值得注意的是，表 4.3 中两个误差项分布不同的模型，它们的目标函数值之间的差异小于表 4.2 中的相应差异。

　　表 4.3 中参数 ψ_2，ψ_5，α，α_1'，α_2' 的估计值与表 4.2 中的大小相似。另外，我们还观察到 $\alpha_1' < \alpha_2'$。基于目标函数值，效用函数 3（而非效用函

数 2）的模型是最好的。但这一次，是包含多元正态分布误差项的模型，其目标函数值最小。本节的研究分析了多种效用函数对消费者网页浏览行为的拟合效果，并对比了拟合精度，这对消费者的网页信息行为研究起到理论铺垫的作用，为下一步分析消费者的网站链接点击行为提供模型基础。

4.3　网站链接点击行为

网站链接点击行为与网页浏览行为密切相关。网页浏览行为常含有网站链接点击行为，而网站链接点击行为之前必然含有网页浏览行为。不同之处在于它们强调的内容不同：网页浏览行为注重浏览停留时间的长短，为个性化网页设计提供理论基础，而网站链接点击行为，则强调消费者对不同链接的点击行为，包括对链接的点击数量和频率、对链接的选择和观看过程。链接点击行为从另一个角度分析消费者对商品信息更新的行为：对不同链接的点击量和阅读时长，能够提供新的有关商品的信息，促进信息更新。

网络技术的快速发展改变了我们的生活，它为用户和外部世界提供了直接的沟通渠道（Wolfinbarger and Gilly，2001；Nguyen and Leblanc，2001）。随着网站相关问题的日益突出，对网页改进的研究迅速兴起（Chen et al.，2019；Masseglia et al.，1999；Caballero-Luque et al.，2021）。然而，基于点击流数据构建统计模型以解决消费者信息更新问题的研究很少。以前的研究者忽略了点击行为与效用之间的密切关系，未从浏览者偏好的角度提出网页改进的优化策略。据了解，目前还没有完整的实证工作系统地通过网站链接点击行为更新消费者商品认知。本章首次提出基于效用理论的消费者网站链接点击行为研究方法，揭示消费者的信息更新过程，同时，本章的研究结论有助于优化主页链接、确定网页链接的优先级。

网站的链接是分层次的。一级链接（主链接）在主页上显示其标题：单击一个链接将打开另一个网页，其中可能包含二级链接或直接呈现信息。每个链接都连接到一个或多个网页，不同的链接包含不同的信息。主页上的链接安排与搜索时间高度相关。一个网站的消费者首先看到主页上的链接标题，根据标题，他们选择不同的链接搜索自己需要的信息。当链接的安排符合观众的要求时，该网站将是有效的和有吸引力的。如今，为了提高网站的使用效率，公司和网页设计机构越来越重视链接安排的优化。为了开展基于点击流数据的网络用户行为研究，并提供更适用的链接优化方法，本章解决以下问题：①哪些链接应该放在主页上？②哪些链接应该从主页中删除并添加为二级链接？③如何将不同的链接排序？④哪些链接应该放在首要位置，哪些放在页面的末尾？关于主页链接排放策略，从业人员认为将更多链接打包到主页上通常会增加点击次数。但是，由于主页上空间有限，只有一部分网页的链接可以显示在主页上以供直接点击。在网站主页上使用小字体的链接会导致两个问题：一个问题是很多字挤在一起，主页没有一个赏心悦目的外观；另一个问题是消费者浪费大量时间在过多的链接中寻找需要的信息。因此，了解消费者的链接偏好有助于确定哪些链接应显示在主页上，根据消费者偏好将主页上的链接排序。

通过互联网搜索信息的过程可以被看作是一个正式的选择问题，消费者试图在网络上选择和查看正确的链接，这些链接里包含消费者最需要的信息。模拟信息搜索过程中的链接选择问题类似于模拟消费者在超市购物时的品种选择问题（Kim et al., 2002），或对娱乐活动的时间投入问题（Bhat, 2005）。一方面，尽管不同的链接可能包含不同的信息，但消费者并不熟悉这些链接所包含信息的具体位置。任何单个链接都可能包含消费者所需的部分信息，因此这些链接具有可替换性。另一方面，消费者的在线搜索时间有限。相当于消费者逛超市的预算有限，或在周末的娱乐时间有限（Bhat, 2008；Pinjari and Bhat, 2011）。因此，在线搜索信息的网络用户需要选择一组正确的链接，并在所选的链接页面中有效地分配有限的可用时间。因此，网上信息搜索可分为两部分：一是决定选择哪个链接，二是确定在每个所选的网页上花费多少时间。显然，网络用户在搜索信息时，会分配更多的时间给最需要的链接，分配更少的时间给信息量较少的链接，如果链接是无用的，就不会分配时间。为了研究时间分配问题，可以使用经济学中的"效用"概念来衡量所获得信息的回报。当消费者（无论他们是不是重复消费者）阅读链接页面一分钟时，他们会得到一些信息，他们花费的时间越多，获得的信息就越多，获得的效用就越大，但由于饱足性，总效用增加的速度会降低，这可以用边际效用递减的经济理论来解释。为了使得总效用最大化，每个消费者会将每单位时间分配给边际效用最大的链接。基于最优效用理论，本节提出了三个效用模型，用于研究消费者如何将总的浏览时间分配到不同链接上。我们使用消费者在淘宝网站的点击流数据来测试模型效用：应用广泛的经济模型是否可以在网页浏览行为研究中实现良好的应用效果。

4.3.1　网页选择模型

1. 离散选择模型

基于用户点击流数据，已有许多学者研究、模拟浏览行为。Bucklin 和

Sismeiro（2003）提出了一种二型 Tobit 模型，通过在每个页面上放置更多的信息从而减少页面数量的方法来帮助设计网页。Montgomery 等（2004）根据用户的购买行为构建了一个动态多项式概率模型，用于个性化网页设计和商品报价。对个人在线购买行为建模的一个类似研究是将网站分解为连续的名义用户任务（Sismeiro and Bucklin，2004）。此外，一些研究人员讨论了不同因素的影响，并且在不使用点击流数据的情况下制定了网页设计指南（Cunliffe，2001；Song and Zahedi，2005；Chen and Hsieh，2012）。Mcknight（2012）通过五个因素来衡量网站的信息质量。Chen 和 Dhillon（2003）提出了这样一个理论，即由于不同的使用偏好，网站的设计可能使男性和女性产生不同的反应。在不使用点击流数据的情形下，一些概念模型已经被用于衡量网站设计因素的影响（Song and Zahedi，2005；Caballero-Luque et al.，2021）。

　　分析消费者的选择行为，能够揭露网站在迎合消费者需求的过程中形成的新的链接层次。对消费者选择行为进行模拟研究，最常用的方法是构建离散选择模型。现有大量文献通过构建选择模型研究消费者对网站、媒介、商品等的选择（购买）行为。Jumbe 和 Angelsen（2011）构建多项 Probit 模型，以家庭为观察单位模拟其对薪材来源的选择问题。陈治和王曦璟（2013）构建 Logistic 回归模型模拟和预测消费者的网购行为。Song 等（2017）构建动态离散 Logit 模型研究消费者对不同节目的选择行为。

　　离散选择模型的效用理论框架为

$$U_{ij} = X_{ij}\,\beta + \varepsilon_{ij} \tag{4.45}$$

其中，U_{ij} 为消费者 i 从选项 j 中获得的效用；$\beta = (\beta_0, \beta_1, \cdots, \beta_K)$，$\beta_0$ 为截距系数，表示消费者 i 对选项 j 的由来偏好，β_K 为消费者对选项第 K 个属性的反应系数。

　　众所周知，了解网站消费者实际的行为和选择网页的方式，对于提高网站效率至关重要。然而，许多研究缺乏严密的实证分析来支持他们对网络访问行为的分析（Cunliffe，2001），未能从访客偏好的角度解决如何安排网站链接的问题。本章研究的优势在于，我们首先从网页消费者的点击行为角度深入了解网站消费者的偏好，其次建立了网页访问实用程序和链接安排之间的联系，最后构建了一个度量标准，即效用损失，从网页访问偏好的定性测量中为主页链接优先级提供定量参考。

　　2. 连续多选择模型

　　市场营销中使用最广泛的选择模型是多项 Logit 模型，该模型仅适用于从一组相互排斥的替代品中选择一种替代品的情况（Train，2009；Liu and van Ryzin，2008；Folse et al.，2010）。然而，观察到的现实情况是我们通常需要同时选择多个替代方案，传统的离散选择模型无法处理这种情况。随着研究问题的变化，具有非线性效用函数的模型受到一定的限制。效用最大化框架最初由 Wales 和 Woodland（1983）创建。Wales 和 Woodland 通过特殊的二次效用函数演示了该模型的三种应用。

Wales 和 Woodland 所构建的连续多选择模型为

$$H(v) \equiv \max\{G(x): vTx \leqslant 1, x \geqslant 0\}, \quad G_i(x, u_i) = G_{i(x)}^- + u_i, \quad i = 1, \cdots, M$$

(4.46)

其中，M 为可选择的选项的个数；x 为个体 i 的购买数量，值为 0, 1, 2, ⋯；$vTx \leqslant 1$ 为预算限制；$G(x)$ 为效用函数；$G_i(x, u_i)$ 为物品 i 的边际效用，包含可测部分 $G_{i(x)}^-$ 和不可测随机变量 u_i。Wales 和 Woodland 的函数描述了在预算有限的情况下达到效用最大化的情况。消费者通过自己对 u_i 的了解，找到自己的最佳消费模式。研究人员只能通过指定 u 的分布来预测替代品的需求水平，并且一个重要的假设是 u 服从协方差矩阵的联合正态分布。该模型中的另一个重要假设是，总有一种商品被视为消费者购买的主要商品。然后，利用库恩-塔克条件，求出 M 种商品被购买的概率。然而，Wales 和 Woodland 使用一个相当有限的二次形式的边际效用函数，他们承认二次型缺乏全局准凹性，但是考虑到这种形式的简单性，容忍了该缺点。这种形式的主要限制在于边际效用不随数量的增加而降低，这使得该模型在计量经济学应用中难以解释；此外，理论上混淆了二次函数中各参数的影响，解释模糊不清，削弱了该模型的应用价值。

Kim 等（2002）在 Wales 和 Woodland 构建的模型的基础上引入了新的效用函数，并成功地将其应用于超市中各种商品的消费者预算分配建模。在 Bhat（2005，2008）撰写的文章中可以找到类似的模型用途，他研究了将可用休闲时间分配给不同活动的问题。Song 等（2017）开发了一个动态选择多样化模型来研究历史信息对不同电视频道时间分配的影响。同样在关于信息搜索行为时间分配的研究中，Kim 和 Ratchford（2012）为消费者在多个信息源上的时间分配构建了一个计量经济模型。

Kim 等（2002）通过引入平移的非线性、可叠加性效用形式对酸奶的多种选择进行建模（KAR 模型），开发了 Wales 和 Woodland 的混合离散-连续框架。设有 m 个可选方案，x 是需求量的矢量。个人应计的效用是指从购买的每一件物品中获得的效用的总和。

$$U(x) = \sum_{j=1}^{m} \psi_j \left(x_j + \gamma_j \right)^{\alpha_j} \qquad (4.47)$$

等式（4.47）被认为是在 $\psi_j > 0$ 和 $0 < \alpha_j < 1$ 约束下的有效函数。预算约束 $p^{\mathrm{T}}x \leqslant E$（$p$ 表示第 j 件物品的价格，E 为总支出）是为了保证有限的效用。在替代是不完全替代的假设下，我们寻求一种数量分配的均衡，使总效用最大化。在边际效用中引入多元正态误差来建立统计规范，并利用 Kuhn-Tucker 条件计算从 m 个品种中选择 n 个品种的概率。

KAR 模型的实际应用受到复杂似然函数和高维积分的限制。似然函数随消费模式的不同而不同，高维多元正态分布难以评估。这些特点限制了该模型的应用领域。

Bhat（2005）采用了 Kim 的效用结构，使用不同的误差分布创建了一个新的多重离散–连续极值（multiple discrete-continuous extreme value，MDCEV）模型，并将其应用于旅行需求背景下的时间使用分析（Bhat 模型）。设有 K 种可供选择的活动，t_j 为投入到活动 j 上的时间。则某一特定个体对 K 种活动的总效用为

$$U = \sum_{j=1}^{K} \psi_j \left(t_j + \gamma_j \right)^{\alpha_j} \mathrm{e}^{\varepsilon_j}, \quad \varepsilon_j \sim \mathrm{GEV} \qquad (4.48)$$

其中，GEV 为广义极值。假定 Bhat 模型服从标准极值分布，与 $j = 1, \cdots, K$ 无关。从 K 个活动中选择 n 个的概率函数，是一个封闭式结构，比 KAR 模型简单得多，因此在实际问题中广泛应用。

尽管时间分配模型的有效性得到了重要的学者和管理者的认可，但很少有研究人员采用普通的经济模型测试其在网页浏览行为方面建模的有效性。事实上，目前几乎还没有研究人员尝试从时间分配模型角度开发管理工具，以便用于改进网站，这是现有研究中的一个重要缺陷。从网络消费者的角度来看，他们的在线访问时间有限，他们面临着许多可供选择的链接。任何理性的访客都会将有限的时间分配给多个链接，以期最大限度地获得所需信息，从而获得最大效用。这些问题存在于时间分配模型的范围内。在 Wales 和 Woodland 的模型基础上，本章提出了新的效用模型，用于研究消费者如何在网站主页上的不同链接中分配时间。

4.3.2   多样化链接选择模型

消费者在比较不同链接的预期效用后做出选择。随着在链接上所花费时间的增加，其获得的总效用也会增加。但是，当其他条件保持不变时，总效用变化的速度降低。每个消费者总是用边际效用高的链接替代

边际效用低的链接。这个理论有助于我们理解如何分配有限的时间。在不同网页链接上的信息搜索行为实际上是在这些链接上的时间分配行为。总的来说，信息搜索的过程可以被看作是一个正式的选择问题，在这个问题中，消费者试图将每一分钟分配给边际效用最高的网络链接。

阅读时间用于计算每次访问所获得的效用。类似的概念已被用于交通、娱乐、信息搜索（Bhat，2005）和多种类型活动（Bhat，2008）的时间分配问题研究中。

最终的总效用是从各种链接中获得的效用的叠加，这里假设从链接页面获得的效用与是否访问了其他链接页面无关。这是在线信息搜索的合理假设，因为不同的网络链接包含不同的信息。在选择各种网页链接时，消费者将获得不同类型的信息。

在我们的模型中，J 表示可供选择的链接的数量，$t_j \geqslant 0$ 表示分配给链接 j 的时间。消费者通过分配 $t_1, \cdots, t_J$ 个单位时间在 J 个链接中获得效用。最终的总效用 U 是花费在 J 个链接上的时间的叠加函数：

$$U = \sum_{j=1}^{J} \psi_j \left(t_j + \gamma_j \right)^{\alpha} \mathrm{e}^{\varepsilon_j}, \ \varepsilon_j \sim \mathrm{GEV}$$

受限于：

$$\sum t_j = T; \ 0 < \alpha_j < 1; \ \psi_j > 0 \tag{4.49}$$

其中，ψ_j 为基础效用参数，类似于线性函数中的截距项，反映对链接 j 的信息的固有偏好；α 为饱足参数，表示给定链接的信息搜索时间增加时的饱足程度。与以前的研究不同，我们假设所有的链接都有相同的饱足参数，这使得我们可以避免参数估计过程中基础效用和饱足程度之间相互影响。由于网站主页上可用的链接数量可能很多，因此对链接使用不同的饱足参数会使估计过程更加复杂，并对估计结果产生负面影响。

ψ 和 α 一起决定了边际效用递减的速度。ψ 和 α 的高值表示高基本偏好和低饱足程度，表明大部分时间被分配给某一个链接。在式（4.49）中，γ 是平移参数，它控制效用函数解的类型。当 $\gamma = 0$ 时，只能得到内解，并且选择所有链接，而如果 $\gamma > 0$，则可以得到内解和角点解，这种情况会产生几个潜在的结果：没有链接选择、一个链接选择或多个链接选择。为了反映真实的网站浏览条件并降低我们模型的复杂度，我们采用了 Kim 等（2002）的概念，为所有链接设置 $\gamma = 1$。

式（4.49）中 ε 是误差项，它反映影响效用的未被观察到的因素。我们使用指数形式来确保效用的积极程度。GEV 表示广义极值。在这里，

我们假设 ε_j 具有标准的极值分布，因为根据这种分布可得概率表达式的闭合形式。

式（4.49）在 $\psi_j > 0$ 和 $0 < \alpha_j < 1$ 的条件下是一个有效函数。指定约束 $\sum t_j = T$ 以保证有限的效用。在各个链接彼此不完全替代的假设下，以总效用最大化为目标，分配在每个链接上的时间。

根据叠加效用函数理论，我们延伸出了以下模型：

$$U(t) = \sum_{j=1}^{J} \psi_j \ln(t_j + 1) \qquad (4.50)$$

该模型仅包含每个链接的一个参数。它仍然具有边际效用函数递减的可叠加性、非线性和平移特征。当面对大量链接时，参数估计可能是一个主要问题。这个版本的效用函数在实际运用中更加方便。

式（4.49）和式（4.50）表示的模型各具特色，应用范围也有所不同。本节将其全部列出并做出详细的分析，旨在对比不同模型的优缺点。针对消费者通过网页对商品信息的更新行为，我们将选择拟合效果最佳的模型。基准模型和优化模型能够从不同的角度为我们所要构建的模型提供理论支持。这些模型能够模拟消费者检索网页和更新信息的过程。此外，模型的拓展可包含反映消费者对商品信息追踪的变量，如消费者信息获知的渠道、广告观看时长等，从而有效反映消费者对商品信息的获知行为对更新行为的影响机制，并揭示消费者对不同平台信息的使用机制。

第5章　消除商品不确定性的信息使用行为

5.1　消除商品不确定性行为

消费者对商品信息的获知和更新行为，着重在累积相关信息。消费者对商品信息的使用行为着重在筛选有用信息并据此做出对商品性价比的判断和购买决策。消费者筛选信息的过程即为不断消除商品不确定性的过程。当充分而有利的信息能够消除消费者心中对商品的不确定性的时候，消费者会做出购买决策。因此，本章首先分析消费者如何消除商品不确定性，其次构建动态贝叶斯模型，模拟商品不确定性的弱化过程，揭示消费者信息筛选行为机制，为消费者购买决策做好理论铺垫。

随着互联网的发展和普及，"互联网＋商贸"模式的电商业务迅速发展，并成为人们日常生活不可或缺的一部分，"互联网＋"成为大众创业、万众创新的重要载体。越来越多的企业进入电商行业，依托网络平台完成销售，有效满足了消费者的多层次需求。这些电商卖家在分享庞大网络客户群体的同时，也面对着较大的竞争压力，因此需制定多种营销策略，以提高市场占有率（邓爱民等，2014）。近年来，较为常用的营销策略是举办节假日促销活动，如淘宝商城"双11"购物狂欢节，每年节日当天淘宝商城的顾客数、交易量和交易额都会井喷式增长。电商卖家在充分利用节假日促销活动营利的同时，也亟须应对随之而来的挑战：如何准确地预测波动较大的市场需求。对于这一棘手问题很多电商卖家未能有效处理。对由降价引起的市场需求的变化预测不准，造成仓储成本和资金占用成本增加、消费者投诉增加和消费者流失等。随着移动设备的发展，消费者通过多渠道完成网购，如手机和台式电脑的同时使用、手机和平板电脑的同时使用等。这加大了对网购决策行为进行模拟预测的难度。消费者通过多种渠道购买商品，一部分原因是对商品质量、性价比和使用功能等属性不确定，这种不确定延长了消费者下单购买的时间，使得消费者在使用信息的时候难以做决策。渠道的分散更是加大了市场需求的波动性，即使不在大促活动期间，市场需求也存在较大波动。

可见，电商营销遇到了瓶颈，导致该营销瓶颈的原因可归纳为两点。

其一，缺乏准确的动态预测以迎合不断变动的网络市场需求。对于市场需求波动较大的电商行业，需要把握网络消费者购物的动态特征和相应的心理规律，构建动态预测模型，从而有效精准地拟合变动幅度较大的顾客购买需求。其二，未对消费者需求信息进行深入、动态的跟踪分析。在当下信息繁杂的智能推送时代，消费者对信息的筛选和使用行为充满不确定性。现有研究对消费者信息使用行为分析不足，对其购买行为和需求分析不够深入，直接导致对目标消费者的分析和定位不准，而消费者需求的动态性会导致原有定位出现偏差，因此只有对消费者需求信息进行动态的跟踪分析才能有效地保证目标市场定位的时效性。为了迎合现实需求，并解决上述问题，本节分析并模拟动态学习机制的网络购买行为特征，将购买预期和购买风险作为两个核心变量构建到效用函数中，以构建精准动态的网络消费者购买行为模型。

本节将采用离散选择模型框架，即 Probit 模型框架，构建动态的网购决策模型。基于贝叶斯更新理论，模拟消费者对信息的筛选过程，解释网购预期和风险的动态变化过程，并研究其对购买决策的影响。以南京行狐集团有限公司（以下简称行狐公司）的网上销售数据为实证基础，检验理论模型的拟合精准度和解释力度，模拟检测不同降价策略的实施效果。

5.1.1 贝叶斯更新理论

贝叶斯更新理论是贝叶斯后验分布理论的拓展理论，主要用于解释消费者信息使用的动态变化过程。其核心思想是贝叶斯后验分布理论的思想：新信息的增加会改变消费者对商品先前的评价。贝叶斯更新理论摒弃了后验分布理论的概率模型，取而代之的是平均值和方差的变动公式。表现为，随着新信息的增加，消费者对商品评价的平均值在不断地更新变化，而对应的方差也在不断地修正中。可见，贝叶斯更新理论中的平均值和方差即为网购过程中的网购预期和风险。网购预期表现为消费者对购买某一商品的预期平均值，即平均评价；网购风险即消费者对该预期的不确定性，也即购买风险。动态的网购过程中，网购预期和风险的更新过程符合贝叶斯更新理论的描述内容。

贝叶斯先验判断是指消费者根据先前的信息做出的判断，即消费者在获得一定的信息后，对预购商品的价值、性价比或性能做出的判断。网购行为中，先验判断是指消费者参考卖家提供的商品信息（先前信息），判断拟购商品的性价比。先验判断是相对于消费者新增信息和后验判断而设置的概念。当考虑新增信息后，先验判断则会转变为后验判断。由于信息的不确定性（如触及不到真实商品、无法试用等），该先验判断在模型构架过程中只能设为随机变量。为了充分利用贝叶斯定理，假设其服从正态分布（不失一般性），该正态分布的平均值和方差均为未知数，平均值表示消费者根据现有信息对预购商品的性价比所做的评价，方差则表示该评价的误差。表现在网购行为中，先验分布的平均值和方差就是网购预期和风险。网购预期和风险的表达式是动态的数学表达式，计算过程根据贝叶斯先验分布的表达式和推导过程而得。

　　新增信息是指消费者获得新的有关商品的信息。在原有信息的前提下，消费者会获得新的有关商品的信息，如更多的商品性能信息、商品图片或使用体验，这些都会提供新的信息。新增信息表示为商品客观性价比与随机误差之和。造成随机误差的可能原因有三个：信息不完全、消费者个体背景不同、商品自带的个体偏差。用正态分布拟合随机误差。以下两种新增信息可能会最大程度地改变消费者的先验判断：消费者对目标商品（如休闲裤）的购买使用经历和消费者对同品牌其他相关商品（如衬衫和 T 恤衫）的购买使用经历。这两种信息源是与消费者切身体验紧密结合的，往往能够得到消费者的信赖，能够在一定程度上改变消费者对商品的原先认知和先验判断。这两种信息也是在计量模型中最容易测量的，能够减小模型的推导和计算结果误差。消费者对目标商品的购买使用经历能够给消费者带来直接的体验，从而提供体验类新增信息，对消费者的判断有直接影响。消费者对同品牌其他相关商品的购买使用经历能够提供间接信息。例如，类似材料和款式的衬衫或其他衣物，通过品牌相关性可间接地提供新的信息，消费者由此推断现有商品的性价比。不管针对哪一类信息源，消费者的使用行为都是带有不确定性的。

　　贝叶斯后验判断是指消费者结合新增信息，更新了对商品的先验判断。后验判断是针对先验判断而言的，在没有新增信息的时候为先验判断，在获得新增信息后，先验判断更新为后验判断。后验判断是生成的变量。先验判断假设随机变量服从正态分布，新增信息也是随机变量，服从正态分布。根据贝叶斯定理进行理论推导可得出对商品性价比的后验判断，该后验判断也是随机变量，服从正态分布。当消费者再次获得新增信息后，当前的后验判断自动变为下一轮信息迭代的先验判断，结合新增信息，再次产生后验判断。随着新增信息的输入，消费者会不断修正先验判断（图 5.1）。由于先验判断是随机变量，并服从正态分布，所以先验判断即为先验分布，先验判断的更新过程即为先验分布的不断更新过程，表现为先验分布的平均值和方差不断更新，即网购预期和风险不断更新。贝叶斯更新理论描述了信息的变化是如何影响网购预期和风险的，间接描述了消费者对商品信息的获知行为和更新行为是如何影响和改变其信息使用行为的，即购买决策过程。

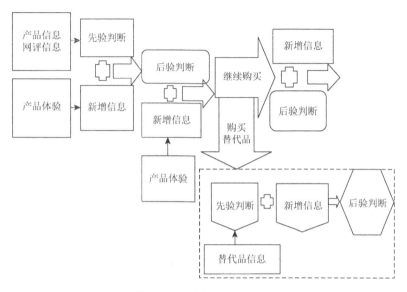

图 5.1　贝叶斯更新理论图

消费者对信息的筛选还依赖于消费者对信息的获知和更新过程。人工智能推送的信息会为消费者主动增加信息，但是该类信息往往含有很大的不确定性。消费者对推送的信息本身带有一定的怀疑性。因此，考虑智能推送信息的新增，将改变消费者的信息误差，该信息误差可以通过贝叶斯公式推导，该信息误差较大，随着推送信息的增多，信息误差会不断增大，购买的不确定性也会增大，延迟消费者下单时间，降低消费者对品牌的信赖程度，同时降低购买概率。因此，人工智能推送的信息并非一定能够增强信息增加的效果，可能得到相反的效果。这也是本书的价值所在，本书分析信息更新的过程，从实质上划分信息的可用性和不可用性。信息更新的过程是双向的，期望值可能越来越高，也可能越来越低。随着有效信息的增多，期望值越来越高，购买的概率越来越高。随着嘈杂信息的增多，期望值会越来越低，同时风险也可能越来越大，这时，购买概率是会降低的。

5.1.2　消除不确定性的模型构建

1. 网购预期与风险的动态模拟

根据信息源的不同，消费者对新增信息的信赖程度是不同的，这便反映了新增信息的可用性。本书主要以消费者切身体验的信息为新增信息。新增信息反映了消费者对有效信息的使用过程，即如何利用新增信息消除商品的不确定性，进而做出购买决策。

消费者对商品性价比的网购预期的高低和网购风险的大小能够反映消费者对商品性价比的判断。网购预期和风险一起影响最终的购买决策。消费者在获知信息和更新信息后，会使用新增信息修正之前的性价比判断，更新网购预期和风险。最新的网购预期和风险会影响下次的购买决策（图 5.2）。下面基于贝叶斯更新理论解释消费者如何利用新增信息更新网购预期和风险。

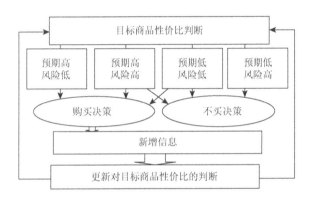

图 5.2　网购商品性价比判断更新模式

新增信息主要来源于消费者所获得的新信息，主要是指消费者购买使用商品后获得的体验信息和购买使用同品牌其他相关商品后的体验信息。本书将休闲裤作为商品类观察对象，消费者通过购买使用休闲裤，可获取体验信息。该体验信息作为新增信息，会影响消费者对休闲裤的先验判断，即影响消费者对休闲裤性价比的网购预期和风险（Zhao et al.，2011）。此外，消费者对该品牌其他相关商品（如 T 恤衫）的购买和使用，会影响其对同品牌的认知和认可程度，从而间接地影响消费者对休闲裤的先验判断。因此，消费者对同品牌下的其他相关商品的购买和使用也会提供判断休闲裤性价比的新增信息，从而影响其对休闲裤的购买决策。下面基于贝叶斯更新理论，构建消费者网购预期和风险的模型。

1）新增信息的理论建模

对商品的体验信息——消费者 i 在 t 时间购买休闲裤后的体验信息，即新增信息，用 $A_{E_{it}}$ 表示：

$$A_{E_{it}} = A + \omega_{it} \tag{5.1}$$

等式（5.1）描述了消费者获得新增信息的组成成分。$A_{E_{it}}$ 为新增信息；

A 为休闲裤的真实客观的性价比，是个虚变量，不是模型参数，该变量可设置为任意值，不受消费者异质性和时间异质性的影响；随机误差项 ω_{it} 为消费者的主观认识与商品客观性价比之间的差异，假设服从正态分布，$\omega_{it} \sim N(0, \sigma^2)$。可见，消费者的新增信息是客观信息与个人认知信息的加总。所以，新增信息未必是全部正确的信息，它受消费者个人认知和体验的影响。随着新信息的增加，消费者购买的概率未必能提高，干扰信息会对消费者购买产生负面影响。这一点将在后验分布建模过程中再次验证。

同品牌下其他相关商品的购买体验信息，即消费者 i 在 t 时间购买同品牌其他商品后对休闲裤性价比的判断信息，用 $O_{E_{it}}$ 表示：

$$O_{E_{it}} = A + o_{it} \tag{5.2}$$

式（5.2）虽然模拟消费者对休闲裤的新增信息，但是信息源不同，表现在实际运算中，其所用的数据是不同的。这里主要需要用到消费者购买使用同品牌下的其他相关商品的数据。$O_{E_{it}}$ 表示从同品牌其他商品的购买体验中获得的对休闲裤性价比的判断信息；A 表示休闲裤的真实客观的性价比，其性质与式（5.1）的 A 一样，设定值也是相同的；o_{it} 表示消费者的主观认识与客观性价比之间的差异，属于随机变量，假设服从正态分布，表示为 $o_{it} \sim N(0, o^2)$。信息源不同，消费者对休闲裤的新增信息也是不同的，原因可能有：间接信息的可信度降低、相关商品的性能有所差异等。所带来的噪声也是不同的，所以需要构建不同的理论模型。

2）先验分布的理论建模

在时间点 t 之前，消费者获得的有关休闲裤类商品的性价比的信息集表示为 $I_i(t-1)$。该信息集是个虚拟的量，不会影响后面的理论推导和参数估计。据此信息，将消费者 i 对商品休闲裤的性价比的判断设为先验判断，表示为 $\left(A_{it} | I_i(t-1) \right)$。

设此先验判断服从正态分布，即贝叶斯定理中的先验分布：

$$\left(A_{it} | I_i(t-1) \right) \sim N\left(E_{i,t-1}(A), \delta_{i,t-1}^2 \right) \tag{5.3}$$

其中，$E_{i,t-1}(A)$ 和 $\delta_{i,t-1}^2$ 分别为该分布的平均值和方差，理解为消费者在 t 时间对购买休闲裤的预期值和风险。该预期值和风险都是随时间动态变化的量。先验判断是基于已有信息对商品的性价比做出的判断。当没有新增信息时，信息集为空，是先验判断的初始值。当 $t=0$，即消费者未曾购买过该商品（或该品牌其他相关商品）时，通过该商品的网站信息、商品描述信息和网评信息获得一个原始的判断，此为先验判断的初始值，即 $\left(A_{i0} | I_i(0) \right) \sim N\left(E_0(A), \delta_0^2 \right)$。这里为了符合理论假设，并减轻计算负担，对

于所有的消费者，将预期和风险的初始值 $E_0(A)$ 和 δ_0^2 设为相同，这是符合社会实践的。当商家提供的商品信息是客观的，所有的潜在消费者都面对同样的图片展示信息时，可将他们对该商品的判断设为相同。这里很难区分消费者个体特质的信息差异性，没有主观信息的生成和判断。

消费者利用在 t 时间获得的新增信息更新 $t-1$ 时间的性价比判断。由等式（5.1）的构建过程可知，ω_{it} 服从均值为 0 的正态分布。因此，消费者在 t 时间对 $t-1$ 时间的体验信息的预期等价于他们对商品性价比的预期，即 $E\big(A_{E_{it}}|I_i(t-1)\big)=E_{i,t-1}(A)$。同理可得，$E\big(O_{E_{it}}|I_i(t-1)\big)=E_{i,t-1}(A)$。

3）后验分布的理论建模

根据贝叶斯定理，结合先验判断和新增信息，可以构建出消费者对商品性价比的后验判断。后验判断也是服从正态分布的，即后验分布。其建模理论与先验判断是相同的。消费者通过两种新增信息（购买使用休闲裤类商品后的体验信息和购买使用同品牌其他相关商品后的推断信息）来更新对休闲裤类商品性价比的判断。主要体现在后验判断的平均值和方差的更新上，即网购预期和风险是更新的变量。表达式为

$$E_{i,t}(A)=E_{i,t-1}(A)+N_{1it}D_{1it}(t)\big(A_{E_{it}}-E_{i,t-1}(A)\big)+N_{2it}D_{2it}(t)\big(O_{E_{it}}-E_{i,t-1}(A)\big)$$

$$(5.4)$$

其中，

$$D_{1it}(t)=\frac{\delta_{i,t-1}^2}{\delta_{i,t-1}^2+\sigma^2},\ D_{2it}(t)=\frac{\delta_{i,t-1}^2}{\delta_{i,t-1}^2+o^2},\ \delta_{i,t}^2=\frac{1}{\dfrac{1}{\delta_0^2}+\dfrac{\sum\limits_{s=0}^{t}N_{1it}}{\sigma^2}+\dfrac{\sum\limits_{s=0}^{t}N_{2it}}{o^2}}\quad (5.5)$$

N_{1it} 和 N_{2it} 为指示变量，若消费者在 t 时间购买了休闲裤（同品牌其他商品），则 $N_{1it}(N_{2it})$ 取值为 1，否则为 0。

从整个贝叶斯动态模型的构建过程中可以看出，消费者是通过新增信息不断消除他们对商品的不确定性的，这种不确定性的消除过程可以用动态学习来表示。消费者不断提高自己对商品的认知，从而慢慢地消除不确定性，最后做出购买（或不买）的决定。实质上，上述过程是消费者对信息进行筛选和使用的过程。

2. 消除商品不确定性的模型构建

消费者购买决策的总体框架使用 Probit 模型进行构建，模拟消费者对单一品类商品（休闲裤）买和不买的决策行为。Probit 模型能够有效模拟消费者多次重复行为（面板数据），将消费者通过多次体验获得新增信息的

行为模拟出来。Probit 随机效用函数为

$$U_{it} = V_{it} + \varepsilon_{it} \tag{5.6}$$

其中，U_{it} 为消费者 i 在 t 时间的效用，由可测部分 V_{it} 和误差项 ε_{it} 加和组成，V_{it} 由代表不同含义的变量加和而成。针对单一品类商品的购买决策模拟（单一品类不存在商品异质性导致的信息偏差），变量选择主要从影响消费者决策感知的角度去挖掘。消费者体验的商品性价比，即新增信息 $A_{E_{it}}$ 很有可能影响其购买效用（Erdem and Keane，1996），即购买的预期值会影响其购买决策。与体验性价比相关的变量是消费者对该体验性价比的感知风险（$A_{E_{it}}^2$）。消费者的感知风险也会影响其购买决策（Erdem，1998），即网购风险会影响其购买决策。等式（5.6）中可测部分 V_{it} 可写成由消费者网购预期（体验性价比）和网购风险加和组成的表达式。随机效用函数可写成等式（5.7）：

$$U_{it} = \beta_{1i} A_{E_{it}} + \beta_{1i} \beta_{2i} A_{E_{it}}^2 + \varepsilon_{it} \tag{5.7}$$

等式（5.7）为非线性函数，一阶可导。其中，系数 β_{2i} 为风险系数。若 $\beta_{2i} > 0$，则表示消费者是风险迎合者（风险越大预期的效用也越大）；若 $\beta_{2i} = 0$，则表示消费者是风险中立者（风险与预期的效用无关）；若 $\beta_{2i} < 0$，则表示消费者是风险规避者（风险越大预期的效用越小）（Erdem et al.，2008）。假设 β_{1i}、β_{2i} 这两个系数都为个体差异随机变量，服从正态分布，$\beta_{1i} \sim N(\mu_1, \theta_1)$，$\beta_{2i} \sim N(\mu_2, \theta_2)$。随机变量的系数能够有效反映消费者异质性带来的影响。

基于 $t-1$ 时间的网购预期和 $t-1$ 时间的信息集 $I_i(t-1)$，消费者在 t 时间做购买决策。该决策基于消费者在 t 时间的预期效用，表达式为

$$E\left(U_{it}|I_i(t-1)\right) = \beta_{1i} E\left(A_{E_{it}}|I_i(t-1)\right) + \beta_{1i}\beta_{2i} E\left(A_{E_{it}}^2|I_i(t-1)\right) + \varepsilon_{it} \tag{5.8}$$

化简等式（5.8），得

$$E\left(U_{it}|I_i(t-1)\right) = \beta_{1i} E_{i,t-1}(A) + \beta_{1i}\beta_{2i}\left(\delta_{i,t-1}^2 + \sigma^2 + E_{i,t-1}(A)^2\right) + \varepsilon_{it} \tag{5.9}$$

用 $\overline{U}$ 表示预期效用，$\overline{V_{it}}$ 表示预期的可测部分，等式（5.9）可写成

$$\overline{U} = \overline{V_{it}} + \varepsilon_{it} = \beta_{1i} E_{i,t-1}(A) + \beta_{1i}\beta_{2i}\delta_{i,t-1}^2 + \sigma^2 + E_{i,t-1}(A)^2 + \varepsilon_{it} \tag{5.10}$$

其中，误差项 ε_{it} 为效用误差项。现假设该误差项由两部分构成，一部分是由消费者个体差异性造成的误差，另一部分是由时间变动造成的误差。假设 $\varepsilon_{it} = \eta_i + \mu_{it}$，其中 η_i 设为独立同分布，服从标准正态分布 $N(0,1)$，μ_{it} 满足时间和消费者个体上的独立同分布，服从正态分布 $N(0,\upsilon)$，η_i 和 μ_{it} 是相

互独立的。通过这个假设，该误差项只包含一个未知数。这不仅能够清晰地表示效用误差项的组成部分，而且能够减少参数估计时的计算量，使模型的表达能够清晰明了。

此外，同一时间点上的误差表示为：$\text{Var}(\varepsilon_{it}) = \text{Var}(\eta_i + \mu_{it}) = \upsilon + 1$。时间点 t 和 s 的协方差为

$$\text{Cov}(\varepsilon_{it}, \varepsilon_{is}) = E(H_i + \mu_{it})(H_i + \mu_{is}) = \upsilon \tag{5.11}$$

协方差矩阵为

$$\Omega = \begin{pmatrix} \upsilon+1 & \upsilon & \cdots & \upsilon \\ \upsilon & \upsilon+1 & \cdots & \upsilon \\ \vdots & \vdots & & \vdots \\ \upsilon & \upsilon & \cdots & \upsilon+1 \end{pmatrix} \tag{5.12}$$

该矩阵为对称矩阵，能够反映误差项的分布，可见式（5.12）中只有一个参数 υ，反映由消费者异质性相对于时间造成的不可测误差。

下面对消费者购买概率的表达式进行建模并计算。因为只考虑消费者对单一商品的购买决策，即购买与不买的二维变量。因此，消费者在 $\overline{V}_{it} + H_i + \mu_{it} > 0$ 的情况下才会购买。购买的概率公式为：$\text{Pr}[\text{买}] = \text{Pr}\left[H_i > -\left(\overline{V}_{it} + \mu_{it}\right)\right] = \Phi\left[\left(\overline{V}_{it} + \mu_{it}\right)\right]$，$\Phi$ 是累计标准正态分布函数。不买的概率公式为：$\text{Pr}[\text{不买}] = \Phi\left[-\left(\overline{V}_{it} + \mu_{it}\right)\right]$。

设 R_{it} 为指示变量，若消费者在 t 时间购买，则 $R_{it} = 1$，否则 $R_{it} = -1$。这种设置可以使概率函数包含所有的决策可能性，同时保持模型简单明了。

最后，所有消费者的购买概率，即 $R_i = \{R_{i1}, R_{i2}, \cdots, R_{it}\}$ 的购买概率可统一写为

$$P_{iR_i} = \int_{\mu_{it}} \prod_t \Phi\left[\left(\overline{V}_{it} + \mu_{it}\right)R_{it}\right]\varphi(\mu_{it})\mathrm{d}\mu_{it} \tag{5.13}$$

其中，$\varphi(\mu_{it})$ 服从正态分布，表示为 $\varphi(\mu_{it}) \sim N(0, \upsilon)$。

3. 消除商品不确定性的模型验证

根据等式（5.13），可得所有消费者购买概率的似然函数：

$$L = \int_{\mu_{it}} \prod_{i=1}^{i} \prod_{t=1}^{t} \Phi\left[\left(\overline{V}_{it} + \mu_{it}\right)R_{it}\right]\varphi(\mu_{it})\mathrm{d}\mu_{it} \tag{5.14}$$

其中，$t = 1, \cdots, 24$；$i = 1, \cdots, 300$。

针对该模型，采用仿真极大似然估计（simulated maximum likelihood estimation）法对模型进行参数估计和验证。随机变量 β_{1i}，β_{2i} 和 μ_{it} 的计算

涉及三重积分。这些随机变量无法从似然函数中直接计算出来，似然函数本身也无法计算封闭的表达式，只能用仿真模拟的方式计算平均值。对每一个随机变量，按其分布类型仿真 100 个值（Erdem，1998）。由于极大似然函数是随机变量 β_{1i}，β_{2i} 和 μ_{it} 的联合分布（joint distribution）函数，针对这三个随机变量中的任意两个变量（如 β_{1i}，β_{2i}）的任意取值，需要计算另外一个随机变量（如 μ_{it}）100 个取值下的积分函数值（Keane and Wolpin，1994）。在 t 时间，该模拟运算次数为 $100 \times 100 \times 100$（$100^3$）。考虑不同时间（$t = 1, \cdots, T$），该模拟运算次数为 100^{3+t}。最后取平均值。

在模型求解之前，首先考虑标度不变性问题。模型需要估计的参数有 μ_1，θ_1，μ_2，θ_2，δ_0，σ，υ 和 O。由模型的构建过程可知，θ_1 与 δ_0 为乘积关系，只能估计其乘积的值，无法识别每一个参数的估计值。在 θ_1 与 σ 的乘积中出现了同样的问题。解决标度不变性问题的方法主要有两种：一是设定其中一个变量为固定的值，二是增加这两个变量的另一个等式，这个等式不能与原等式共线。在本书研究背景下，增加第三个等式的难度较大。现假设 θ_1 为固定值 0.1（数值大小不会影响最终的模型求解）。对于所有的消费者，预期初始值 E_0 设为相同，为 0.1（数值大小不会影响最终的模型求解）。作者自编 R 软件程序包，在 R3.2.4 上运行该程序，运算该模型。

消除商品不确定性的模型含有多个带有参数的随机变量，主要通过生成仿真数据加以验证。验证的步骤为：设定模型中的参数的数值—生成随机变量—确定样本量—生成随机变量值—计算效用条件，估计消费者的购买概率—形成仿真数据—代回模型计算参数—对比计算的参数和设定的参数之间的误差。详细过程如下：首先设定参数值，将每个参数设为已知且符合模型要求的数值，结果见表 5.1。其次运行程序生成随机变量，决定样本量，并区分样本量组别。根据设定的参数值（随机变量的平均值和方差）和随机变量服从的分布，生成随机变量值。最后，根据等式（5.14）计算每位消费者的期望效用，并根据 $\overline{V_{it}} + H_i + \mu_{it} > 0$，确定每个人的购买决策（购买或不买）。使用该仿真数据，可计算出每位消费者每个月的购买决策，直到样本内的所有人在两年内的购买情况得以确定，即形成最终的仿真数据。基于每个样本的仿真数据，对模型的参数进行估计，观察所得的估计结果是否与原设定的参数值一致。模型的仿真验证结果见表 5.1。针对所有的样本量都能估计出设定的参数值，且随着样本量的增加，参数估计愈加准确。由此可见，模型构建具有科学性，参数估计的算法编制正确。

表 5.1　仿真验证结果

参数		设定值	样本量（观察个体）										
			100	120	140	160	180	200	220	240	260	280	300
β_{1i}（预期系数）	μ_1	0.20	0.21	0.22	0.21	0.21	0.20	0.20	0.21	0.20	0.20	0.20	0.20
	θ_1	2（固定）	2	2	2	2	2	2	2	2	2	2	2
β_{2i}（风险系数）	μ_2	0.30	0.32	0.31	0.31	0.33	0.30	0.31	0.31	0.30	0.30	0.30	0.30
	θ_2	3	3.01	3.10	3.09	3.00	3.00	3.00	3.00	3.01	3.00	3.00	3.00
风险初始值（δ_0）		0.50	0.51	0.51	0.52	0.53	0.51	0.51	0.50	0.50	0.51	0.50	0.50
预期初始值（E_0）		5（固定）	5	5	5	5	5	5	5	5	5	5	5
目标商品使用误差		4	4.11	4.02	4.11	4.01	4.00	4.10	4.11	4.00	4.00	4.00	4.00
相关商品使用误差		4	3.91	3.86	3.91	4.00	4.11	4.00	4.12	3.90	4.00	4.00	4.00
效用误差（υ）		5	5.01	5.13	5.11	5.00	5.12	5.00	5	5.10	5.01	5.01	5.00

5.2　购买决策行为

消费者对商品信息加以筛选后，会做出购买决策。累积性的消费者购买决策可以反映商品的市场扩散机制。本节从个体消费者的网购行为模拟出发，累积至商品扩散趋势。在探索消费者的网购决策的同时，预测商品的市场趋势。这对揭示消费者的网购行为机理、掌握商品市场规律有一定的意义。

电商业务持续发展，E-Marketer 在 2019 全球电商市场研究报告中指出，天猫已连续 4 个季度成交额增速达 41% 以上。服装是电商业务中最受欢迎的商品，在 2019 年的"双 11"中，服装成交额在各类商品中占比最高（中国产业信息，2019）。电商卖家在享受网络服装销售带来的巨大利润的同时，面临着随之而来的挑战：如何预测一款新服装的市场扩散机制。很多电商卖家对于这一棘手问题未能有效处理，造成了仓储成本和资金占用成本的增加。准确预测消费者需求，快速响应市场变化，成为解决网络服装类短生命周期商品库存运转问题的关键。网络服装市场具有多品牌竞争、商品生命周期短的特点，预测其市场扩散机制需要在深入分析商品自身信息和竞争商品的信息如何影响消费者网购行为的基础上，构建商品扩散模型。

网络服装为网上销售的体验式商品，人们无法直接触碰商品获得体验，只能通过网页展示信息和网评信息来判断商品的性价比，从而决定是否购买。网络服装市场品牌较多，消费者购买时也会参考竞争品牌的网评信息，将竞争品牌商品与目标商品做比较。因此，购买某品牌商品之前，消费者可参考的信息分为该品牌商品的网页展示信息、该品牌商品使用者的网评信息和竞争品牌商品使用者的网评信息。参考这三类信息，消费者会产生不同的购买行为，从而形成不同的市场扩散模式。模拟网络服装的市场扩散模式需要充分考虑这三类信息对网购决策的影响，分析市场扩散机理，构建灵活的扩散模型。现有关于网络服装购买行为的研究较注重对网购影响因素的挖掘及验证，在市场扩散的模拟及预测方面较欠缺。

生存函数模型主要用于模拟和预测系统（事物）失败（死亡）时间的概率，可预测每个观察周期的失败（死亡）数量。这与扩散模型所能实现的应用价值极为相似。在新商品上市阶段，存活事件可以看成商品未购买事件，一旦消费者购买了该新商品，那么该商品对于事件主体（消费者）来说即死亡。生存函数模型可以用来模拟和预测新商品的市场需求。因此，除了医学领域，生存函数模型还成功应用于信用卡用户预测和购买行为预测。生存函数模型的广泛应用归结于其函数系列中的风险函数。风险函数结构灵活，构建约束较少（仅要求函数值大于 0）。文献检索结果显示，基于扩散理论构建生存函数模型的研究非常少，只有 Lu 和 Lo（2007）的一项关于电视观众的扩散研究，但是他们的模型构建理念未考虑品牌竞争的因素，与多个频道相互竞争的现实不符。生存函数模型构建机制灵活，可以充分考虑网络服装市场的特征，满足模拟网络服装市场扩散机制的要求。

5.2.1 市场扩散分析

商品的市场扩散分析是以消费者个体为观察对象的。首先分析个体消费者购买商品的动机，该动机基于消费者对商品信息的掌握程度。依据第 3 章和第 4 章的分析，消费者对商品信息的获知和更新行为都将影响购买动机。汇总个体至总体，消费者对商品的购买行为路径将直接反映该商品的市场扩散机制。

根据第 3 章和第 4 章的分析，消费者对商品信息的筛选主要从三个方面进行：一是根据网页提供的信息筛选出可信的信息，二是根据网页提供的网评信息进行筛选，三是通过浏览相关商品的页面信息加以对比。这三个方面的信息既包含了消费者对商品信息的获知行为的拓展，也包含了消费者对商品信息更新行为的延伸。消费者在筛选出有效信息后，这些信息会从不同的角度为消费者购买提供动力，最终促使消费者下单购买。

本书突破现有扩散函数的复杂结构和应用条件的限制，基于扩散理论创建生存风险函数，构建新的生存函数模型，根据扩散理论分析驱动网购服装的三类信息。针对每一类购买者的扩散特征，构建三种不同的风险函数，最后将这三种风险函数整合为一个创新生存函数，模拟预测网络服装的市场扩散机制，实证研究是预测某一网络服装品牌四件单品的市场扩散机制，研究结果显示预测值与实际值相近。对比创新生存函数模型和相关模型的拟合优度，验证了创新生存函数模型的优越性，其预测误差最小。参数值显示该网络服装品牌的市场占有率较高，但强竞争力只体现在个别单品中。研究结果丰富了网络市场扩散研究的文献和模型，为体验性强、品牌多且生命周期短的网络服装类商品提供了又一新的市场扩散理论模型。创新生存函数对实际销售数据的拟合结果可揭示品牌的市场特征、市场竞争力和市场占有率，帮助电商公司更好地管理库存、增加净收益，为管理者的决策提供支持。

网络服装的市场扩散过程可以看作是商品生存事件，商品购买即为事件爆发，事件的生存时间为服装上架到购买的时间。生存数据由个体事件的生存时间组成。为构建竞争品牌的市场需求生存函数，本章做如下相关定义。

m：网络服装市场的潜在购买者，即市场潜力，未知。

$f(t)$：在时刻 t（天）购买该服装的可能性，即购买时刻的概率密度函数。

$F(t) = \int_0^t f(s)\mathrm{d}s$：购买时刻的累计分布函数，即在 t 时刻购买的概率。

$X(t)$：第 t 时刻新的购买者的数量，$X(t) = mf(t)$。

$Y(t)$：在 $(0,t)$ 时间内，总的购买者数量，$Y(t) = \int_0^t x(s)\mathrm{d}s = m\int_0^t f(s)\mathrm{d}s = mF(t)$。

$h(t)$：在 t 时刻之前未购买的前提下，在 t 时刻购买的可能性，

$$h(t) = \frac{f(t)}{1-F(t)} = X(t)/(m-Y(t)) \tag{5.15}$$

在生存分析中，$h(t)$ 被称为风险函数，表示在 t 时刻之前未购买的前提下，在时间 $(t, t+\mathrm{d}t)$ 购买的条件函数，用以衡量迫使消费者在 $(t, t+\mathrm{d}t)$ 购买的力量。用风险函数模拟消费者首次购买网络服装事件有两个优势：第

一，在非负的前提下，风险函数可以构建成任何形式；第二，函数的斜率可以定性地反映出风险概率与时间的关系。例如，无记忆风险函数随着时间的推移保持不变，意味着事件首次发生的概率不依赖于时间（Wycinka，2015）；函数值随着时间的推移而增大的风险函数可反映出"滚雪球"现象（Helsen and Schmittlein，1993），常用于新商品需求扩散模拟；与时间推移呈反比例变化的风险函数被称为"惯性"函数（Dunn et al.，1983），即时间过去得越久，事件发生的概率越低。

5.2.2 决策生存函数构建

从行为学理论出发，Bass 分析了新商品扩散的两个影响因素：一是外部因素，通过广告等大众媒体，体现新商品中易于识别的性能；二是内部因素，通过已使用者之间的信息交流，体现新商品中难以识别的性能。Bass分析的内部因素仅仅包含已经使用该商品的消费者之间的信息交流。对于网络服装多品牌竞争的问题，内部因素还应包含使用竞争品牌商品的消费者之间的信息交流。使用竞争品牌商品的消费者会在网上公开评论，从而影响潜在消费者（Nasejje et al.，2017）。仅受外部因素影响而购买的消费者称为创新使用者，受内部因素中商品使用者的网评的影响而购买该商品的消费者称为模仿使用者，受竞争品牌商品使用者的网评的影响而购买该商品的消费者称为竞争使用者。显然，创新使用者的风险函数在 $T = 0$ 时是个不变的常数，之后随着时间的推移而下降（Bellotti and Crook，2009）。模仿使用者则需要一个随着时间推移而增长的"滚雪球"式风险函数，即商品上架时间越长，已使用者评论的信息越多，影响到的模仿使用者越多（Lu and Lo，2007）。对于竞争使用者来说，他们的购买行为受到该商品的市场竞争力的影响，如果该商品竞争力强，则适用"滚雪球"式风险函数，否则适用随时间推移而降低的"惯性"风险函数。当新商品进入市场时，同时受到外部因素和内部因素的作用，创新使用者、模仿使用者和竞争使用者同时存在，风险函数可构建为各部分之和。

创新扩散理论适用于网络服装的扩散模拟研究。当一件新服装上架后，相关的信息也会发布在网页上，创新使用者根据网页上的信息大胆购买，并在购买后写下网评，分享体验信息。受该网评信息（口碑）的影响而购买该服装的消费者即为模仿使用者。选购时，根据其竞争品牌商品的网评信息而购买该服装的消费者即为竞争使用者。可见，对于网络服装来说，创新扩散理论分析的三种使用者都可能存在。由此，我们构建的风险函数为

$$h(t) = \alpha(t+1)^k + \beta t + \gamma t^l \tag{5.16}$$

其中，$\alpha, \beta, \gamma > 0$，$k < 0$，$T \in [0, +\infty)$。当 $T = 0$ 时，该风险函数的第一部分 $\alpha(t+1)^k$ 为常数，代表网络市场中潜在的创新使用者数量是一定的，随着时间的推移，创新使用者越来越少，$\alpha(t+1)^k$ 呈递减趋势。对于第二部分 βt，随着时间的推移，越来越多的已使用者发表网评，口碑效用越来越强，带动模仿使用者不断增加，于是我们构建 βt "滚雪球" 式风险函数模拟模仿使用者的购买行为。第三部分 γt^l 用以模拟竞争使用者的购买情况，该部分随着 l 值的变化生成不同的风险函数，l 值体现该服装的竞争力：当 $l = 0$ 时，均匀竞争；$l > 0$ 表示该服装竞争力较强；$l < 0$ 表示该服装竞争力较弱。等式（5.16）中的第二部分和第三部分皆反映由内部因素驱动的网络服装扩散。当服装没上架时（$t = 0$），没有交流信息，内部因素不起作用，相应的风险函数值为 0；只有当服装上架后（$t > 0$），才会有相关商品的网评信息产生，内部影响力不断增大，模仿使用者和竞争使用者出现。等式（5.16）的巧妙构建，囊括了网络服装市场的三种消费驱动信息，反映了该商品的市场特征、市场占有率和市场竞争力，在提高模型的解释力的同时，提高市场扩散机制的模拟准确度。

将等式（5.16）代入等式（5.15）中，推导首次购买的概率密度函数［等式（5.17）］和累计概率函数［等式（5.18）］的证明过程。

等式（5.15）可写成

$$F'(t) = f(t) = h(t)\big(1 - F(t)\big) \tag{5.17}$$

等式（5.17）可写成

$$F'(t) + h(t)F(t) = h(t) \tag{5.18}$$

等式（5.18）是一阶非齐次线性微分方程，其通解形式为

$$F(t) = Ce^{-\int h(t)dt} + e^{-\int h(t)dt} \int h(t)e^{\int h(t)dt}dt \tag{5.19}$$

求解积分 $\int h(t)e^{\int h(t)dt}dt$ 得

$$\int h(t)e^{\int h(t)dt}dt = e^{\int h(t)dt} \tag{5.20}$$

将等式（5.20）代入等式（5.19）得

$$F(t) = ce^{-\int h(t)dt} + 1 \tag{5.21}$$

将等式（5.16）代入等式（5.21）求解得

$$F(t) = Ce^{-\left\{ \frac{\alpha\left[(t+1)^{k+1}\right]}{k+1} + \frac{\beta t^2}{2} + \frac{\gamma t^{l+1}}{l+1} \right\}} + 1 \tag{5.22}$$

将 $F(0)=0$ 代入等式（5.22），求解得 $C=-\mathrm{e}^{\frac{\alpha}{k+1}}$，将 C 代入等式（5.22）可得首次购买服装的累计概率函数：

$$F(t)=1-\exp\left\{\frac{\alpha\left[1-(t+1)^{k+1}\right]}{k+1}-\frac{\beta t^2}{2}-\frac{\gamma t^{l+1}}{l+1}\right\} \tag{5.23}$$

对 $F(t)$ 求导，可得首次购买服装的概率密度函数：

$$f(t)=\left[\alpha(t+1)^k+\beta t+\gamma t^l\right]\times\exp\left\{\frac{\alpha\left[1-(t+1)^{k+1}\right]}{k+1}-\frac{\beta t^2}{2}-\frac{\gamma t^{l+1}}{l+1}\right\}$$

$$\tag{5.24}$$

在生存分析中，$f(t)$ 称为生存密度函数。生存函数常用 $s(t)$ 表示，定义为 $s(t)=1-F(t)$，表示到指定时间仍未购买（生存）的概率。模拟网络服装扩散机制的创新生存函数模型为

$$s(t)=\exp\left\{\frac{\alpha\left[1-(t+1)^{k+1}\right]}{k+1}-\frac{\beta t^2}{2}-\frac{\gamma t^{l+1}}{l+1}\right\} \tag{5.25}$$

图 5.3 和图 5.4 展示了在赋予不同参数值时，风险函数［等式（5.16）］及相应购买概率［等式（5.23）］的形状。图 5.3 展示的风险函数呈 "U" 形，其左边下降迅速而右边增长缓慢，符合市场分类情况，"U" 形左侧部分的下降是由市场创新使用者随着时间的流逝大量减少造成的，而模仿使用者和竞争使用者会随时间的推移而缓慢增加，使得 "U" 形右边慢慢上升。图 5.4 展示的是购买概率随时间发生的变化，呈现出多种图形："U"形、倒 "U" 形和递减，说明该函数可以反映出不同的市场情况。

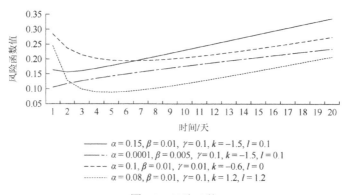

图 5.3　风险函数

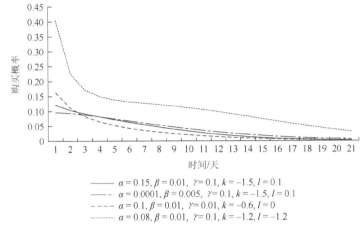

$$\alpha = 0.15,\ \beta = 0.01,\ \gamma = 0.1,\ k = -1.5,\ l = 0.1$$
$$\alpha = 0.0001,\ \beta = 0.005,\ \gamma = 0.1,\ k = -1.5,\ l = 0.1$$
$$\alpha = 0.1,\ \beta = 0.01,\ \gamma = 0.01,\ k = -0.6,\ l = 0$$
$$\alpha = 0.08,\ \beta = 0.01,\ \gamma = 0.1,\ k = -1.2,\ l = -1.2$$

图 5.4　购买概率

该模型能够有效拟合消费者的信息使用行为，同时揭示信息获知和更新行为对信息使用行为的影响机制。该模型的构造能够融合消费者的信息行为。本节使用的模型为简化版本的模型，相关信息获知和更新行为的变量未包含到主模型中。实证研究部分会将消费者信息行为作为有效变量编入模型，实现模型的综合信息汇总功能，使得模型能够覆盖消费者信息获知、信息更新和信息使用行为要素，反映消费者在各个信息环节的行为特点，揭示不同环节之间的关联性和相互影响机制。

最终的消费者信息行为的模型非常复杂，但是根据已经编制的计算程序，不会影响模型求解的速度，这为深入分析个体层面的消费者信息行为提供了理论框架。至此，消费者信息行为模型构建完毕。针对消费者的每一种信息行为，即信息获知、信息更新和信息使用行为，都有相应的模型，能够合理解释消费者每一种信息行为对购买决策的影响。生存模型，则融合了三个信息行为的重要变量，能够综合反映消费者的信息获知、更新和使用行为之间的相互影响关系，同时揭示这三个环节对消费者最终的购买决策的影响。实证研究部分将采用消费者实际的信息获知行为数据、信息更新行为数据和信息使用行为数据，充分论证模型的科学性和正确性。

第6章 实 证 研 究

本书的实证研究以消费者实际信息行为的记录数据为基础。信息获知行为的研究数据来自消费者收看广告的行为记录数据,信息更新行为的研究数据来自消费者浏览商品网页的行为记录数据,而信息使用行为数据则是消费者实际的购买记录数据。这些数据是由两家合作的企业共同提供的:TVB 和行狐公司。TVB 主要提供商品广告的相关数据(节目广告收视数据)。广告中的商品来自行狐公司。该公司与 TVB 合作多年,是 TVB 最大的广告主之一。消费者在观看广告后可登录行狐公司的官网,检索相关商品的信息,如商品介绍和图片等,之后便可下单购买。行狐公司的后台记录了消费者浏览网页和购买行为的数据。消费者在观看节目和广告时需要注册,所得数据即为人员测量仪的数据,相同的信息在行狐公司网站登录和购买的时候也需要输入,这样便可得到统一身份的跨平台跟踪数据。

6.1 数据描述性统计分析

TVB 是一个为香港、深圳和广州居民提供免费电视节目的主要电视台,是香港当地受众率最高的一家电视台。2017 年,TVB 开通线上播放渠道 myTV SUPER,人们可以在手机、电脑等移动终端登录该系统观看电视节目。同时,TVB 在 myTV SUPER 上设置了先进的人员行为跟踪系统。消费者登录系统后,其观看节目的渠道、设备、点击内容、观看时长等信息均被记录下来。行狐公司与 TVB 合作多年,在 TVB 电视节目中投放广告,随着线上渠道的开通,其在 TVB 线上台设置产品链接。人们在 TVB 的节目中会看到行狐品牌的广告,点击相关链接会跳转到该品牌官网。之后的网页浏览、信息查找以及最终的购买都可被行为跟踪系统记录到。因此,我们的数据包括三大方面:消费者使用不同设备观看视频广告而获知商品信息的行为、跨平台的网页信息检索行为和购买行为。此外,人们登记注册的还有人口统计信息(如年龄、性别、收入、教育程度等)。TVB 和行狐公司为我们提供 2019—2020 年的消费者行为综合数据、节目信息表、广告信息表和商品销售数据。

6.1.1 收视数据分析

收视数据分为消费者对节目（节目中包含广告）的收视行为记录数据和消费者对广告的收视数据。我们首先分析消费者收看节目的行为数据，检测消费者对节目选择和观看行为特征对广告收视的影响。第一个着重观察的时间段为 2019 年 1 月 5 日至 2019 年 2 月 6 日，此期间共有 23 个工作日。TVBJ 频道在每个工作日的 20:34 到 21:30 播出电视剧 A。该剧每集的平均时长约为 55.55 分钟。在 20:34 至 21:30 时间段内，每个观众可以选择三种类别：在 TVBJ 频道播放的电视剧 A；其他电视节目；其他活动。其他电视节目类别包括 20:34 至 21:30 除 TVBJ 频道以外的所有电视节目。其他活动类别包括在此期间除了收看电视以外的所有活动。我们将学习理论应用于第一类对应的观众，因为第一类是按剧集播放的电视剧，观众可以通过观看每集电视剧来形成学习过程。如果选择其他两个类别，则很难研究观众的学习行为。若观众在不同的晚上选择不同的频道或不同的节目，则不可能形成学习过程。同样的问题也适用于第三类。

为了避免从一个家庭中选择两个具有相同观看模式的人，每个家庭只随机选择一个成员，因此，总共有 6500 名来自不同家庭的观众。为了研究的顺利开展，我们根据以下标准选择观众，组成一个样本：①在样本观测时期内，他们必须至少有 5 天时间观看电视节目；②对于 TVBJ 频道播放电视剧，他们在 23 个工作日内必须有至少 1 分钟的观看时间。最后总共有 2030 名观众（1001 名男性和 1029 名女性）被选中。

研究消费者观看行为时，有必要考虑电视节目的类型。为了满足研究对象情节性和节目连载性的要求，我们以电视剧为例。TVBJ 是香港较受欢迎的频道，它拥有众多观众。我们将分析在这个频道播放的电视剧的观看行为。为了进行对比分析并消除特殊性，我们也对另一个频道，即 ATV 的节目观众进行研究。ATV 也是香港的一个免费频道，市场份额较小，但仍有大量观众。我们将描述这两个频道的观众观看行为，以对动态学习过程进行综合分析。

我们首先提供个人观看行为以进行详细观测。图 6.1（a）展示了某位观众的选择决策和对 TVBJ 频道从 2009 年 7 月 6 日开始播出的电视剧 C 的前 15 集的每集观看时长。我们还选择了 ATV 频道播放的电视剧 B 前 15 集某位观众的观看行为数据，如图 6.1（b）所示。从图 6.1（a）和图 6.1（b）中可以看出，两位观众的观看趋势逐渐改变，后面的情节比之前的情节更有可能被选择。也就是说，观众在通过过去的观看体验更好地学习节目质量时，会提高选择频率。然而，学习行为和遗忘行为之间的相互作用可能会导致另一个结果：观看时长缩短的趋势。当观众得知节目质量不好时，他们可能会降低选择频率，甚至停止观看节目，切换到其他节目。图 6.1（c）和图 6.1（d）显示了相反的观看趋势。

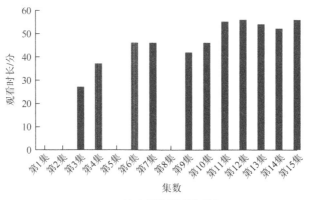

(a) 电视剧C的某位观众

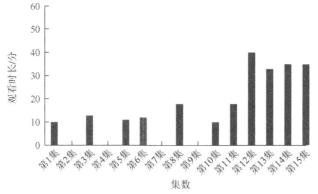

(b) 电视剧B的某位观众

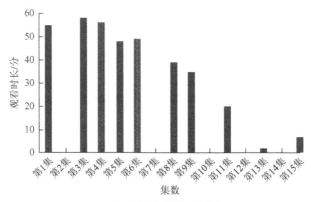

(c) 电视剧C的另一位观众

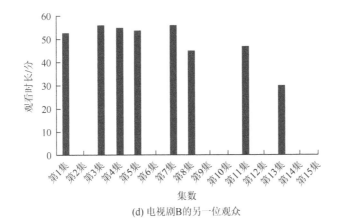

(d) 电视剧B的另一位观众

图 6.1 观众选择频率和每集观看时长举例

列的高度表示一集的观看时长，当相应剧集中没有列时，意味着观众没有观看该剧集

为了进一步论证动态学习行为的问题，我们接下来展示所选电视剧前 15 集每集的有效观众人数。观众小组由 1480 个人组成。为了保持数据集的可管理性，我们随机选择了 200 位观众。200 位观众中的每一位均在相应剧集的前 15 集中至少观看了 1 分钟。表 6.1 给出了三部电视剧每集的观众人数。电视剧 D 于 2019 年 4 月 27 日在 TVBJ 频道播出，电视剧 E 于 2019 年 6 月 1 日在 ATV 播出。第二行表示平均每集观众人数。我们使用图 6.2 来表示观看趋势。很容易发现，观众观看行为呈现明显增加（电视剧 D 和电视剧 E）或减少趋势（电视剧 C），这表明之前的观看体验可能对后面的选择产生了影响。

表 6.1 每集的观众人数（单位：人）

集数	电视剧 D	电视剧 E	电视剧 C
平均每集观众人数	101	52	92
第 1 集	90	41	96
第 2 集	93	48	94
第 3 集	100	44	90
第 4 集	99	51	92
第 5 集	93	50	94
第 6 集	103	50	90
第 7 集	100	54	92
第 8 集	107	51	86
第 9 集	100	53	91

续表

集数	电视剧 D	电视剧 E	电视剧 C
第 10 集	106	55	90
第 11 集	108	56	90
第 12 集	106	54	84
第 13 集	110	61	89
第 14 集	112	59	84
第 15 集	95	51	113

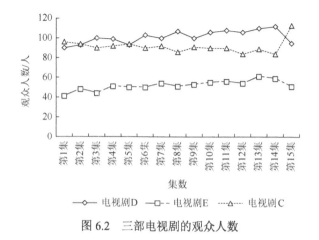

图 6.2 三部电视剧的观众人数

消费者对节目的选取会影响到对广告的观看行为。但是针对不同的观看内容，消费者的收视行为有所不同。对于夹杂在节目中的广告，消费者常常采取回避行为。研究消费者的广告回避行为有利于量化消费者对广告的观看时长，衡量消费者对广告内容（品牌和商品）的获知程度。然而，消费者对广告的态度与对节目的态度是不同的，消费者能够被节目的故事性吸引，形成追剧的行为趋势。剧中插播的广告往往让观众心生厌烦，但是为了不错过剧集，消费者有可能观看广告等待下一个剧集的到来。因此，消费者对广告的收视行为受到对节目的收视行为的影响，观察消费者的广告收视行为需要将广告放置在具体的节目中，加以跟踪观察。

我们已经摘取了电视剧 A、B、C、D、E 的收视数据，截取其中的广告的收视数据加以分析。消费者对广告有看和不看两种选择，而看或不看的前提是消费者是否进入广告播放的频道。因此，我们的关注点变为消费者对广告频道的调入和调出行为。消费者的调入行为是指消费者在广告播放期间转入该频道观看。消费者的调入行为带有一定的偶然性和随机性：对于偶然的观众来说，他们随机切换频道，来到该频道没有特定的原因，一般情况下，是没有规律可循的。也正是因为这种偶然性，消费者的调入数量没有太大的波动。不管是节目播放期间，还是广告播放期间，消费者的调入数量比较均匀。当广告开始播放时，该频道的消费者调出数量突然增加，这是由消费者对广告的回避行为导致的。随着广告的播放，调出行为逐渐变少。当广告结束节目接着播放时，消费者的调出行为就会恢复到正常状态。

我们从电视剧 C 中选择一集，展示广告播放期间的调入和调出数量。电视剧 C 是 2019 年在 TVBJ 黄金时间段播出的电视剧。样本中共有 1131 位观众。我们随机选择第 5 集的观众调入和调出数量，图 6.3 展示了 2019 年 5 月 17 日 20:45—21:33，该频道每分钟的观众调入与调出数量的百分比。如图 6.3 所示，在整个剧集中，调入数量的百分比变化不大，并且没有特定的调入模式，呈现出均匀分布的状态。我们假定每分钟内的调入数量在 60 秒的时间间隔内服从均匀分布。该频道在节目播放期间，每分钟的调出数量百分比也几乎没有变化，呈现出均匀分布的状态。因此，我们假设节目播放期间的调出模式也服从均匀分布，只是调出频率参数不同。然而，在每一次开始插播广告的时间，观众的调出数量突然增加；随着广告的播出，这种现象会逐渐消退。当广告结束时，恢复到节目播出期间的调出模式。因此，我们假设广告中的调出行为服从衰减函数分布。

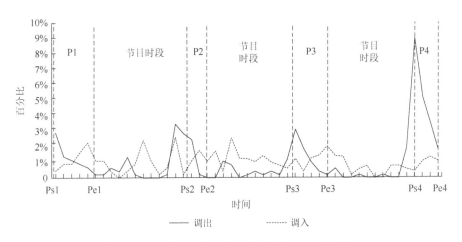

图 6.3　观众调入与调出数量的百分比——电视剧 C

P1—P4 表示广告段，Ps1 和 Pe1 表示第一个广告段的开始和结束时间，以此类推

6.1.2　网页浏览数据分析

消费者在网站上的浏览行为可记录成日志文件的形式。消费者往往要通过多次查找才能完成信息更新。每次消费者在行狐公司网站上查找信息时，系统会自动记录其查找页面、查找时间等。根据消费者最终的购买行为将其划分为浏览者和购买者。浏览者是指消费者只是查找了信息但最终没有在该网站购买的人，购买者是指消费者在该网站检索信息并最终购买的人。据此我们随机选择 171 名购买者。有效购买数量较少的原因有二，其一是在 2019 年 2 月 15 日之后还有许多其他商品可供购买。许多消费者可能花费大量时间在网站上购买其他商品。其二是许多消费者可以通过其他渠道购买，他们只是在行狐公司官网上收集一些商品信息，并不通过该网站购买商品。

我们定义了两种类型的等待时间。第一种为注册等待时间，定义为从一开始访问网站到进入和查看商品页面期间消费者在网站上花费的总时间。该等待时间反映了消费者的购买意愿，可以帮助管理者大致了解有多少消费者可能会进行购买。第二种为更新等待时间，定义为从一开始访问网站到最终下单期间消费者在网站上花费的总时间。该等待时间主要用于预测最终购买的等待时间。根据这两种类型的等待时间，有两种类型的数据，即浏览数据和购买数据。图 6.4 和图 6.5 显示了这两种数据的分布情况。

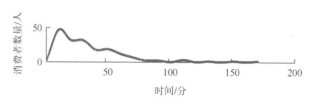

图 6.4　浏览数据分布

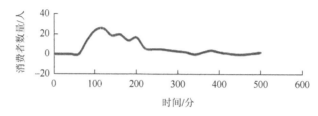

图 6.5　购买数据分布

图 6.4 显示，许多消费者在访问网站 10—20 分钟后打开购买页面，这意味着他们有很高的购买意向。在 13 分钟时打开购买页面的消费者数量达

到了峰值,此后等待时间越长,点击购买页面的消费者数量就越少。图 6.5
展示了一个截然不同的特征,0—60 分钟,有 0 个消费者,因为只有在购
买页面停留超过 60 分钟的消费者才会被选入样本。60 分钟过后,购买数
据的分布趋势与浏览数据的分布趋势非常相似。

网页日志文件记录消费者每秒的点击行为,包括访问网页的类型和持
续时间。我们使用"注册信息(用户名+密码)"来识别个人用户,它是该
网站每个消费者独有的身份信息,其他的身份信息还包括性别、年龄、收
入和受教育程度等。用户访问网站或浏览网站的信息,一般以会话的形式
记录。会话由"会议 ID+会话 ID"标记,表示一次特定会话,因为用户
可以多次访问该网站。会话 ID 还可以显示消费者有多少次会话,即他访问
过多少次该网站。"点击"一次网站链接,会产生一次观察,一次会话可以
包含很多次观察。具有相同会话 ID 的单个用户可能只有一个或多个观察
值,只有一个观察值意味着该用户只浏览了一个页面,在离开该网站之前
没有其他观看行为。我们删除了这些用户,因为他们在网页上的持续时间
无法正确计算。另外,如果单个用户只有一次会话,即使该会话可能包含
多个观察值,但用户对该网站不感兴趣的可能性很高,为了确保获得对网
站感兴趣的消费者,我们也排除了这类消费者。换句话说,有效用户应该
有多个会话 ID,并且每个会话 ID 应该包含多个观察值。我们使用会话记
录数据计算每个网页上消费者的持续时间。我们也排除那些在任一网页上
花费超过 1800 秒的消费者,因为正常情况下,在一个页面上花费的时间不
会超过半小时。在筛选程序之后,有 118 562 个消费者被认为是本章研究
的有效用户。

由于该网站包含消费者可以请求查看的一百多个网页,为了构建模型,
我们根据它们的功能将这些网页分为六类。

类别 1:主页商品信息。

类别 2:商品类型页面。

类别 3:常见问题页面。

类别 4:商品详细信息网页。

类别 5:购买流程和在线购买页面。

类别 6:所有其他页面。

我们使用统计软件 SAS 9.1 导出一些汇总统计数据来说明网站消费者
的一般行为。总访问时间范围为 0 到 200 分钟,按 10 分钟间隔分组:118 562
位访客中有 75 291 位在网站上花费 0 到 10 分钟。这意味着超过 63%的消
费者是网上浏览者。

表 6.2 反映了按 TRT 分组的五个平均值：ADS（average duration per session）是每次会话的平均持续时间，ADC（average duration per consumer）是每个消费者的平均持续时间，ACS（average clicks of per session）代表每次会话的平均点击次数，ACC（average clicks per consumer）代表每个消费者的平均点击次数，ASC（average session per consumer）代表每个消费者的平均会话次数。

表 6.2　按 TRT 分组的五个平均值

TRT/分	ADS	ADC	ACS	ACC	ASC	累计访问人数
0—5	1.4	1.7	3.8	4.5	1.2	58 825
5—10	4.9	7.2	6.2	9.1	1.5	16 398
10—15	7.3	12.3	6.9	11.7	1.7	9 506
15—20	9.1	17.4	7.3	13.9	1.9	6 573
20 +	12.9	56.2	8.3	36.2	4.4	27 082
平均/汇总	8.1	16.6	6.6	13.5	2.0	118 385

从最后一行可以清楚地看到，平均来说，消费者在网站上大约花费 16.6 分钟，完成 13.5 次点击并返回了网站一次。因此，每次会话花费的时间为 8.1 分钟，每次会话平均点击 6.6 次。停留时间越长，平均值越大。值得注意的是，除了最短的 TRT 组之外，从 5—10 分钟组到 20 + 分钟组，ADS 和 ACS 保持稳定增加的态势。然而，对于 ADC、ACC 和 ASC，20 + 分钟组的数值显著增大。这主要是由于这个群体中每个消费者的会话次数突然增加，其值为 4.4，是总体平均值 2.0 的两倍多。现有文献中，研究人员发现了两种类型的网络用户：寻找特定信息的搜索者和出于好奇心漫游网络的浏览者。根据五个平均值，我们可以得出结论：0—5 分钟组主要由浏览者组成，而 20 + 分钟组的消费者是积极的搜索者。

6.1.3　网购数据分析

行狐公司与 TVB 合作，提供了消费者在 2019.1.1—2020.12.31 两年内对休闲裤和其他相关商品（T 恤衫和休闲鞋）的购买记录数据。行狐品牌的市场定位是中档品牌，商品价位属于中档价位。休闲裤品类没有区分价位档。行狐公司提供的数据为公司开业以来购买过该品牌商品的消费者的购买记录。年购买金额超过 1000 元的消费者自动转为该公司会员，总共约有 10 万位会员。结构模型的参数估计和消费者购买模式的识别需基于购买频率较高者，沿用以往文献的惯用方法（Zhao et al.，

2011），筛选出每年至少购买一次休闲裤的消费者，共 4411 位。考虑样本的一致性，符合信息获知、信息更新和信息使用行为记录的消费者共有 3605 位。最后，考虑样本的可控性以及预期的模型计算负担，我们从 3605 位消费者中随机选择 300 位作为样本。数据信息包括每个人每月对该行狐品牌休闲裤和其他相关商品（T 恤衫和休闲鞋）的购买情况（购买数量和金额）。

记录这 300 位消费者每个月的购买情况。每个月的样本市场占有率表示为当月购买人数（样本中的购买人数）与样本总量（300 人）的比值。实证背景显示每位消费者每月最多购买一条休闲裤。因此，每月的购买人数等价于当月的销售量。表 6.3 展示了这 300 位消费者两年内对行狐品牌下的休闲裤品类和其他相关商品的购买情况，包括购买频率、购买金额和样本市场占有率。数据显示消费者对休闲裤品类的购买频率和购买金额波动较大，但总体呈现上升趋势。消费者对相关商品的购买情况能够有效说明消费者对休闲裤品类的偏爱程度。他们对其他相关商品的购买频率和购买金额虽然也随时间的推移呈上升趋势，但是上升的幅度较小，且最后有下降的趋势。

表 6.3　数据统计分析

时间	休闲裤品类			其他相关商品		
	购买频率/次	购买金额/元	样本市场占有率	购买频率/次	购买金额/元	样本市场占有率
2019.1	29	8 660.01	9.67%	8	933.81	2.67%
2019.2	29	8 026.74	9.67%	11	1 735.87	3.67%
2019.3	42	9 809.21	14.00%	25	3 791.67	8.33%
2019.4	52	14 352.56	17.33%	29	5 511.63	9.67%
2019.5	51	11 244.48	17.00%	33	6 380.62	11.00%
2019.6	60	15 532.37	20.00%	36	8 563.42	12.00%
2019.7	50	14 003.65	16.67%	34	4 903.07	11.33%
2019.8	55	13 742.46	18.33%	32	5 269.29	10.67%
2019.9	76	22 122.09	25.33%	36	4 473.82	12.00%
2019.10	84	25 142.56	28.00%	25	5 648.86	8.33%
2019.11	80	21 557.07	26.67%	33	6 110.25	11.00%
2019.12	76	22 344.96	25.33%	30	3 304.88	10.00%
2020.1	74	18 556.51	24.67%	26	2 972.34	8.67%
2020.2	70	20 361.03	23.33%	30	4 989.67	10.00%
2020.3	81	20 416.40	27.00%	45	9 584.90	15.00%
2020.4	74	22 129.62	24.67%	46	7 654.76	15.33%

续表

时间	休闲裤品类			其他相关商品		
	购买频率/次	购买金额/元	样本市场占有率	购买频率/次	购买金额/元	样本市场占有率
2020.5	96	25 555.86	32.00%	62	12 606.60	20.67%
2020.6	93	22 874.79	31.00%	63	8 238.43	21.00%
2020.7	90	23 645.40	30.00%	50	6 954.35	16.67%
2020.8	85	21 811.90	28.33%	53	8 997.85	17.67%
2020.9	89	22 598.50	29.67%	51	7 696.35	17.00%
2020.10	94	25 130.36	31.33%	45	6 073.15	15.00%
2020.11	95	26 233.49	31.67%	43	5 456.91	14.33%
2020.12	92	24 336.62	30.67%	45	5 253.30	15.00%

　　图 6.6 展示了两年内休闲裤品类和其他相关商品的样本市场占有率的变化趋势。图 6.6 直观地反映了消费者对休闲裤品类和其他相关商品的购买情况。可见，这两类商品的市场变化趋势相近，尤其在前期 1—8 个月的时间内，消费者对同类商品的购买行为和趋势是非常接近的。但是随着时间的推移，消费者对商品信息的检索和更新行为，会慢慢地改变其对商品及替代品的判断，进而产生不同的购买决策。可见，消费者对商品或同类商品的购买决策是不断变化的。准确地模拟消费者购买决策的前提是精准地跟踪消费者的信息行为。只有掌握了消费者对商品信息的获知行为、更新行为和使用行为，才能精准地判断消费者的购买意向、准确地预测消费者的购买概率。

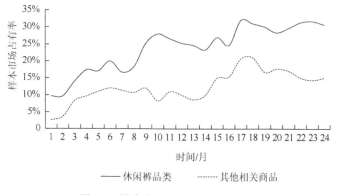

图 6.6　样本市场占有率的变化趋势

　　行狐公司主营时尚女衣，通过各大网络平台，如天猫、京东等完成销售。公司推行"多品种、小批量"的营销策略，每款单品的上架时间在 30 天左右，上架期间服装价格保持不变。线上扩散研究以 2019 年夏季主打的四款单品为研究对象，观察其在公司 10 万位会员中的销售状况。表 6.4 为四款单品的销售数据。

表 6.4　四款单品的销售数据

单品	上架时间	上架天数/天	销售量/件	样本量/万人
单品 1	2019.3.15	30	42 723	10
单品 2	2019.7.01	29	35 698	10
单品 3	2019.7.10	30	35 724	10
单品 4	2019.11.19	34	46 745	10

由表 6.4 的信息可以看出，每款单品的上架时间非常短，平均约为 31 天。在这么短的时间内准确地预测商品的市场扩散趋势是很难的。在没有找到合适驱动因素的情况下，对消费者的购买决策行为难以解释和模拟。基于 10 万人的样本量，每款单品的销售量均在 35 000 件以上，占比 30%—40%。这也能间接地反映该品牌的市场占有率。当然，这些都是描述性的统计分析，不存在严密的理论基础和论证过程。对消费者需求的挖掘、引导和预测，需要能够解释不受市场变量影响的理论模型。

以上对数据的描述性统计分析，可以为读者提供数据全貌，有助于读者大概了解消费者的信息获知、信息更新和信息使用行为，为读者提供一个整体的印象。此外，描述性统计分析还能对数据加以验证，判断其是否满足本书的理论需求。例如，对于消费者对商品信息的更新行为，基于其重复性的信息收集和更新动作，如果一个消费者只浏览一次网站，只买过一件商品，则难以带来新信息，很难促成信息更新行为，无法验证本书提出的动态学习理论和模型。本书中消费者对广告的观看行为和对商品信息的浏览行为，都满足多次重复性行为的要求。在对消费者购买决策的分析中可以看出，消费者对休闲裤品类的购买量（样本市场占有率）呈上升趋势，体现出一定的动态学习行为，即消费者通过对商品信息的学习，不断纠正购买偏差，提高购买期望。因此，全面深入的描述性统计对下一步的实证研究有一定启发意义，也是指导研究人员验证模型是否成立的必要途径。

6.2　信息获知行为实证分析

消费者对商品信息的获知行为研究，主要围绕消费者对节目和广告的收视行为展开。本节的主要内容是基于消费者对节目和广告的观看行为数据，验证消费者选择多样化模型和广告收视行为模型的科学性和合理性，并通过实证结果揭示消费者信息获知行为的形成机制，以及不完全信息传递机制、广告信息传递机制和消费者对广告信息的学习机制。

6.2.1　选择多样化模型检验

本节首先评估选择多样化模型的有效性，其次基于消费者的节目收视行为数据进行参数估计，最后根据估计结果，解释不完全信息传递机制。第 3 章构建的选择多样化似然函数 [等式（3.40）] 包含四个随机变量。这四个随机变量无法直接积分出去，难以获得封闭式的模型表达式，因此使用最大模拟似然估计（maximum simulated likelihood estimation，MSLE）来估计参数。除了在最大化过程中使用模拟概率之外，MSLE 的估计理论与最大似然估计相同。当无法获得所观察对象的确切概率时，我们使用模拟概率，通过在四个随机变量的函数中绘制密度来获得，计算概率并对结果取平均值。该模拟概率是确切概率的近似值。模拟似然函数是通过乘以所有观测值的模拟概率产生的。最终的 MSLE 估计量是使似然函数最大化的值（Train，2009）。所有仿真程序均采用编程软件 R3.0.2 中的非线性函数最小化原理估计，以获得似然函数的最小值。

在估计过程中，使用 Logistic 和指数变换的方式约束参数的值。参数 α_1、参数 α_2、参数 α_3 和参数 λ 的取值只能在 0 和 1 之间，我们使用 Logistic 和指数变换的方式限制参数的 0-1 取值，如：$\alpha_1 = \exp(a)/(1 + \exp(a))$。要求三个参数 σ_0，σ_s，γ 和三个标准偏差 β_1，$\beta_1^{(1)}$，$\beta_1^{(2)}$ 是非负数，我们通过指数变换的方式实现，如 $\sigma_0 = \exp(a)$。

作者自编 R 程序语言，所有模型的运算程序都在 R3.0.2 上实现。每个估计量的方差是从非线性方程函数的 Hessian 矩阵中获得的。我们首先计算所有估计量的 Hessian 矩阵的逆，其次提取对角线元素。对角线上每个元素的平方根的绝对值是相应估计量的标准误差。

为了评估所构建模型的有效性，我们将其与三个基准模型进行比较。基准模型 1（定量模型）：该模型是简化模型，其在基准效用中仅包含定量动态变量。它直接使用以前剧集的观看决策的加权总和来衡量观看的动态性。$V_{ij} = \beta_1 + \beta_2 \times x_{ijt}$，$x_{ijt}$ 是 t 时间观众 i 对电视剧 j 的选择忠诚度的定量衡量，它被用来描述观众重复选择某一电视剧的趋势，定义为：$x_{ijt} = \lambda x_{ij,t-1} + (1-\lambda)D_{t-1}$，其中 $0 < \lambda < 1$ 为转移系数，并假定各电视剧的转移系数相同

（AkÇura et al.，2004）；x_{ijt} 与 ε_{ijt} 相互独立；如果在第一个时间段，观众 i 选择了电视剧 j，则 x_{ij1} 为 λ，否则为 $1-\lambda$；D_{t-1} 是指示因子，如果观众 i 选择了第 $t-1$ 集，则该指示因子为 1，否则为 0。因此，x_{ijt} 是通过 t 之前剧集观看决策的加权总和来衡量观看动态的。基准模型 2（定性模型）：该模型与我们提出的具有学习规则的模型非常相似，但是在基准效用表达式中不包含遗忘效应。基准模型 3（双动态模型）：该模型与我们的选择多样化模型具有相同的构造，唯一的区别是忽略系数的个体间的异质性。

目标函数是负对数似然函数，我们旨在将其值降至最低。BIC 表示贝叶斯信息准则，用于衡量模型复杂度和模型拟合度之间的平衡关系，BIC 的值越小，说明函数模型越优。表 6.5 展示了目标函数值和 BIC 值。经过对比，本书构建的选择多样化模型优于三个基准模型，且每个基准模型与选择多样化模型相比，目标函数值呈现差异显著。定量模型和定性模型的目标函数值非常相似，但定性模型表现更好，这表明定性动态比定量动态更能准确描述动态行为。它还表明考虑到了观众学习行为在决策中的重要性。定量和定性动态的同时使用明显优于单独使用定量或定性动态。我们构建的选择多样化模型优于双动态模型，这表明消费者在回顾先前的质量评估时，考虑遗忘效应也很重要。遗忘确实存在，观众使用先前的部分质量评估，随着时间的推移，评估方差增大。BIC 值在我们的选择多样化模型中显著降低。

表 6.5 模型拟合统计

模型	目标函数值	BIC 值
定量模型	14 438.81（300.57***）	14 448.04
定性模型	14 430.87（292.63***）	14 440.10
双动态模型	14 244.50（106.26***）	14 257.19
选择多样化模型	14 138.24	14 152.08

注：括号中的数字表示该函数与选择多样化模型的目标函数值的差值及显著性

表 6.6 给出了选择多样化模型的参数估计结果。结果显示，除了 γ、β_1 和 $\beta_1^{(1)}$ 的标准偏差之外，模型中所有系数的估计都是显著的，这证实了协变量效应和满意效应非常强。此外，虽然衰减参数 γ 不具有统计学差异，但由于我们假设遗忘效应呈指数衰减趋势，因此 $\exp(-\gamma l_{i,t})$ 或 $\exp(\gamma l_{i,t})$ 可以写成 $\left[\exp(-\gamma)\right]^{l_{i,t}}$ 或 $\left[\exp(\gamma)\right]^{l_{i,t}}$。通过使用 delta 方法，指数衰减因子 $\exp(-\gamma)$ 和 $\exp(\gamma)$ 的标准误差分别等于 0.126 和 0.201。在这两种情况下，指数衰减效应都非常显著。可见，消费者的遗忘效应是存在的，考虑遗忘

效应能够加强模型的拟合优度，因此我们构建的选择多样化模型比缺乏遗忘效应的模型要好得多。

表 6.6　选择多样化模型的参数估计结果（一）

参数		变换参数估计结果	参数估计结果
α_1（节目 1 满足度）		2.4180（0.0783）	0.9182（0.0059）***
α_2（节目 2 满足度）		0.8（固定）	0.6899（固定）
α_3（节目 3 满足度）		1.2382（0.0402）	0.7753（0.0070）***
β_1（节目 1 的截距）	均值		−0.3739（0.0790）***
	标准偏差	−5.8408（0.9175）	0.0029（0.0027）
$\beta_1^{(1)}$（x_{ijt} 的系数）	均值		0.0489（0.0019）***
	标准偏差	−15.2784（10.5247）	0（0）
$\beta_1^{(2)}$（$E_{i,t-1}(A_j)$ 的系数）	均值		0.3885（0.2020）***
	标准偏差	−2（固定）	0.1353（固定）
初始标准偏差（σ_0）		−0.9285（0.6090）	0.3951（0.2406）*
体验误差（σ_s）		−4.3893（0.2028）	0.0124（0.0025）***
衰减参数（γ）		−1.4550（0.6857）	0.2333（0.1599）
转移系数（λ）		0.7561（0.1163）	0.6805（0.0296）***
β_{o2}（节目 2 的基础效用参数）			0.0621（固定）
β_{o3}（节目 3 的基础效用参数）			1.5376（0.0457）***
A_1（节目 1 的真实质量）			0.5（固定）

注：括号中的数字表示标准差
*、***分别表示在 0.05、0.001 水平上显著

系数 $\beta_1^{(1)}$ 和 $\beta_1^{(2)}$ 的均值均为正值且非常显著。因此，定量和定性的信息传递机制存在，且其值越大，基础效用越高，这使消费者观看电视剧的时间不断增加。然而，β_1 的标准偏差 0.0029 不显著，这表明观众对 TVB 剧集（节目 1）的内在偏好是差不多的。同样，对于定量动态系数，$\beta_1^{(1)}$ 的标准偏差为 0，表明观众在电视剧定量动态方面的反应是同质的。

初始标准偏差（$\sigma_0 = 0.3951$）是显著的，这表明观众在节目播放前没有足够的信息来评估电视剧的真实质量，因此他们有不同的事先评估值。此外，体验误差（$\sigma_s = 0.0124$）是显著的，这意味着观看电视的经历确实受到个体差异的影响。

衰减参数 γ 估计为 0.2333/天。这个值足以强调当观众回想他们先前对电视剧的评价时，遗忘效应产生。指数衰减函数的值可以转换为每天 0.79 的折扣因子，这意味着观众可以记忆的先前评估的平均值大约是先前水平的 79%，

并且这个折扣在之后的每一天都会增加 26%。这个遗忘的速度是相当快的，可能是因为观众在忙碌了一天之后才把电视剧当作一种娱乐或放松的工具，并且对电视剧的细节和属性没有太多关注。出现这种遗忘情况的其他原因如下：①人类有遗忘的倾向；②电视剧播放时间很短，平日每晚只有一集（包括嵌入式广告，总时长约 56 分钟）。记忆会在一段时间后减弱，因此，在消费者动态学习模型中使用衰减的事先评估作为影响因素是至关重要的。

所有估计值均在正态分布假设下进行测试。我们使用模拟检验正态分布假设和一个没有异质性的简化模型。简化模型中的参数如下。每个节目的满足度 α_1，α_2，α_3；系数 β_1，$\beta_1^{(1)}$，$\beta_1^{(2)}$；初始标准偏差 σ_0；体验误差 σ_s；衰减参数 γ；转移系数 λ；节目 2 和节目 3 的基础效用参数 β_{o2}，β_{o3}；节目 1 的真实质量 A_1。另外，对于识别问题，α_2，β_{o2} 和 A_1 是固定的。

为了验证模型的鲁棒性，我们选择电视剧 D 的收视数据，验证消费者的选择多样化模型。模型的推理步骤、程序编写和参数估计与前一样本一致，只是消费者行为数据改变了。参数估计结果见表 6.7。模型中的所有估计值在 0.01 或 0.001 水平上显著，表明协变量的影响非常大。评价系数的均值为正且非常显著，表明前一集的预期质量越高，观众选择下一集的可能性就越大；不确定性系数 β_{3i} 的均值为负，且其对选择决策的负面影响具有显著性。不确定性项与观众对风险的态度高度相关，不确定性系数的负值意味着观众回避风险。这些系数的标准偏差也是显著的，说明观众敏感度的异质性确实存在，并对解释观众的行为十分重要。

表 6.7 选择多样化模型的参数估计结果（二）

参数		参数估计结果
β_{1i}（截距）	均值	−0.04（0.01）***
	标准偏差	0.33（0.17）**
β_{2i}（评价系数）	均值	6.66（1.15）***
	标准偏差	0.1（固定）
β_{3i}（不确定性系数）	均值	−2.15（1.05）***
	标准偏差	0.37（0.05）***
初始标准偏差（δ_0）		0.09（0.01）***
体验误差（σ_e）		0.49（0.06）***
效用变化（σ）		0.01（0.004）***
指数参数（Γ）		0.01（0.003）***

注：括号中的数字表示标准误差；Γ 的估计值由对数转换 $e^\theta/(10+10e^\theta)$ 得到；δ_0，σ_e，σ 的估计值及 β_{1i}，β_{2i}，β_{3i} 的标准偏差由 e^θ 转换得到，它们的标准误差由 delta 方法得到

、*分别表示在 0.01、0.001 水平上显著

虽然初始标准偏差的值（$\delta_0 = 0.09$）很小，却非常显著，即使观众在电视剧开播前没有足够的信息来评估电视剧的真实质量，他们事先评估的差异仍然很大。此外，体验误差的值（$\sigma_e = 0.49$）显著大于 0，这意味着观众的观看体验确实受个人背景的影响。

指数参数（Γ）估计为每天 0.01。虽然该值很小，但几天后的累积效应可能相当大。这充分说明了当观众尝试回忆先前的信息时会发生遗忘效应。指数函数的值可以转化为每天 1.01 的噪声增加因子，这意味着每天的方差增加 1%。出现这种遗忘情况的原因有两个：①人类具有遗忘特点；②电视剧的播放时间很短，工作日每晚只播放一集（约 55 分钟）。即使观众观看整个剧集，他也只在 55 分钟内与剧集有联系。记忆在一段时间后会减弱，因此，考虑学习过程中的遗忘效应是非常有用和必要的。我们的选择多样化模型所具有的更高的预测准确度，为电视台或广告商修改谈判价格和定位总收视点的目标数量、衡量未来收益或损失，提供了精确的参考。

对选择多样化模型的实证研究表明，消费者在使用以往信息时，存在不完全信息使用行为。这个过程是不完全信息传递过程。不完全信息是由消费者本身的遗忘特性导致的。任何人都有记忆偏差，随着时间的流逝，该记忆偏差尤其明显。消费者会忘记更多有用的信息，不完全信息更加明显。消费者对节目的观看行为本身存在很多盲点。消费者对节目质量的评价基于他们对节目的观看体验，充满主观性。此外，消费者对节目的观看行为受到多种外界因素的影响，如其他的娱乐活动、工作时间的延长等。消费者会重新分配娱乐时间，这对选择节目的行为也有影响。总之，消费者在获知商品信息之前，就已经受到不完全信息的影响。不完全信息传递机制反映出消费者的商品信息行为充满不确定性，这为下一步的消费者信息更新和使用行为做铺垫：不完全信息会导致消费者对商品的不确定性，消费者会通过信息更新和筛选等行为消除或弱化不确定性。当商品不确定性降低到一定的程度时，消费者便会决定购买。

6.2.2 广告收视行为混合模型检验

本节首先对广告收视行为混合模型进行验证。其次，基于消费者广告收视行为数据，对混合模型做参数估计，根据参数估计结果，分析广告信息传递机制、消费者对广告信息的学习机制。最后，汇总分析消费者信息获知行为机制。基于消费者对广告的收视行为——调入和调出行为的记录数据，作者自编 R 程序，在 R4.0.5 上运行。

首先，我们验证混合模型的科学性。我们采用仿真数据运算的方法，检验所假设的分布是否成立。我们假设消费者的调入行为服从均匀分布，而消费者的调出行为服从贝塔分布。首先截取一个广告时间段，根据第 3 章所列模型，逐一仿真。

假设数据显示一个人在 t^* 分钟进入一个频道，我们假设这个观众的准确到达时间 t（t^* 分钟的第 t 秒）在一分钟内服从均匀分布，即 $U(0, 60)$。由于均匀分布中不需要估计参数，我们可以直接使用该模型。假定观众离开时间在节目时间的任意一分钟内也服从均匀分布；然而，在广告播放期间，它服从衰减分布。从图 6.3 中可以看出，在节目时间内观众调出次数小于调入次数，即节目时间内观众调出概率小于调入概率。因此，我们使用调出率来调整调出行为在一分钟内的均匀分布。此外，在广告时间，之前已经说过，前三个广告时段的调出行为与第四个不同。因此，第四个广告时段的调出率也与前三个不同。

我们用来测试这些分布的数据是电视剧 F 前 20 集里四个广告时段里的观众调入和调出的数量。有三种衰减模型可以用来拟合广告时段中的调出数据分布：指数分布、贝塔分布和 gamma 分布。我们利用极大似然估计法，通过计算每个观众的离开概率来估计三个分布中的参数，然后形成似然函数。

我们使用卡方检验来比较它们与真实数据的拟合优度，结果如表 6.8 所示。我们发现调入行为的均匀分布能够很好地吻合。对于调出行为，指数分布拟合较差，不可接受；贝塔分布更适合。最后，选择贝塔分布来模拟广告期间的调出行为，以获得最佳拟合优度。调入均匀分布和调出贝塔分布的卡方检验 P 值在前三个广告时段和第四个广告时段均大于 0.3，这意味着我们可以用均匀分布和贝塔分布来模拟调入和调出行为。通过对均匀分布函数的检验，确定可以用均匀分布模拟消费者调入行为。对于消费者的调出行为，我们对比了三种衰减函数，最后选择拟合优度最佳的贝塔分布函数来模拟消费者调出行为。消费者在前三个广告时段和第四个广告时段的调出行为不同，可以用不同参数来区别函数模型。

表 6.8　拟合优度检验

行为方式	广告时段	模型	卡方值	自由度	P 值
调入/调出		均匀分布	124.39	120	0.37
调出	前三个广告时段	贝塔分布	72.88	70	0.38
		gamma 分布	80.06	70	0.19
		指数分布	212.19	70	3.11×10^{-16}***

续表

行为方式	广告时段	模型	卡方值	自由度	P 值
调出	第四个广告时段	贝塔分布	35.96	33	0.33
		gamma 分布	42.65	33	0.12
		指数分布	120.05	33	8.07×10^{-12}***

***表示在 0.001 水平上显著

下面我们从另外一个角度验证模型的科学性。对于时间间隔 1（21:25—21:32），广告观看时长为 0，因为在该时间间隔内没有播放广告。对于时间间隔 2（21:43—21:44），观众 A 在 21:44 调出，这是第一个广告开始的那一分钟。观众 A 有可能在 21:44 调出之前观看了一些广告。所以我们可以使用情况 1 中调出行为的通用公式。

在第 3 章中，情况 1 相应的广告观看时长的概率密度函数如下：

$$f(w)=\begin{cases}\dfrac{(p_1\times t_0)}{60}+\displaystyle\int_{t_0}^{t_0+t_m}\dfrac{(t-t_0)^{a-1}\times(t_1-t)^{b-1}}{B(a,b)\times(t_1-t_0)^{a+b-1}\times P_F}\times\left(1-\dfrac{p_1\times t_0}{60}\right)\mathrm{d}t, & w=0\\[4mm]\dfrac{(w+t_m)^{a-1}(t_1-t_0-w-t_m)^{b-1}}{B(a,b)\times(t_1-t_0)^{a+b-1}\times P_F}\times\left(1-\dfrac{p_1\times t_0}{60}\right), & 0<w<60-t_0-t_m\end{cases}$$

模型的参数估计来自实际数据的拟合趋势，采用拟合优度大于 95% 的标准，可估计贝塔分布的参数值。广告回避使观众数量减少从而削弱了广告效果。因此，广告商需要了解广告播放时的广告收视率。基于调入行为服从均匀分布和调出行为服从贝塔分布的假设，通过统计建模，我们可以使用人员测量仪中以分钟为单位的数据来模拟以秒为单位的收视率。图 6.7 展示了在包含一个广告的 10 分钟的时间间隔期间每分钟和每秒

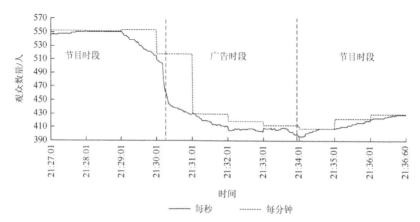

图 6.7   广告和节目时段的观众数量

两条虚竖线之间是广告段

内的观众数量。这个时间间隔是从电视剧 A 中任意选取的。在横轴上标出的时间点如下：21:27:01 到 21:30:10 播放剧集，21:30:11 到 21:33:56 播放广告，21:33:57 到 21:36:60 继续播放剧集。

广告开始后观众数量迅速减少。每秒内观众数量的曲线（实线），更详尽地展示了广告时段观众人数的变化，每分钟内观众数量的曲线（虚线）只能反映整体的阶梯式变化。从图 6.7 中，我们还可以得到以秒记录与以分钟记录的观众数量之间的主要差异。

图 6.7 中的每秒内观众数量的曲线显示出，广告在开始时的曝光度更高。观众数量随着广告的播出而减少，在节目继续播放时，又逐渐增加。根据 10 分钟时间间隔内的模拟数据，可以清楚地看到每秒和每次剧集播放时观众数量的增减情况。图 6.7 可以帮助广告商在考虑了节目收视率和广告回避等问题的前提下，明确广告的最佳插播位置和长度。然而，以分钟记录则可能会导致出现一些错误。

现在我们使用估计广告观看时长的新方法，来证明过去使用节目收视率衡量广告效果这一方法的缺陷。首先使用我们的方法来计算每个观众观看电视剧与观看广告的时长的百分比，其次对每个可观测剧集的所有样本数据进行平均，以得到电视剧和广告之间的观看差异（百分比差异）。Danaher（1995）以及 Schweidel 和 Kent（2010）均发现，相比其他类型的节目，电视剧具有更高的收视率和更低的广告回避率。因此，如果我们能够证明电视剧和广告的观看模式存在差异，那么便可以推断其他类型节目的剧集和广告观看模式之间的差异情况更加突出。

我们随机选择了 TVB 播放的特别受年轻人喜爱的电视剧 B。选择前 20 集作为样本。图 6.8 展示了每集每个观众对剧集和广告的平均观看时长的百分比。每集的样本都是常量。每集广告的平均观看时长的百分比根据以秒为单位的估计方法得到。每集剧集的平均观看时长的百分比根据人员测量仪中以分钟为单位的原始数据得到。由于每集剧集的播放时长约为 45 分钟，这与广告的播放时长相比非常长，所以没有必要计算细化到以秒为单位的剧集观看时长，并且几秒钟的剧集观看时长的误差可以忽略不计。

从图 6.8 中可以看出，剧集和广告的平均观看时长存在显著差异。根据节目观看模式预测，造成广告效果被高估。仔细观察图 6.8 发现，前 13 集中每个观众对剧集与广告的平均观看时长的百分比之间的差异，相较于后 7 集的更大，因为前 13 集中每集插播的总广告时间比最后 7 集中的更长，恰好解释了这一差异。这些数据表明，广告时间越长，广告回避行为发生的频率越高，另外，剧集的情节越往后越具有吸引力，所以广告回避行为越少。

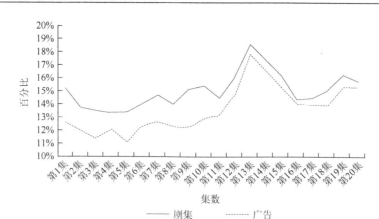

图 6.8　每集每个观众对剧集和广告的平均观看时长的百分比

　　一些读者可能会质疑图 6.8 的结果，因为毕竟这只是由一部电视剧得到的结论。因此，我们再以电视剧 A 来证明。在香港，TVB 比 ATV 拥有更多的观众。电视剧 A 于 2019 年 1 月 5 日至 2019 年 2 月 6 日，每个工作日的 20:34 到 21:30 播出，并获得了当年 TVB 的收视率冠军。从图 6.9 上方的两条曲线可以看出，尽管所有样本的电视剧和广告的一般观看模式非常相似，但几乎在每一集中，这两者观看时长的百分比仍存在差异。如果即使是这种最热门电视剧的剧集观看模式的数据对广告效果的预测都是不充分、不准确的，那么我们又如何能够使用这样的数据来预测较为冷门的节目呢？

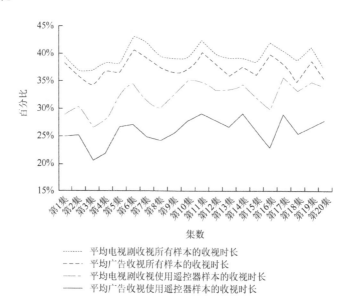

图 6.9　TVB 样本中的电视剧和广告的收视时长百分比

图 6.9 中还展示了广告回避者的观看模式（下方的两条曲线）。这里我们定义，无论观众是否返回该频道，我们都把广告中的回避行为视为调出行为。在观测的 20 集中，当某一观众的广告回避次数，大于等于观看了该剧集至少五分钟的观众的回避总次数的一半时，他将被视为广告回避者。如图 6.9 所示，广告回避者对剧集和广告的观看时长与整体样本的存在明显不同。对 20 集以上的观看时长百分比取平均，整体样本对剧集和广告的观看时长的百分比分别为 40%和 37%。广告回避者对剧集和广告的观看时长的百分比分别为 32%和 26%。整体样本和广告回避者对剧集的平均观看时长的百分比差距为 20%（1−32%/40%）（Schweidel and Kent，2010），对广告的平均观看时长的百分比差距则增加到 30%。此外，整体样本对剧集和广告的平均观看时长的百分比差距为 7.5%（(40%−37%)/40%），而广告回避者的则增加到 18.8%（(32%−26%)/32%）。这一结果进一步证实了消费者的广告回避行为普遍存在。最热门的电视剧在播出时，拥有众多忠实观众，但并不意味着在广告播放期间也一样。根据图 6.8 和图 6.9，我们可以得出结论，观众的剧集观看行为与广告观看行为不同，即使对于在黄金时间播出的热门节目也是如此。因此，广告商需要特别关注广告观看数据，而不是插播了广告的节目的收视率。

6.3　信息更新行为实证分析

消费者获知商品信息后，对有意向购买的商品，他们会加深了解，从而进行信息检索和更新。本节主要对消费者的信息检索和更新行为模型加以验证。针对消费者的网页浏览行为和网页信息检索行为，我们在第 4 章分别构建了 Cox 比例风险模型和多样化链接选择模型。这些模型的基础理论是消费者效用最大化，不管是消费者对网站的选择、对网页的浏览，还是对链接的点击，都是以消费者效用最大化为前提的。本节仍然运用极大似然估计法，完成对模型的参数估计。

6.3.1　Cox 比例风险模型检验

行狐公司的主页与大多数电商公司的网站页面相似，这也是我们选择行狐公司作为数据提供者的原因之一，它能够代表大多数的电商企业。行狐公司网站包含的页面非常多，消费者可以请求查看的网页超过 100 个，为了便于数据统计和模型验证，我们根据其功能将这些网页分为四类。

第 1 类：商品信息主页。

第 2 类：商品类型页面。

第 3 类：购买程序和在线购买页面。

第 4 类：所有其他页面。

为了构建模型来预测注册和提交的等待时间，我们观察消费者第一次访问网站的早期行为。对于注册数据，我们会观察消费者在前 24 小时内的行为。选择 24 小时的理由是，对于大多数购买者来说，他们会在第一次访问网站后的几天内注册。因此，根据前 24 小时收集的信息足以进行预测。至于提交数据，我们观察消费者在前 96 小时内的行为，因为购买者需要更多时间来完成购买。

在网络日志文件数据中，我们已经确定了 13 个可考虑的关于消费者网站行为的变量。例如，在不同类别的网页上的停留时间、会话次数以及在每个类别页面上的点击次数。但是，并非所有变量都对风险率有显著影响。使用回归模型进行广义预测（此处未显示）后，为注册数据选择 5 个变量，具体如下：X_1，前 24 小时内在第 1 类网页上花费的总时间；X_2，前 24 小时内在第 2 类网页上花费的总时间；X_3，前 24 小时内在第 3 类网页上花费的总时间；X_4，前 24 小时内在第 4 类网页上花费的总时间；X_5，消费者首次访问网站到购买截止日期之间的天数。对于截断的 gamma 函数，我们选择相同的 5 个变量，但前 4 个变量是在前 96 个小时内的观测值。对于每个模型我们需要估计 7 个参数。表 6.9 展示了注册和提交数据的参数估计结果。

表 6.9　基于注册和提交数据的 Cox 比例风险模型的参数估计结果

项目	参数		变量				
	A	B	X_1	X_2	X_3	X_4	X_5
注册数据							
估计值	0.048* (0.008)	1.592* (0.130)	−0.050* (0.012)	−0.042* (0.018)	0.004 (0.025)	−0.037 (0.030)	−0.007* (0.003)
提交数据							
估计值	0.053* (0.014)	6.544* (1.523)	−0.007* (0.003)	0.007 (0.014)	0.003 (0.0036)	−0.017 (0.015)	−0.010* (0.003)

*表示在 0.05 的水平上显著

可以看出，对于注册和提交数据，参数 A 和参数 B 的估计值都显著，且与基础风险模型中的参数估计值一致。对于注册数据，有 3 个变量（X_1，X_2，X_5）具有显著的系数，从中可以推断，花费在商品信息上的时间是重要因素。负的参数估计值意味着如果消费者在某个类别的页面上花费更多时间，则其会更晚进行购买，这在实际生活中很容易理解。以风险函数 $h(t,x_1)=h(t)e^{\beta_1 x_1}$ 为例，在 $\beta_1<0$ 的情形下，x_1 的值越大，$h(t,x_1)$ 的值越小，则等待时间越长。如果消费者首次访问该网站后未迅速购买，则表示他没有足够的信息。因此，他必须花更多时间在网页上获取信息。在他确定了他想知道的所有事情之后，他就会购买。因此，这个程序需要较长的时间，并且他的注册等待时间较长。

变量 X_5（即消费者首次访问网站到购买截止日期之间的天数）也具有显著影响，这也符合实际情况，因为如果消费者来到网站的时间太晚，他必须尽快完成整个程序以便在截止日期前成功提交。因此，他的注册等待时间很短。总之，对于注册数据来说，所有商品的详细信息以及规定和类型对购买者的购买意向都有显著影响。在这些网页上提供足够的信息以满足潜在购买者的需求可以显著缩短注册等待时间。

对于提交数据，只有两个变量（X_1，X_5）的系数是显著的。第一个系数显著的变量是前 24 小时内在第 1 类网页上花费的总时间。正如我们之前解释过的，潜在购买者需要在完成购买并提交之前获得他们想要购买商品的所有信息。其搜索信息的时间越长，提交的等待时间就越长。消费者首次访问网站到购买截止日期之间的天数具有显著的负面影响，其意义与前面解释的相同。我们可以根据提交数据得出结论，所有商品的详细信息对消费者的最终提交有重要影响。提供更多有关商品的信息，对吸引更多购买者、提高消费者满意度和缩短提交等待时间具有积极的作用。在线购买仅仅是一个例子，我们用这个例子来说明可以将生存分析应用于网络日志文件数据，从而对网页浏览行为进行系统性的研究。这种方法当然也可以用于其他网络文件数据，如在线直播等。

研究数据存在的缺陷是缺乏消费者的个人信息，如性别、年龄等。实际上，这些信息在大多数网络日志文件中都有记录。当网络日志文件数据包含个人信息时，Cox 比例风险模型可能会更加适用。

6.3.2　多样化链接选择模型检验

我们从网络日志文件中随机抽取 1000 名消费者的日志数据。网站主页上共有 17 条链接，分别为"商品类型"（链接 1），"商品选择"（链接 2），"商品特征"（链接 3），"材料"（链接 4），"购买历史"（链接 5），"网评"（链接 6），"物流"（链接 7），"皇冠等级"（链接 8），"诚信等级"（链接 9），"筛选条件"（链接 10），"使用季节"（链接 11），"服务"（链接 12），"描述"（链接 13），"专享服务"（链接 14），"放进购物车"（链接 15），"购买"（链接 16）和"联系我们"（链接 17）。

针对效用函数 $U(t) = \sum_{j=1}^{J} \psi_j \left(t_j + 1\right)^{\alpha}$，$J = 17$，我们采用极大似然估计法估计模型中的参数。以下所有的评估程序都在 R3.0.2 上运行完成。模型有两个版本：在所有链接上具有相同饱足感的完整模型和没有饱足参数的简单模型（基准模型）。目标函数是负对数似然函数，我们旨在将其值降至最低。表 6.10 显示了目标函数值和 BIC 的比较结果。可以注意到，完整模型的 BIC 值小于基准模型的 BIC 值，表明完整模型优于基准模型。很容易理解，当消费者有目的地搜索信息时，他们在选择链接时是有偏好的。饱足参数显示了这些偏好在信息搜索行为中的作用。表 6.11 显示了最佳拟合模型的参数估计结果。值得关注的是，模型中所有系数的估计值都很显著，表明协变量和饱足效应的影响非常大。

表 6.10 模型拟合

模型	目标函数值	BIC
基准模型	16 817.62	16 867.34
完整模型	16 304.78	16 357.60

表 6.11 最佳拟合模型的参数估计结果

ψ_1	ψ_2	ψ_3	ψ_4	ψ_5	ψ_6	ψ_7	ψ_8	ψ_9
1（固定）	0.397 (0.03)***	0.152 (0.01)***	0.008 (0.00)***	0.100 (0.01)***	0.483 (0.03)***	0.149 (0.01)***	0.062 (0.01)***	0.038 (0.00)***
ψ_{10}	ψ_{11}	ψ_{12}	ψ_{13}	ψ_{14}	ψ_{15}	ψ_{16}	ψ_{17}	A
0.055 (0.00)***	0.041 (0.00)***	0.451 (0.03)***	0.027 (0.00)***	0.017 (0.00)***	0.004 (0.00)***	0.014 (0.00)***	0.007 (0.00)***	0.356 (0.01)***

注：括号中的数字表示标准差；通过逻辑变换 $e^{\theta}/(1 + e^{\theta})$ 获得 α 的估计值，通过变换 e^{θ} 获得 ψ 的估计值；设链接 1 的效用为基础效用；ψ_1—ψ_{17} 表示链接 1—链接 17；***表示在 0.001 水平上显著

表 6.11 显示了 ψ 值之间的巨大差异，表明消费者的偏好差异很大。ψ 值之间的差异意味着消费者对各种链接具有不同的基准效用水平。链接 1、链接 2、链接 6 和链接 12 的 ψ 估计值较大，而链接 4、链接 15 和链接 17 的 ψ 估计值则非常小，接近 0.00，这意味着消费者在搜索网站中的信息时，会锁定特定的具体链接来获得实现其目标的信息。因此，一些 ψ 估计值较大的链接包含重要信息，而一些不相关的链接则会被忽略。饱足参数 A 影

响消费者对每个链接饱足的速度，A 值较大时表示没有饱足感。如表 6.11 所示，共同饱足参数值为 0.356，表示在该网站上搜索信息时消费者的饱足度较高。

通过本章构建的模型创建一个衡量链接相对吸引力的指标，该指标称为"损失效用"，是从主页中删除某个链接而导致的消费者效用的损失。从主页上删除链接时，如果删除的链接包含对浏览者有用的信息，则主页的总体效用将会降低，因为浏览者将不得不将其可用时间分配给其他不太有用的链接。删除某个链接导致的效用损失越大，该链接的吸引力就越大。损失效用反映了消费者对各种信息的偏好程度，因此它有助于对链接进行排序，并决定哪些链接应从主页中删除并添加为二级链接。实证结果表明损失效用在主页链接的优先级排序问题上的应用效果极佳，该指标也可作为网站引入新功能的可行性分析依据。

6.4　信息使用行为实证分析

围绕消费者信息使用行为，我们深入分析了消费者的信息筛选和购买决策行为。构建的模型主要是消除不确定性的选择函数模型和模拟商品市场扩散机制的生存函数模型。消除商品不确定性的过程反映了消费者筛选信息的过程，消费者通过不断筛选出有用的信息来更新对商品的购买期望值和购买风险，当消费者的期望值升高、购买不确定性降低时，消费者购买的概率会大大增大。当消费者汇总各方面的有利信息来消除不确定性、驱动购买意愿时，汇总消费者的决策便形成市场扩散趋势。本节采用仿真极大似然估计法来验证模型、估计参数。

6.4.1　信息使用行为模型检验

消费者的信息使用行为主要是指信息筛选行为：使用有利或新的信息不断消除消费者对商品的不确定性，提高购买预期、降低购买风险。因此，消费者消除商品不确定性的过程便是重复判断商品信息的过程。模型参数估计所需的数据是面板数据，记录每位消费者的两条购买信息。一条是消费者在 24 个月的时间内，每个月对休闲裤的购买情况：若购买则表示为 1，不买则表示为 0；另一条是消费者对其他商品的购买情况。消费者对休闲裤性价比的预期的更新是通过一次次的购买经历来实现的，包括对休闲裤的购买经历和对同品牌其他商品的购买经历。每一次的购买经历都会带来商品的体验信息，该类信息为有利于消费者更新商品认知的信息。基于这些信息，消费者对商品的不确定性不断降低。基于实证数据的参数估计结果见表 6.12。

表 6.12　基于实证数据的参数估计结果

参数		估计值
β_{1i}（预期系数）	μ_1	1.78（0.87）***
	θ_1	0.1（固定）
β_{2i}（风险系数）	μ_2	−1.45（0.24）***
	θ_2	0.36（0.13）***
风险初始值（δ_0）		0.55（0.07）***
预期初始值（E_0）		0.1（固定）
休闲裤使用误差（σ）		1.91（0.26）***
其他商品使用误差（O）		1.95（0.70）***
效用误差（υ）		0.19（0.06）***

注：括号内的数字是标准差
***表示在 0.001 水平上显著

表 6.12 的参数估计结果能够反映很多市场信息。所有参数都具有显著影响。θ_1（固定值）和 θ_2 的估计值虽然不大，但都是显著估计，说明消费者个体差异具有显著影响，对同一商品的购买预期和购买风险的差异很大，以致消费者的购买决策产生差异。预期系数 μ_1，估计值为 1.78，说明消费者预期越大，购买的可能性越大。风险系数 μ_2 估计值为负值，说明风险越大，购买的概率越低，消费者多为风险规避者。这些发现与常理一致。对比 μ_1 和 μ_2 的绝对值可发现，消费者预期对购买的影响大于风险，虽然大多数消费者规避风险，但是如果他们对商品预期很高的话，仍会购买。基于本书的实证背景，卖家在提供足够明确且令消费者信服的商品信息以降低购买风险的同时，更应注重商品展示效果，如在模特展示、服装展示方面吸引消费者，使其产生较高的预期，增大购买的可能性。

风险初始值（δ_0）的估计值为 0.55，对购买决策的影响具有显著性。购买风险的初始值为消费者未曾购买过该品牌商品时，根据网站商品展示信息和网评所得的风险估计值。参数估计的初始值越小，说明网站提供的商品信息越全面，差评越少，消费者对该商品的信息偏差越小，表明该品牌的总体声誉越好。

参数估计结果显示休闲裤使用误差（σ）对网购决策有显著影响，说明不同消费者使用同一商品时存在差异化的体验。然而，其估计值较小（1.91），说明消费者的使用体验差异并不大，由此可以推测这些消费者在拿到商品之后会给出类似的网评，网评波动小。其他商品使用误差（O）也具有显著影响。消费者对同一品牌其他商品的购买会影响其对休闲裤的购买。

为证明运用贝叶斯更新理论拟合网购行为的优越性，我们构建两个基准模型，比较它们与 Probit 模型（Probit model，PM）的拟合效果。两个基准模型为一般 Logit 模型（M_1）和含常系数的动态模型（M_2）。M_1 不含基于贝叶斯更新理论构建的动态变量，只含一个自变量，即性价比。M_2 与 PM 具有相同的模型框架，区别在于各变量的系数不设为随机系数，而是设为常系数，无法模拟消费者个体差异对预期和风险的不同反应。各模型拟合的样本市场占有率见图 6.10。实线表示各月样本市场占有率的实际值。观测图 6.10 可知，三个模型的拟合结果相近，而本章构建的新模型（PM）的拟合结果与实际值最接近，随着实际值的变化而变化。

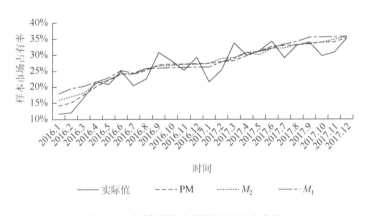

图 6.10　各模型拟合的样本市场占有率

用四个标准值对比各个模型的拟合效果：目标函数值 Obj、BIC、MAD 和 MSE。OFV 为负的极大似然函数值，模型优化的过程是使其值越来越小。BIC 常用来对比含有不同数量参数的模型的拟合优度，其值越小说明模型的拟合度越高。三个模型的拟合效果见表 6.13。由表 6.13 可知，将性价比作为影响因素的 M_1，其拟合效果相对于动态模型来说较差，添加基于贝叶斯更新理论的动态预期和风险，可提高模型的行为拟合优度。PM 的拟合效果明显优于 M_2，说明消费者个体差异确实存在，并影响模型的拟合优度。

表 6.13　模型拟合效果对比

模型	Obj	BIC	MAD	MSE
M_1	2009.45	2025.89	0.97	13.18
M_2	1962.47	1985.29	2.52	10.14
PM	1946.87	1966.83	2.19	7.20

该实证研究表明我们构建的消费者信息筛选模型能够有效模拟消费者对商品信息的筛选过程。消费者对商品的使用误差变量的影响正向显著，说明消费者对商品的不确定性是存在的。消费者对商品信息的获知和更新行为不断为消费者判断商品性价比提供信息，随着信息的增多，消费者的筛选行为变得极其重要。本节的实证研究证明了消费者不确定性的存在和消费者对信息进行筛选的价值。此外，消费者对商品的购买行为直接受到消费者信息使用行为的影响，掌握消费者信息行为，有助于准确模拟消费者的购买决策。6.4.2 节将详细分析消费者将不同信息作为驱动力，做出购买决策的机制。

6.4.2　网络服装扩散模型检验

消费者的累计购买决策，体现出市场需求的变化趋势，即能反映出商品的市场扩散趋势。本节继续使用行狐公司的销售数据，采用极大似然估计法，完成对生存函数模型的检验。

行狐品牌推行"多品种、小批量"的营销策略，每款衣服的上架时间较短，为 30 天左右，上架期间，衣服价格保持不变。为了推广营销，公司设有会员库，年购买金额在 1000 元以上的消费者，被行狐公司纳入会员库，享受会员优惠待遇。为了便于模型验证，减轻实证研究的计算负荷，我们随机选择 2000 位会员作为研究样本。我们跟踪观察这些样本的网购行为，记录其每个月的购买频率和购买量。本次实证研究，我们选取 2019 年夏季主打的四款单品作为研究对象，观察其在会员中的销售状况。表 6.14 为四款单品的相关销售数据，包括每种单品的上架时间、上架天数、会员的需求量。

表 6.14　四款单品的相关销售数据

单品	上架时间	上架天数/天	会员的需求量/件	会员库/人
单品 1	2019.6.04	25	158	2000
单品 2	2019.6.25	33	93	2000
单品 3	2019.7.01	26	126	2000
单品 4	2019.8.05	26	117	2000

采用极大似然估计法进行模型参数估计。由风险函数的构建过程可知，该函数仅适用于最终购买商品的消费者。对于从商品上架到下架，始终未购买商品的人（删失数据），函数无法模拟其行为。因此假设一个概念参数 δ（$0<\delta<1$），来反映商品在上架期间最终被购买的可能性。该概念参数的设定是合理的，因为任何一款单品的上架时间都是有限的。δ 可以看作是市场份额的衡量值。该商品在 t 时刻被购买的最终概率函数可以表示为 $P(t)=\delta\times F(t)$。用 S 表示会员总数量，T 表示商品的上架总时长（单位：天），该商品在上架期间的市场需求的似然函数为

$$L\left(\alpha,\beta,\gamma,k\delta;\{X_t\}\right)=\left[1-P(T)\right]^{X_{T+1}}\prod_{t=1}^{T}\left[P(t)-P(t-1)\right]^{X_t} \quad (6.1)$$

其中，根据参数定义，X_t（$t=1,2,\cdots,T$）为在 t 时刻购买商品的新的消费者（首次购买商品的消费者）；$X_{T+1}=S-\sum_{t=1}^{T}X_t$，为在观察期间（商品从上架到下架）未购消费者数量。

模型参数估计以四款单品的日销售数据为基础。作者自编 R 程序，采用 R 函数 nlm 做参数估计。所有程序均在 R3.2.4 软件上运行。模型参数估计结果见表 6.15。将参数估计值代入模型即可计算一款单品从上架到下架每一天的售出概率（P_n），结合样本量（D）可模拟出商品日销售量为 $S_s=P_n\times D$。MAD 和 MSE 为衡量模型拟合能力的标准，其值见表 6.15。

表 6.15　模型参数估计结果

单品	α	β	Γ	k	l	δ	MAD	MSE
单品 1	0.002	0.006	0.033	−1.102	−0.329	0.093	1.876	5.256
单品 2	0.046	0.009	0.016	−0.997	−0.798	0.047	0.895	1.507
单品 3	0.001	0.009	0.078	−1.201	−0.004	0.063	1.049	1.813
单品 4	0.016	0.012	0.031	−1.113	−0.005	0.059	1.398	3.504

注：所有参数估计值均在 0.05 的显著水平下显著

表 6.15 显示所有参数估计值均在 0.05 的显著水平下显著，可见品牌竞争中影响消费者购买决策的内在和外在压力均具有显著作用。α 值均较小，说明该品牌的创新使用者不多，需增加卖家的网页商品展示信息，吸引创

新使用者。参数 β 的估计值全部显著，说明商品口碑效用显著。竞争参数 l 的估计值均显著，说明由品牌竞争催生的竞争使用者确实存在，而所有单品的竞争参数均小于 0，说明该品牌与其他同类商品品牌相比，竞争力较弱。其中，单品 3 的竞争参数 $l = -0.004$，其绝对值较接近 0，说明单品 3 的竞争力对于同品牌的其他商品而言较强，可为以后的商品设计或营销策略提供参考。δ 反映该品牌的市场占有状况，四件单品的平均市场占有率为 7%。在服装品牌众多的电商市场中，7% 的市场占有率很可观。表 6.15 中 MAD 和 MSE 的值可用来衡量创新生存函数的拟合效果。其中，四件单品的 MAD 的平均值为 1.3，即本章构建的创新生存函数模型的拟合误差为 1.3 人（样本为 2000 人）。图 6.11 展示了每件单品扩散过程的实际值和拟合值。可见拟合值紧跟单品实际扩散趋势。

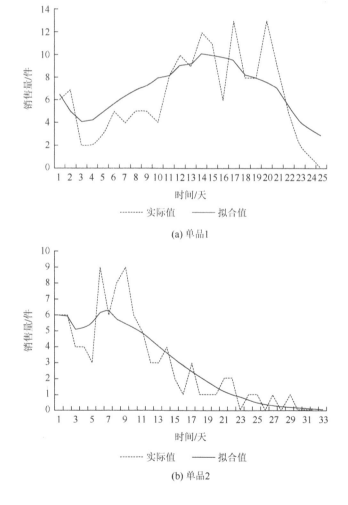

(a) 单品1

(b) 单品2

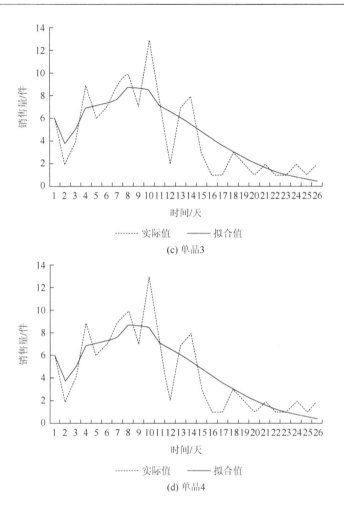

(c) 单品3

(d) 单品4

图 6.11 生存函数拟合图

第7章 应 用 研 究

本书的消费者信息行为的研究主题均来自企业实践问题,所构建的理论模型皆通过实际数据验证,所获研究结果可直接应用于解决实际问题。本章将详细阐述如何使用消费者信息行为的研究成果指导实践。具体而言,消费者对商品的信息获知行为研究将指导制定提高电视节目收视率的营销策略和优化广告投放策略;消费者对商品的信息更新行为研究有利于网站管理者优化网页设计、制定个性化网页策略和优化网站链接结构;消费者对商品信息的使用行为研究对引导消费者需求、预测市场需求趋势、制定营销策略具有一定的指导意义。本书充分利用当下大数据的优势,结合智能推送信息的特点,实现对消费者跨平台行为的跟踪模拟,提供深入细致的消费者信息行为分析,对消费者"信息获知-信息更新-信息使用"行为的跟踪观察和理论建模研究,为相关领域的实际问题提供了完整且具有科学依据的研究结论,对指导实践具有较大的价值。

7.1 收视营销策略启示

消费者信息获知行为的研究结果显示消费者通过不同的视频广告获知商品信息,而视频广告的载体是电视节目,因此增强广告效果的本质是提高广告插播节目的收视率。本节以观看电视节目为背景,将第3章消费者信息获知行为研究中构建的模型应用在提高收视率的营销策略中。第3章构建了收视多样化动态模型,模拟消费者通过多个电视节目和/或其他活动获知商品信息的行为。该模型有三个特殊功能。首先,它解决消费者在每个观察时间段多渠道的时间使用问题。其次,它通过使用贝叶斯更新理论捕捉消费者对节目内容的动态学习行为,使对消费者信息获知行为的预测结果更加精准。最后,它衡量了消费者的遗忘效应,揭示了消费者对不完全信息的使用机制。该模型通过模拟消费者对电视节目的选择和观看行为,展示消费者对不完全信息的传递过程,预测消费者对广告载体的选择,揭示商品信息获知行为机制,为下一步的广告信息获知做理论铺垫。

广告最常用的载体是电视剧。高质量的电视剧会带来较高的电视剧收视率,从而给以此为载体的广告带来较高的收视率,产生良好的广告效果。因此,提高电视剧质量至关重要。电视剧通常有多集,提高每集的质量必然会带来更高的电视剧收视率。但是，当投资资源有限时，只能提高部分剧集的质量，那么如何分配有限的投资资源以获得最高的电视收视率？质量的提高如何影响电视剧收视率？这两个问题可以通过策略模拟来解答。消费者遗忘也是影响电视剧收视率的一个重要因素，它会在质量评估中产生大量的噪声信号，从而增大选择风险。因此，电视台也可以尝试通过降低遗忘效应来提高收视率。

基于第 3 章完整模型的参数估计，我们可以进行一些量化的策略模拟。考虑五种情况的收视营销策略。情况 1 是消费者选择频率的基准情况。情况 2 几乎与情况 1 相同，区别在于前两集的质量提高了 100%。情况 3，中间的第 7 集和第 8 集的质量提高了 100%，而非第 1 集和第 2 集。情况 4，将质量提高（100%×2）平均分配到 15 集中，因此，每一集的质量提高约 13.3%。情况 5 与情况 1 几乎相同，只是遗忘参数减小了 90%。情况 1 与其他三种情况的区别在于，它包含剧集质量提高时消费者数量的变化。情况 2 和情况 3 之间的区别，可以展示提高不同剧集质量的不同影响。情况 4 表明，无论是否将有限的资源平均分配到每集，使消费者效用增加的效果比前三种情况好。情况 5 是用来衡量提高消费者记忆力的影响的。

图 7.1 至图 7.3 报告了模拟的结果。图 7.1 显示，提高某些剧集的质量会使消费者数量增加。然而，由于消费者的遗忘效应，随着时间的流逝，消费者数量会逐渐减少。质量提高对当前收视率最有效，但对后续剧集的影响非常有限。尽管如此，模拟数据仍然表明，在提高某些剧集的质量之后，整体电视剧的收视率高于没有提高质量的情况。此外，提高前两集的质量对节目选择具有最人的正向影响。前三种情况中，所有 15 集的消费者总数分别为 1530 人、1755 人和 1688 人。如果提高电视剧质量的资源有限，则应考虑提高前几集的质量，使电视剧收视率得到最大幅度的提高。

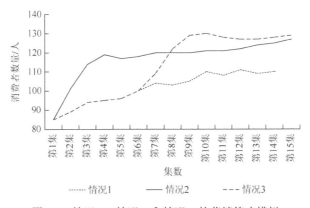

图 7.1 情况 1、情况 2 和情况 3 的营销策略模拟

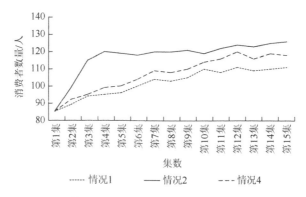

图 7.2　情况 1、情况 2 和情况 4 的营销策略模拟

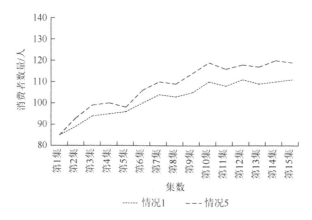

图 7.3　情况 1 和情况 5 的营销策略模拟

　　图 7.2 可以比较情况 2 和情况 4 的消费者对节目选择的情况,即提高前两集的质量与平均提高每一集的质量所获得的收视情况的差别。如图 7.2 所示,无论是将有限的资源投入到前两集还是均匀分布在所有剧集中,都会带来更多的消费者,提高收视率。然而,考虑到消费者学习行为的重要性,提高前两集的质量会有更好的效果(图 7.2 中情况 1、情况 2 和情况 4 中所有 15 集的消费者总数分别为 1530 人、1755 人和 1605 人)。但是随着集数的增加,后面剧集的质量没有明显提高,而是保持原来的剧集质量水平,这种情况下,消费者对该剧的观看没有明显的增加。这项比较充分说明了消费者学习行为的重要性:如果消费者判断剧集质量好,他们会选择继续看,所以在提高前两集的质量后,第 3 集和第 4 集的收视率达到顶峰。但是消费者会根据新增的体验信息重新判断剧集质量,当他们发现剧集质量降低后,他们会缩短观看时长或放弃追剧。这说明了在提高了前两集剧集的质量后,收视率在增高一段时间

后慢慢趋于常规水平的原因。整个过程说明了消费者对不完全信息的使用机制和行为机理。

图 7.3 比较了将遗忘参数减小 90% 之前和之后的消费者数量。可以看出，当遗忘效应下降时，节目的收视率提高，收视率明显提高（降低遗忘效应前后，所有 15 集的消费者总数分别为 1530 人和 1623 人）。消费者的遗忘效应是不完全信息的一种，消费者对过去的信息的记忆随着时间的流逝而衰退，能够使用的记忆信息是不完全的。这也说明了由信息衰减造成的不完全信息的传递机制。遗忘参数能够模拟一般情况下消费者对电视节目内容的遗忘程度，间接反映消费者对广告的记忆程度。这为研究消费者对广告信息的获知程度提供理论参考。

同时，增强消费者对节目内容的记忆，能够减轻消费者对不完全信息的恐惧，降低不完全信息的感知风险，从而增强消费者对节目的记忆，提高对有利信息的使用信任度。因而，电视台可以考虑通过降低遗忘效应留住更多的消费者。例如，播放电视剧的宣传片、延长每集的播放时长等。这在一定程度上会提高消费者对节目的注意力，使其加强记忆。

以上应用模拟研究反映了消费者获知信息的过程，揭示了不完全信息的传递机制，阐述了提高节目收视率的策略和详细的操作步骤，说明了该项研究的实践意义。模拟结果也为广告商提供了一些建议。例如：①研究结论表明在提高质量的剧集，其收视率会更高，因此广告商可以考虑购买质量提高的剧集中的广告时段，这个时段的收视率更高，可以吸引更多的消费者观看广告；②研究结论说明，"开头"具有吸引力的电视剧，其整体收视率会更好，对于在电视剧的每一集中均购买广告时段的套餐而言，最好选择提高了前几集质量的电视剧；③研究结论还表明最大程度地提高消费者记忆力，有利于提高收视率，广告商着重购买那些电视台推广的、播放时长较长的电视剧中的广告时段，消费者对这些电视剧的记忆更清晰，有利于消费者对广告的收视。

7.2　广告投放策略模拟

第 3 章对消费者广告收视行为建模，采用混合模型模拟消费者在广告播放期间的调入和调出行为模式。该模型主要以消费者对广告的需求和回避为驱动因素，探究消费者不同的行为模式，挖掘广告信息传递机制，并揭示消费者对广告信息的获知程度。

　　由于数据记录仪器储存量的限制,消费者的广告收视行为只能以分钟为单位记录下来。但是广告本身是非常短的, 一个广告大概只有 10—15秒。一集电视剧中包含3—4 个广告段,每个广告段中包含4—6 个长短不一的广告。以分钟为单位记录的收视率根本无法反映详细的广告收视情况。广告商非常关注无法直接获得其广告的收视率这一问题。由于消费者的广告回避行为,广告的收视率与节目的收视率不完全一致,很多消费者在观看节目时,遇到广告会转台或上厕所,根本不看广告。因此,根据节目收视率推断的广告效果并不可靠。我们首先根据消费者对视频广告的观看行为,将以分钟为单位的广告收视数据转换为以秒为单位的观看信息,并提出一个新的"标准"来衡量广告效果,以便获得最精准的商品信息获知行为。

　　我们将以一个广告为例,来说明我们的广告观看时长估算方法如何指导广告投放。电视剧 B 每集被分为四个部分。在第一和第二部分之间,会插入一个独立的 30 秒广告。我们对前 10 集中观众对该广告的观看行为进行了研究。Kanetkar 等 (1992)认为, 如果某家庭的电视机开着的时间超过广告持续时间的一半,该家庭就会看到广告,这可以用来衡量广告带来的潜在消费者的数量。我们的新的广告观看时长估计数据可以很容易地根据可用的人员测量仪数据得到。表 7.1 显示了观看了至少一半剧集的观众人数,其中的一些人也观看了至少一半的广告。以第 1 集为例, 以剧集观看时长过半为标准计算的潜在消费者数量为 112 人。以广告观看时长过半为标准,实际上只有 73 个(65.2%)潜在消费者。这意味着, 以剧集观看时长为计算标准,潜在消费者被高估 53%以上($(112–73)/73 \times 100\%$)。广告商需要广告观看时长信息来准确预测潜在消费者的数量。

表 7.1　观看至少一半剧集和观看至少一半广告的观众人数（单位：人）

项目	第1集	第2集	第3集	第4集	第5集	第6集	第7集	第8集	第9集	第10集
N_1	112	102	98	95	94	97	112	102	114	114
N_2	73	78	79	71	83	86	89	84	93	100

注: N_1 表示观看至少一半剧集的观众人数; N_2 表示观看至少一半广告的观众人数

　　图 7.4 展示了表 7.1 中的数据。潜在消费者数量总体上呈上升趋势。一个可能的解释是, 鉴于该剧越来越受欢迎, 一些广告回避者为了不错过下一部分剧集, 而愿意忍受这些广告。

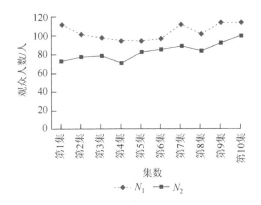

图 7.4　观看至少一半剧集和观看至少一半广告的观众人数

　　不同广告商的商品的特点不同，其目标客户也不同。对于许多广告商而言，最重要的是其特定目标客户的观看时长。如果广告展示的是皮肤护理商品，如 SK-Ⅱ 的洁面商品，则广告商会对 20 岁至 50 岁个人收入超过 15 000 元的职业女性的观看时长更感兴趣。在这种情况下，把从人员测量仪数据中获得的统计信息与我们的广告观看时长估计方法相结合，则可以高效地利用人员测量仪数据。

　　我们随机选择一些广告段，采用已经完成参数估计的混合模型，模拟每个广告段每秒钟的消费者数量，间接地衡量消费者对每一个广告的信息获知程度。我们首先选取来自 TVB 的几个广告段。

　　为了验证该方法，我们需要将模拟的逐秒收视率与实际的逐秒收视率进行比较。TVB 与一家领先的媒体研究公司合作，出于保密原因，该公司的身份无法透露。该公司对香港和内地的电视观众进行了可靠和持续的调查。基于本书的目的，重新校准了人员测量仪以记录 1 秒间隔的变化，从而产生了涵盖用于验证该方法的三部电视剧的逐秒收视率。

　　本书计算了 TVBJ 频道播放的电视剧 A 第 10 集中嵌入的四个商业广告中每秒的模拟观众数量，并与实际的逐秒观众数量进行了比较（图 7.5—图 7.8）。基于该剧的验证显示了极好的结果。模拟误差的度量是 MAD，这是一个众所周知的标准，用于测量模拟数据和实际数据之间的差异。在 550 名观众的基础上，四个广告段的 MAD 分别为 2.3、1.6、2.1 和 6.1。模拟结果与实际值相近，表明该方法的表现很好。电视剧 A 在 TVBJ 播出的前 10 集中每个广告段的 MAD 见表 7.2，第一个广告段的观众调入模式与广告仍在播放时的其他三个广告段非常不同。TVB 营销部经理解释说，因为这是一集的第一个商业广告，许多观众可能会收看该集的后续部分。观众数量在第四个广告段中迅速减少，有更多的观众在节目之间的商业广告中退出，因为这一集已经结束（图7.8）。

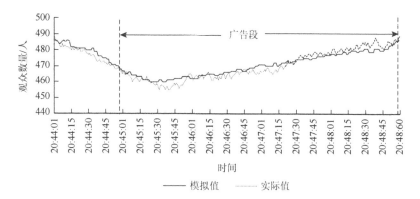

图 7.5　TVBJ 第一个广告段每秒的模拟观众数量与实际观众数量

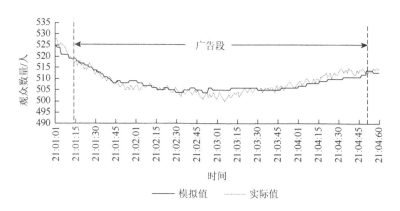

图 7.6　TVBJ 第二个广告段每秒的模拟观众数量与实际观众数量

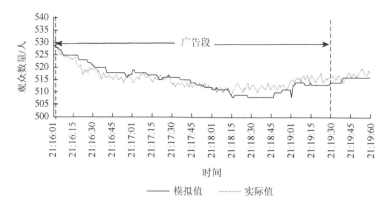

图 7.7　TVBJ 第三个广告段每秒的模拟观众数量与实际观众数量

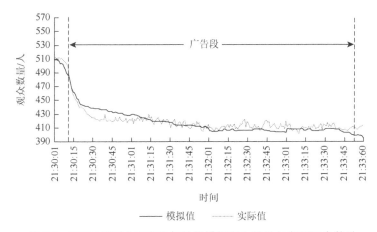

图 7.8　TVBJ 第四个广告段每秒的模拟观众数量与实际观众数量

表 7.2　电视剧 A 在 TVBJ 播出的前 10 集中每个广告段的 MAD

广告段	第 1 集	第 2 集	第 3 集	第 4 集	第 5 集	第 6 集	第 7 集	第 8 集	第 9 集	第 10 集
一	3.1	2.6	2.2	2.5	2.0	3.0	2.9	2.3	2.1	2.3
二	2.4	2.9	2.0	1.8	2.4	1.9	1.8	3.1	2.4	1.6
三	2.5	3.2	1.8	4.6	3.3	3.5	2.5	2.3	4.9	2.1
四	4.5	5.1	6.9	5.9	6.6	4.6	5.5	6.1	5.9	6.1

　　为了进一步验证我们构建的混合模型,我们将其应用于模拟另一个广告段,该广告段插播在 ATV 频道播放的电视剧 B 的剧集里面。我们将广告由按分钟记录转变为逐秒记录。来自不同渠道的节目可能有不同的观看人群,这些人群可能具有不同的假设分布参数,因此我们重新校准了模型,并选择了最佳拟合,计算了第 10 集中四个广告段每秒的模拟观众数量与实际观众数量(图 7.9—图 7.12)。

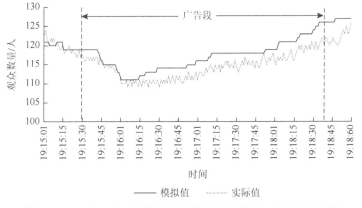

图 7.9　ATV 第一个广告段每秒的模拟观众数量与实际观众数量

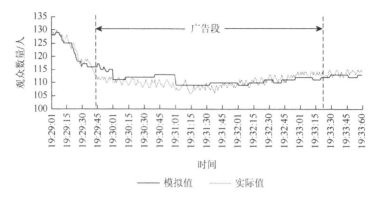

图 7.10 ATV 第二个广告段每秒的模拟观众数量与实际观众数量

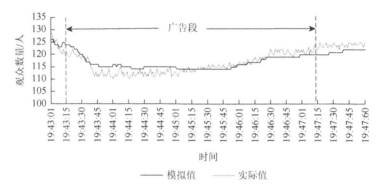

图 7.11 ATV 第三个广告段每秒的模拟观众数量与实际观众数量

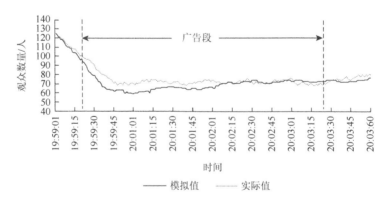

图 7.12 ATV 第四个广告段每秒的模拟观众数量与实际观众数量

在 150 名观众的基础上，四个广告段的 MAD 分别为 2.7、1.6、2.0 和 4.9。可见，对于在另一个频道上播放的另一个节目的广告段，我们构建的方法论和模型的应用性也很强。在商业广告播放期间，其观众的增加和减少模式与 TVBJ 播放的电视剧 A 中广告段的相似。我们计算了

电视剧 B 在 ATV 播出的前 10 集中每个广告段的 MAD，以展示其模拟
误差（表 7.3）。

表 7.3　电视剧 B 在 ATV 播出的前 10 集中每个广告段的 MAD

广告段	第 1 集	第 2 集	第 3 集	第 4 集	第 5 集	第 6 集	第 7 集	第 8 集	第 9 集	第 10 集
一	2.1	2.5	2.9	2.7	2.2	3.0	3.4	2.2	2.1	2.7
二	3.1	3.1	2.6	2.9	2.9	3.1	3.1	3.1	2.4	1.6
三	2.9	1.7	2.7	3.1	1.9	2.9	2.9	2.6	2.9	2.0
四	5.2	6.2	5.7	6.1	5.5	5.1	4.7	5.1	5.9	4.9

　　国家广播电视总局自 2012 年以来禁止在一集内播放广告，因此，在两
集之间插播广告十分昂贵。通过大量的观察和对比分析，我们发现江苏卫
视观众的调入和调出模式与 TVBJ 频道的第 10 集第四个广告段相似。在节
目和广告播放期间，调入人数变化不大。在节目播放期间调出人数的波动
也不大，但在商业广告开始时调出的人数猛增。

　　我们选择了一个典型的电视剧中的广告段来显示其观众的调入和调出
模式（图 7.13），该电视剧是 2019 年 8 月 4 日江苏电视台播出的电视剧 G。
该剧共有 48 集，在播出期间受到好评。江苏电视台在工作日播放两集，
周末播放一集。电视剧 G 有 28 个广告段。此外，本书计算了江苏电视台
2019 年 8 月 14 日 19:34 至 20:59 期间每分钟调入和调出该频道的观众数量
的百分比（图 7.13）。

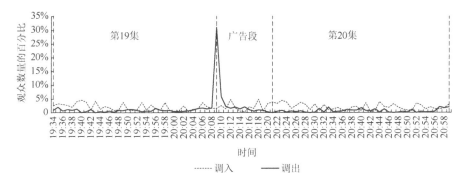

图 7.13　江苏电视台调入和调出的观众数量的百分比

　　从 19:34 到 20:09 是第 19 集的剧集内容（图 7.13 中，第 19 集被标记
在左侧两条垂直虚线之间），接下来是两集之间的广告段。在广告开始时，

调出人数突然增加，然后在广告即将结束时恢复到正常状态。

第 20 集是在广告结束后播出的。与 TVB 电视剧相比，江苏电视台电视剧的调出比例更高。原因可能是，节目间隔时间较长，观众会选择在冗长乏味的广告中切换频道。本书对观众调入和调出模式的建模方法应用江苏电视台播出的电视剧 G 的观众统计数据。基于重新估计的分布模型，本书模拟了 28 个广告段中每秒的观众数量。

将这些结果与实际的逐秒观众数量进行比较，发现该方法应用良好（表 7.4）。本书详细分析了在第 19 集和第 20 集间隙，商业广告中观众数量的变化（图 7.14）。模拟的观众数量（图 7.14 中的实线）与实际观众数量（图 7.14 中的虚线；MAD = 4.9，广告有 11 个，人数规模为 550 人）相差微小。

表 7.4 江苏电视台播出的电视剧 G 广告段的预测结果

项目	P1	P2	P3	P4	P5	P6	P7	P8	P9	P10	P11	P12	P13	P14
MAD	5.1	5.5	4.7	5.9	4.9	5.9	6.2	4.1	5.0	4.5	4.9	4.9	7.1	5.8
项目	P15	P16	P17	P18	P19	P20	P21	P22	P23	P24	P25	P26	P27	P28
MAD	5.9	5.1	5.7	5.5	5.9	6.1	6.1	5.2	5.2	4.8	5.6	5.1	5.7	6.0

注：P1 表示第一个广告段，以此类推

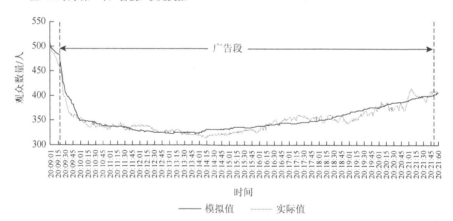

图 7.14 江苏电视台电视剧播放间隙的广告段每秒的模拟观众数量与实际观众数量的比较

28 个节目间隙的广告段的 MAD 都在可接受范围内（4.1—7.1）。注意，P4、P6、P7、P13 至 P15、P18、P20、P21、P27、P28 的 MAD 偏大。一个可能的原因是，这八个广告段都是介于电视剧 G 的一集和另一个节目的一集之间，其余的广告段介于电视剧 G 的两集之间。在两个不同节目之间的广告中，人们的观看行为更加多变。

为了进一步解释所提出方法的实际应用，本书估计了每个广告段的观众人数（广告段内至少看过 1 秒广告的人数）。基于秒的观众人数估计是根据逐秒模拟数据得出的。根据逐分钟数据就可以获得基于分钟的估计。实际值表示根据实际逐秒数据计算的观众人数。

以上三部电视剧具有代表性，因为它们来自不同的广播电台和地区。我们估计了这些节目中广告段的观众人数，并比较了基于分钟的估计、基于秒的估计和实际值。TVBJ 电视剧的广告段观众人数比较结果见图 7.15。

可以观察到，与基于分钟的商业广告覆盖范围相比，基于秒的商业广告覆盖范围更接近实际的商业广告覆盖范围，这表明该方法的估计精度有所提高。此外，基于分钟的估计在 40 个广告段内波动较大，而基于秒的估计波动较小。也就是说，本书模拟得出的商业广告覆盖范围在反映实际覆盖范围方面更稳定。

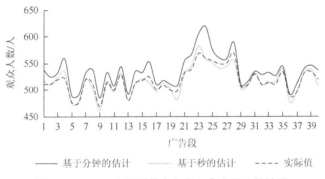

图 7.15　TVBJ 电视剧的广告段观众人数比较结果

使用 MSE、平均绝对百分比误差（mean absolute percentage error，MAPE）和平均估计误差（mean estimation error，MEE）来衡量估计的方差。MSE 为实际覆盖范围和估计覆盖范围之间的误差平方的平均值，始终非负，接近零的值更好。MAPE 以百分比表示准确性，是统计中方法或模型的估计或者预测准确性的度量。MEE 定义为实际覆盖范围和估计覆盖范围之间误差的平均值，可以是正的也可以是负的，接近零的值更好。当大多数误差为负或正时，它可以很好地衡量严重的高估或低估程度。

MSE、MAPE 和 MEE 的值通常用于比较估计值与实际值之间的误差。两个或多个统计估计值可以与其 MSE、MAPE 或 MEE 进行比较，以衡量它们对给定观测集的解释程度（Mandalinci，2017）。针对三个不同频道的电视剧的广告段分别基于分钟和秒估计观众人数，并计算相应的 MSE、

MAPE 和 MEE，所得结果见表 7.5。根据表 7.5 的数据，我们可以对比基于分钟和秒的广告收视估计的差异。

表 7.5 基于分钟的估计和基于秒的估计的差异

计算方式	TVBJ 剧			ATV 剧			江苏电视台剧		
	MSE	MAPE	MEE	MSE	MAPE	MEE	MSE	MAPE	MEE
基于分钟	387.2	3.2	16.7	145.8	7.9	9.3	642.5	3.7	22.2
基于秒	45.5	1.0	−1.3	17.2	2.7	−0.1	161.8	1.8	5.1

基于秒的广告观众人数估计比基于分钟的估计准确得多，因为在三个节目中，基于分钟估计的 MSE 和 MAPE 值比基于秒的估计值大得多。对于 MEE，基于秒估计的 MEE 接近于零，基于分钟估计的 MEE 具有更大的绝对值，这再次突显了该方法优于传统的基于分钟的方法。基于分钟的收视率估计高于基于秒的估计，说明当使用基于分钟的估计方法时，可以向广告商收取过高费用。综上所述，该方法得出的基于秒的覆盖范围更接近实际覆盖范围，在广告定价中更为合理和可靠。至此，本书基于不同地区、不同电视剧完成了方法验证。

"工时"是一个常用术语，用于表示完成项目或任务所需的总工时数。在这里，我们使用新量度观众秒数（viewer-seconds）来量化广告效果，该量度是所有观众对特定广告或一般商业广告以秒为单位的总观看时长。在估计广告效果时使用观众秒数，广告商会因其通用而简明这一特点受益。对于在不同的节目或频道插播同一广告的公司来说更是如此。这样，广告公司可以使用观众秒数直接比较不同频道的广告效果。此外，观众秒数可以为电视台对不同节目、不同时段的广告定价提供更详细的参考。这里，我们将举一个运用的例子。

数据分两步形成。首先，我们分别在四个季节的第一个月中选择一个特定的工作日：2019 年 1 月 20 日，4 月 20 日，7 月 20 日和 10 月 20 日。其次，在这些日子的每个小时中，选择某节目中的一个 30 秒广告，来计算当天所有广告的观众秒数，并选择该广告前后 10 分钟的节目，来计算其观众分钟数（viewer-minutes），即当天所有观众观看该节目以分钟为单位的总观看时长。

如果在一个小时内播出多个节目，我们将计算每个节目的观众秒数和观众分钟数。对上述四天的数据取平均数，我们得到了表 7.6 中第 3 列和第 4 列显示的节目的观众分钟数和广告的观众秒数。通常，电视台根据在不同时段播放的不同节目中获取的观众分钟数制作价目表。以黄金时间的节目的观众分钟数（表 7.6 中的 4861 分钟）或者广告的观众秒数（表 7.6 中的 13 564.5 秒）为基准，通过计算观众分钟数比率（节目比率，program ratio）或者观众秒数比率（广告比率，advertisement ratio），我们可以推导出其他时间段播放的其他节目的节目比率和广告比率（表 7.6 第 5 列和第 6 列）。

表 7.6 节目、广告比率信息表

广告时间	节目类型	节目的观众分钟数	广告的观众秒数	节目比率	广告比率
2:20:48—2:21:18	其他	144	300	0.029 6	0.022 1
3:51:33—3:52:03	电影	21	30	0.004 3	0.002 2
4:03:54—4:04:24	电影	20	30	0.004 1	0.002 2
5:17:58—5:18:28	其他	4	0	0.000 8	0.000 0
6:57:25—6:57:55	新闻	603	2 100	0.124 0	0.154 8
7:29:39—7:30:09	新闻	384	990.69	0.079 0	0.073 0
8:42:40—8:43:10	新闻	670	1 830.83	0.137 8	0.135 0
9:43:20—9:43:50	公共事物	473	1 445	0.097 3	0.106 5
10:01:01—10:01:31	儿童动漫	627	1 718	0.129 0	0.126 7
11:11:29—11:11:59	电视剧	383	1 066	0.078 8	0.078 6
12:14:10—12:14:40	电视剧	753	2 767.5	0.154 9	0.204 0
13:41:45—13:42:15	其他	817	2 366.27	0.168 1	0.174 4
14:30:36—14:31:06	电视剧	768	2 234.72	0.158 0	0.164 7
15:16:35—15:17:05	其他	809	2 331.05	0.166 4	0.171 8
16:01:20—16:01:50	儿童动漫	374	1 170	0.076 9	0.086 3
17:01:27—17:01:57	儿童动漫	665	1 578	0.136 8	0.116 3
18:44:00—18:44:30	新闻	2 628	9 270	0.540 6	0.683 4
19:44:05—19:44:35	其他	3 095	10 040	0.636 7	0.740 2
20:14:48—20:15:18	电视剧	4 378	12 476.4	0.900 6	0.919 8
21:16:24—21:16:54	电视剧	4 861	13 564.5	1.000 0	1.000 0
22:17:15—22:17:45	电视剧	4 466	12 045	0.918 7	0.888 0
23:25:47—23:26:17	新闻	3 170	8 589.33	0.652 1	0.633 2
00:47:13—00:47:43	电视剧	1 024	2 956	0.210 7	0.217 9
1:25:48—1:28:18	其他	457	1 371.9	0.094 0	0.101 1
2:20:48—2:21:18	其他	144	300	0.029 6	0.022 1

由表 7.6 可知，根据节目比率和广告比率推算出来的价格比率差别很大。如果电视台使用节目的观众分钟数来制作价目表，有些会被高估（7:30

的"新闻",其节目比率为 0.0790,广告比率为 0.0730;17:00 的"儿童动漫",其节目比率为 0.1368,广告比率为 0.1163;22:00 的"电视剧",其节目比率为 0.9187,广告比率为 0.8880);有些则被低估(12:00 的"电视剧",其节目比率为 0.1549,广告比率为 0.2040;18:40 的"新闻",其节目比率为 0.5406,广告比率为 0.6834;19:40 的"其他"节目,其节目比率为 0.6367,广告比率为 0.7402)。因此,电视台应该以每秒的广告收视率为依据来制作价目表,这样更为准确、合理。

至此,我们系统地阐述了基于消费者对商品信息的获知行为研究的实践应用。首先,从广告载体的节目营销策略角度,阐述了作为电视台或视频网站的管理者,如何在有限的资源或资金支持下,取得最高的节目收视率。这项应用不管是对电视台还是对广告公司都有极大的实践应用价值。其次,我们使用多个电视剧集以及它们的广告段,采用观众调入、调出行为的混合模型,模拟观众每秒钟的广告观看行为,并比较每分钟的广告观看记录和每秒钟的广告观看记录之间的差异。最后,基于每秒钟的广告收视行为,我们模拟了广告段价目表,这对广告公司来说是非常有实用价值的,能够在节省广告成本的前提下获得最高的广告收视率。

7.3　网页优化策略模拟

根据第 4 章构建的信息检索行为模型,对消费者信息更新行为做进一步的模拟。对消费者对网页的选择进行研究能够提示企业哪些网页获得的浏览量更多,说明哪些网页的信息更重要,企业便可据此优化网页设计。结合消费者对网页的选择和观看时长的研究结论,可得消费者对网页内容的偏好,据此可设计个性化的网页和网站。关于消费者对网站链接的点击量和点击顺序的研究有利于网站优化链接的层级结构。本节主要依据消费者对网页信息的检索行为模型,完成研究结论的应用探索。

当消费者访问一个网站时,其眼前出现的第一个页面是网站主页,它包含关于该网站内容的丰富信息。通过主页上显示的图标或简短的介绍性消息,消费者知道在哪里可以找到所需的信息。例如,"常见问题"页面在主页上以"FAQ"图标显示,如果消费者遇到关于网站内容的问题并希望查看"FAQ",他所做的第一件事就是访问主页,接下来,他直接点击"FAQ"图标打开页面,浏览问题类型及其答案。因此,找到所需页面的过程非常简单,不会花费太多时间。相反,如果一类页面在主页上没有图标或简短的介绍性信息,则会影响该类页面的使用率,因为找到该类页面会耗费大量时间，访客可能会放弃查找，转而从其他渠道获取所需信息。因此，确定主页上应包含哪些图标或简短的介绍性信息至关重要，这将直接影响网站的普及程度。在主页上包含所有页面的图标和简短的介绍性消息是不可行的。第一，如果包含太多图标和信息，则必须使用较小的字体字符，这将导致该主页缺乏良好的观感，在主页有限的空间中夹杂过多文字，会使主页变得枯燥无趣。第二，在这么多的图标和信息中寻找所需页面会浪费很多时间。因此，网站设计者必须回答以下问题：主页上应该包含哪些内容？

以行狐公司的网站为例，当消费者输入几个关键词时，会出现与关键词相关的数千个链接（与我们在第 4 章中使用的网页类别相似），一个页面难以容纳所有的链接，因此有很多页面。在信息时代，相关信息似乎是无限的。在这种情况下，有两个问题需要解决：第一个问题是，哪些链接应该从网站的主页中移除；第二个问题是，如何安排/排列主页上的链接。网站设计者必须考虑到链接的相对重要性，以决定哪些链接应该放在首位，哪些链接应该放在页面的末尾，以及如何分配信息资源以使消费者在时间和精力非常有限的情况下获得最大效用。不能使用诸如某个类别的点击次数的汇总统计信息来解决这些问题，需要引入统计模型来考虑不同类别页面的竞争和效应。如果没有对诸如公用效用损失等指标进行准确估计，就很难确定主页上应包含哪些内容以及如何安排它们。

第 4 章构建的多样化链接选择模型可以提供一个量化的方法来帮助决策。由于空间有限，只能有一部分图标或信息可以显示在主页上。因此必然有一些页面的图标或信息不能包含在主页上。一个或多个页面类别的丢失会导致消费者的效用出现损失。因为当一个类别从主页中移除时，需要该类别信息的消费者很可能找不到它，因而其会变得不满意，访问网站的总效用将减小，最后会离开网站。时间模型可用于计算效用损失，以决定哪些类别的网页可以从主页中移除，并根据效用损失对链接进行排名。

7.3.1 效用损失

我们首先假设消费者在网页上所花费时间的边际成本相同且不变，即每一秒钟的网页浏览所带来的效用是相同的。其次将在网站上花费的总时间定义为网站的效用。消费者在网站上所获取的效用是指消费者通过优化他的时间分配方式而获得的最大效用。我们把效用损失定义为：从主页中移除特定类别的网页，导致消费者总的效用的降低。以行狐公司的网站为例，假设网站上的五个类别之一必须被移除，效用损失按以下步骤计算。

（1）从网站的网页日志文件中获取消费者的 TRT，将其作为消费者在网站的可支配时间。

（2）定义U_5和U_4分别为将某一类别网页移除前后的总效用。

（3）设置每个类别的初始时间为零秒。

（4）当每增加一个时间单位（秒）时，通过网页浏览行为模型，计算每个类别网页的边际效用。将每一秒钟的时间分配给具有最大边际效用类别的网页。

（5）重复（4）直到消费者的所有可支配时间被分配完毕，可以得到消费者对每个类别网页花费的时间，将该时间代入模型中，可以计算得到总效用U_5。

（6）假设移除了一个特定类别的网页，但每个消费者的可支配时间不变。对其余四个类别网页重复（3）、（4）和（5），可以得到U_4。

（7）U_5和U_4之间的差额是由移除特定类别的网页而导致的效用损失，即效用损失 $= U_5 - U_4$。

由于消费者的总的可支配时间是不同的，所以样本中每个类别的消费者的效用损失是不同的。计算整个样本的效用损失的平均值来表示移除一个特定类别网页的效用损失。表 7.7 和表 7.8 分别给出了对于浏览者和购买者而言，移除五个类别网页中其中一个的效用损失，也给出了效用损失占总效用的百分比。

表 7.7　浏览者的网页移除的效用损失

网页类别	效用损失	百分比
类别 1	51.4207（1.3599）	63.2%
类别 2	10.7997（0.1341）	13.3%
类别 3	0.4699（0.0036）	0.6%
类别 4	0.4739（0.0035）	0.6%
类别 5	12.4989（0.1801）	15.4%

注：括号中的数字是标准误差，百分比不必等于 100%

表 7.8　购买者的网页移除的效用损失

网页类别	效用损失	百分比
类别 1	107.0217（2.2943）	53.4%
类别 2	10.2237（0.1875）	5.1%
类别 3	0.7803（0.0009）	0.4%
类别 4	0.2825（0.0008）	0.1%
类别 5	43.2753（0.9123）	21.6%

注：括号中的数字是标准误差，百分比不必等于 100%

表 7.7 表明，当类别 1 被移除时，效用损失最大，使得消费者从五个网页类别中获得的总效用降低了 63.2%。移除类别 3 或类别 4 对消费者效用的影响最小。效用损失的标准误差非常小，这表明在个体间的效用损失是同质的。

表 7.8 显示了购买者的网页移除的效用损失。值得注意的是，移除类别 2 和类别 5 时，相应效用损失值差别较大。当类别 2 被移除时，浏览者的效用损失占总效用的百分比为 13.3%，而购买者的效用损失占总效用的百分比为 5.1%；当类别 5 被移除时，相应数值分别为 15.4%和 21.6%。这可能是由于类别 2 包含商品的诸如类型或规则等一般信息，这些应该对浏览者更有用，而类别 5 包含了与潜在购买者更相关的购买程序和在线购买等信息。

效用损失可能导致访问量损失，原因很简单，如果消费者无法从网站上找到他需要的信息，则他会感到不满意，其效用将降低，且可能不会再回到网站。以我们仅有的五个类别为例，很明显，如果空间不够，可以考虑移除类别 4，甚至类别 3。

信息检索模型及其效用损失计算步骤的另一个应用是某一网站添加特定功能的可行性研究。假设有一企业的子公司正在维护一个没有在线购买功能的网站，并考虑是否在子公司网站上引入此类功能。从表 7.8 中可以看出，没有这种功能的效用损失可能高达 21.6%。子公司的网站设计师会根据该指南做出决定，甚至可以利用这个值来确定在网站上开发这样一个在线购买系统所需的资源。显然，我们所提出的计算步骤可以很容易地应用到其他网站上，如搜索引擎谷歌、雅虎等。衡量效用损失的计算步骤提供了一个准确方法，来估计从主页上移除一个或几个类别的网页而造成的消费者效用损失，这有助于网站设计人员决定应该在主页/首页中保留哪些类别，并更好地为消费者排列信息资源，以使网站变得更具吸引力和实用性。

7.3.2　补偿时间

效用损失衡量的是在 TRT 保持不变的情况下，在移除某个类别网页之前和之后，消费者获得的最大效用的差异。移除某一类网页的效果的另一个度量指标是补偿时间，其可以定义为：在消费者获得的最大效用保持不变的情况下，移除一个特定类别的网页之后，观看时间的增加量。计算不同类别网页被移除的补偿时间的过程如下。

（1）从网站的网页日志文件中收集消费者的 TRT 并用 T_1 表示。

（2）定义 U_5 和 U_4 分别为将某一类别网页移除前后的总效用。

（3）设置所有类别网页的初始分配时间为 0 秒。

（4）对于每增加一个时间单位（秒），通过时间分配模型，计算每个类别网页的边际效用。将时间单位分配给具有最大边际效用的网页。

（5）重复（4）直到消费者的全部时间 T_1 被分配完。

（6）移除特定类别网页后，执行（3）、（4）和（5），同时继续在剩余的四个类别网页上分配 T_1 时间。重复（4）继续分配时间，直到 $U_4 = U_5$。

（7）将新的 TRT 表示为 T_2。

（8） T_1 和 T_2 之间的差额是补偿时间。

当移除了一个类别网页需要更多时间才能获得与之前相同的效用时，所需的额外时间是补偿时间。表 7.9 显示了浏览者和购买者的五个类别网页分别被移除的补偿时间。

表 7.9 浏览者和购买者的五个类别网页分别被移除的补偿时间（单位：分）

网页类别	浏览者	购买者
类别 1	32 827.0	1 715.0
类别 2	39.8	26.6
类别 3	1.0	1.8
类别 4	1.9	0.7
类别 5	52.4	112.3

从表 7.9 中可以清楚地看出，类别 1 和类别 5 是必不可少的，并且由于补偿时间非常长，因此不能移除。此外，移除类别 3 和类别 4 的影响最小。

消费者信息更新行为对网站链接的优化也有直接的启示。大多数网站都有一个主页，用多个链接展示其内容。在主页上放置所有链接是不可行的，管理者必须决定在首页上放置哪些链接。哪个链接应该被放置在首位？哪个链接应被放置在主页的末尾（或角落）？哪些链接应该从主页中删除并添加为二级链接？对这些问题的决定直接影响到网站的吸引力。通过简单地计算和比较消费者在每个链接页面上花费的总时间，无法找到这些问题的答案，因为对消费者来说，链接页面的好处和实用性与花费的时间具有非线性关系。此外，每单位时间不同链接页面的效果不同。

本章中的信息搜索研究提供了一种量化措施来帮助公司制定链接排放策略。由于空间有限，只有各种页面的子集可以在主页上有链接。当某些链接从主页上被删除并添加为二级链接时，消费者通常很难找到其中包含的信息，可能会变得不满意，访问网站的总效用可能会降低。我们将这种降低的效用定义为效用损失。删除链接导致的效用损失越大，该链接的吸引力就越大。效用损失反映了消费者对特定信息的偏好程度，因此通过使

用这种量化措施对链接进行排序是有帮助的，我们还可以使用这些排名来
决定应将哪些链接从主页中移除并添加为二级链接。

采用构建的模型构建指标度量效用损失。根据边际效用理论，消费者始
终按照最优方式分配时间。毋庸置疑，没有人愿意花时间阅读无用的信息。

假设从主页中删除了 17 个链接中的其中一个，采用模型估计，我们有
效地分配消费者访问网站的总时间，以使 U_b（删除链接之前的效用）和 U_a
（删除链接之后的效用）最大化。U_b 和 U_a 之间的差异是由删除某个链接导
致的损失效用。

由于不同消费者在网站上花费的总时间不同，我们可以得到样本中每
位消费者的效用损失。删除一个链接导致的最终效用损失是整个样本的效
用损失的平均值。表 7.10 反映了从主页中删除 17 个链接中每个链接的效
用损失及百分比。第三列的百分比是通过在删除链接之前将损失效用除以
最大化效用得出的。效用损失的标准误差非常小，表明在群体中效果非常
均匀。该效用损失指标为网站管理者提供了一个精确的方法来确定主页上
的链接排放次序：链接 1 应放在最重要的位置，其次是链接 6 等。

表 7.10　每个链接的效用损失及百分比

链接	效用损失	百分比
链接 1	3.488（0.534）	35.36%
链接 2	0.777（0.078）	7.87%
链接 3	0.188（0.020）	1.91%
链接 4	0.044（0.020）	0.45%
链接 5	0.007（0.000）	0.08%
链接 6	1.821（0.140）	18.44%
链接 7	0.183（0.019）	1.86%
链接 8	0.062（0.001）	0.63%
链接 9	0.037（0.000）	0.38%
链接 10	0.055（0.000）	0.56%
链接 11	0.040（0.000）	0.41%
链接 12	0.947（0.139）	9.60%
链接 13	0.026（0.000）	0.27%
链接 14	0.016（0.000）	0.17%
链接 15	0.003（0.000）	0.04%
链接 16	0.013（0.000）	0.13%
链接 17	0.006（0.000）	0.07%

注：括号中的数字是标准误差，百分比不必等于100%

该指标对于优化网页链接非常有帮助。表 7.10 显示链接 1 的效用损失非常大，表明该链接中包含的信息（应用程序信息）具有很强的吸引力。该网站负责人可以考虑将该链接分成两个主链接，使得信息搜索更加方便。从表 7.10 中可以清楚地看出，链接 15 的效用损失最低，表明它是最不受欢迎的链接。因此，网站负责人可以考虑删除链接 15。因此，通过添加一个受欢迎的链接并删除一个不重要的链接，主页设计将得到优化。

效用损失指标还可应用于对网站添加特定功能链接的可行性分析。假设有一家企业的子公司正在运营一个没有"商品特征"功能的网站（链接 3），并且正在考虑是否引入这样的功能。从表 7.10 中可以看到，如果没有这样的功能，损失效用可能是 1.91%。此后，该子公司的管理者可以据此做决定，甚至可以利用效用损失值来确定在网站上开发一个"商品特征"系统。该测量效用损失的方法可以准确地估计删除一个或多个链接而造成的消费者的效用损失，有助于决定哪些链接应该保留在主页上，以及如何更好地为消费者排列信息资源，以使网站变得更具吸引力和实用性。

7.4　营销策略模拟

根据对消费者信息行为的建模，我们最终能够准确地模拟消费者的网购决策、预测网购市场需求和购买行为规律。近年来，随着电商行业的发展，越来越多的企业开通网上销售渠道。电商卖家越来越多，电商市场的竞争日益激烈。很多电商卖家实施降价促销策略——这是卖家最常用的营销方式。当下电商行业较为轰动的大促活动有"双 11 大促""618 大促""双 12 大促""春节大促"等。降价促销有助于吸引消费者、提高市场占有率，但是并非一定能提高利润。

降价幅度与样本市场占有率/盈利之间的关系是电商卖家在选择降价策略时思考的问题。基于贝叶斯更新理论构建的动态模型属于结构模型，结构模型的参数估计不受营销变量的影响，能对不同营销策略的实施进行科学的模拟检测。本节对不同的营销策略进行量化模拟，对比不同降价策略下的样本市场占有率和利润。本节在模型构建过程中设定了一个虚变量，即商品性价比（A），该变量不参与模型参数估计。若这个变量的值发生了变化，其他参数的估计值不会受到影响。降价是在质量不变的前提下降低价格，性价比变高了。以 12 个月为营销策略实施周期（电商公司盈利计算周期）。不失一般性地，设在 1 月降价，观察后面 11 个月的市场需求和盈利变化，从而模拟不同的降价策略带来的市场效果。常用的降价营销方案如下：①降价 10%（9 折）；②降价 20%（8 折）；③降价 50%（5 折）。

营销策略实施效果的模拟情况如图 7.16 所示。假设每个月的平均价格相同，市场总量不变。没有实施降价策略（原价）的样本市场占有率如图 7.16 中实线所示。1 月降价，当月的样本市场占有率大幅提高。2 月的样本市场占有率较 1 月明显降低，但是仍然比原价的样本市场占有率高。主要原因推断为在 1 月购买的消费者发布的网评皆为好评，其他消费者受这些好评的影响，选择该品牌。3 月的样本市场占有率基本恢复至原价状态。4—12 月的样本市场占有率和原价的几乎相同。可见，降价营销策略只能在短时间内刺激消费。消费者在每一次购买时都会重新权衡商品性价比。

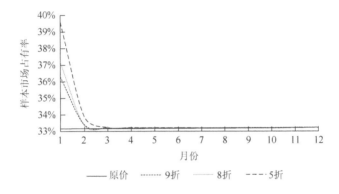

图 7.16 营销策略实施效果的模拟情况

图 7.16 显示，降价越多当月样本市场占有率越高。5 折出售可以获得最高的样本市场占有率。这 4 种降价营销策略下，12 个月的样本市场占有率之和以及相应的利润额见表 7.11。利润额＝月平均价格（P）×样本市场占有率（S）×市场总量（M）。样本市场占有率随着折扣的增加而提高，但其提高幅度与折扣力度并不成正比。10% 的降价提高当月 3.14% 的样本市场占有率，一年共提高 3.36% 的样本市场占有率；20% 的降价引起当月样本市场占有率的提高幅度为 4.01%，年提高 4.48% 的样本市场占有率；5 折的策略使当月提高 6.43% 的样本市场占有率，一年共提高 7.44%。降价获得的样本市场占有率并不能保证卖家获得最大利润。由表 7.11 可知，9 折获得的当月利润增加额少于原价，总额超过原价，增加 0.000 01PM。8 折和 5 折的利润总额都比原价少。5 折的营销策略，虽然赢得了最大的样本市场占有率，利润却是最低的。电商卖家若想得到最大的样本市场占有率可选择最大的折扣价，但要损失 0.1235PM 的总利润。若要实现样本市场占有率和利润同时提高，则需要进行较为准确的量化预测，才能找到较好的降价策略。

表 7.11 不同营销策略下的样本市场占有率和利润（12 个月）

项目		原价	9 折	8 折	5 折
总样本市场占有率		398.18%	401.82%	402.66%	405.63%
样本市场占有率提高幅度	当月提高幅度	0	3.14%	4.01%	6.43%
	年提高幅度	0	3.63%	4.48%	7.44%
利润总额		3.98PM	3.98PM	3.95PM	3.85PM
利润增加额	当月增加额	0	−0.004 9PM	−0.034 3PM	−0.133 6PM
	年增加额	0	0.000 01PM	−0.029 6PM	−0.123 5PM

注：月平均价格（P）和市场总量（M）设为不变

本书构建的测量模型对消费者网购行为的测量较为准确。对于不同的降价促销方式，消费者对市场的反应是不同的。科学的市场预测方式能够为商家提供有价值的参考建议。大幅度降价能够提高市场占有率，但是无法保证商家盈利。本书从消费者信息行为的角度构建研究模型，对消费者的购买行为进行了准确的预测。所构建的结构模型的购买预期和购买风险，不会因为市场变量的改变而改变，因此能够有效预测消费者需求和市场行为规律，尤其对于降价促销的营销策略，该类结构模型的模拟结果更加精准。

7.5 网络服装市场开发模拟

第 5 章构建的商品的购买决策模型，充分考虑了消费者在不同信息驱动下的网购决策，在准确模拟消费者购买行为的前提下，汇总得到该商品的市场扩散量和速度。模拟一件商品的市场扩散规律，对商家预测市场需求、开发新产品、降低库存成本等有一定的帮助。本节以行狐公司的服装单品为例，详细阐述每一件单品的市场扩散规律，为商家提供直观且科学的理论分析。

在本书构建生存函数模型之前，人们常用的扩散模型有三个：第一个是 Bass 模型，在新商品扩散研究领域，Bass 模型最具代表性，使用最为广泛；第二个是 Weibull 模型，Weibull 模型是比较著名且在模拟预测消费者行为领域使用最广泛的生存函数模型（Seetharaman and Chintagunta，2003）；第三个是收视扩散模型，Lu 和 Lo（2007）首次在创新扩散理论的基础上构建新型风险函数，预测电视台收视扩散行为。他们的模型构建理念与本书相似，但未考虑品牌竞争因素。上述三个模型是较为常用的扩散模型，且与本书所构建的生存函数模型或研究背景相关。

Bass 模型:

$$f(t)=\left[\alpha(\alpha+\beta)^{2}\,\mathrm{e}^{-(\alpha+\beta)t}\right]\Big/\left[\alpha+\beta\mathrm{e}^{-(\alpha+\beta)t}\right]^{2} \qquad (7.1)$$

$$F(t)=\left[1-\mathrm{e}^{-(\alpha+\beta)t}\right]\Big/\left[1+\frac{\beta}{\alpha}\mathrm{e}^{-(\alpha+\beta)t}\right],\ \alpha,\beta>0 \qquad (7.2)$$

Weibull 模型:

$$f(t)=\alpha k t^{k-1}\exp\left(-\alpha t^{k}\right) \qquad (7.3)$$

$$F(t)=1-\exp\left(-\alpha t^{k}\right),\ \ \alpha,k>0 \qquad (7.4)$$

收视扩散模型:

$$f(t)=\left[\alpha(t+1)^{k}+\beta t\right]\times\exp\left\{\frac{\alpha\left[1-(t+1)^{k+1}\right]}{k+1}-\frac{\beta t^{2}}{2}\right\} \qquad (7.5)$$

$$F(t)=1-\exp\left\{\frac{\alpha\left[1-(t+1)^{k+1}\right]}{k+1}-\frac{\beta t^{2}}{2}\right\},\ \alpha,\beta>0,k<0 \qquad (7.6)$$

四个模型对网购服装日销售量的拟合曲线如图 7.17 所示。四个模型的模拟值都随着实际值的变化而变化。本章构建的生存函数模型具有最好的模拟效果,其模拟值与实际值的差距最小。

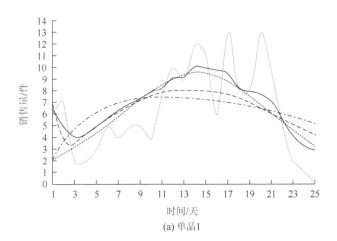

(a) 单品1

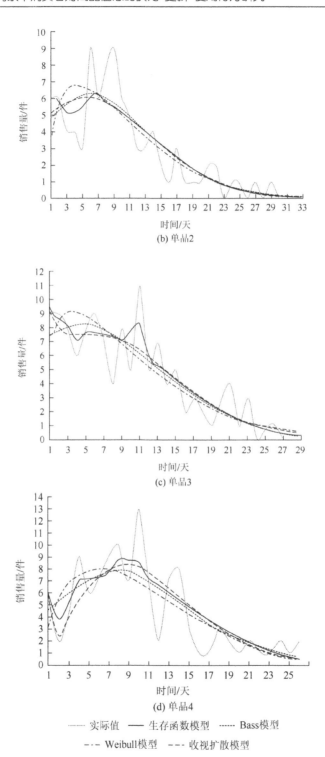

(b) 单品2

(c) 单品3

(d) 单品4

...... 实际值　—— 生存函数模型　...... Bass模型

–·– Weibull模型　– – 收视扩散模型

图7.17　四个模型对网购服装日销售量的拟合曲线

用 MAD、MSE 和 BIC 来衡量四个模型的拟合优度,结果见表 7.12。可以看出基于消费者信息行为所构建的生存函数模型的拟合优度优于现有的三个相关模型。

表 7.12　四个模型的拟合优度对比验证

服装单品	生存函数模型			Bass 模型			Weibull 模型			收视扩散模型		
	BIC	MAD	MSE	BIC	MAD	MSE	BIC	MAD	MSE	BIC	MAD	MSE
单品 1	1049.7	1.8	5.2	1054.6	2.1	7.1	1063.7	3.1	11.5	1057.0	2.3	8.1
单品 2	664.4	0.9	1.5	670.9	1.1	1.9	671.9	1.1	2.1	672.9	1.1	1.8
单品 3	860.1	1.0	1.8	867.6	1.2	2.5	868.7	1.6	4.7	868.4	1.2	2.2
单品 4	809.4	1.3	3.5	811.1	1.6	4.3	816.2	1.9	6.8	813.3	1.5	4.2

第8章 结　　论

基于大数据和人工智能技术的信息推送使得人们获知信息的方式变得被动，而智能手机的兴盛让人们更新信息的方式灵活多变。在信息获知行为和信息更新行为的双重影响下，消费者的信息使用行为表现出动态不确定性，由此产生难以预知的购买决策。消费者对商品信息的获知、更新和使用行为是消费者进行购买决策前的必经环节，是准确模拟消费者购买决策的关键因素。本书在数智赋能的信息技术环境下，基于统一标识的消费者跨平台信息行为记录数据，研究消费者对商品信息的获知、更新和使用行为，模拟整个购买决策的形成机制，揭示消费者信息行为的内在逻辑，提出更加准确的消费者购买行为拟合机制，为探索市场规律、预测市场需求以及制定营销策略提供理论指导。

8.1　研　究　结　论

信息获知行为的研究模型可以分为两部分：时间分配部分和基础效用部分。时间分配部分包含了饱足效应及包括角落（未选定的选项）和内部（选定的选项）解决方案的属性。基础效用部分在反映消费者动态学习行为方面起着主要作用。在对信息行为的深入研究中，我们开发了两个协变量来分别描述学习的定量和定性动态过程。有两种不同的方法可以使用先验信息来研究当前的选择，它们之间的主要区别在于，定量动态外生地构建了一个连接先前决策和当前选择的关系，但是它只能估计可观察变量的影响，如节目选择和观看时间。定性动态通过回答先前的决定如何以及为什么会影响当前的选择和使用时间，深入研究先前的决策。它也可以捕捉不可观测变量的影响，如质量和变异性（Erdem and Keane，1996）。我们的实证结果表明，包含这些定性变量显著提高了模型的性能。

标准贝叶斯理论假定消费者可以以 100%的准确度回忆他们之前的质量评估（Erdem and Keane，1996；Ching，2010）。然而，事实上，消费者对先前评估的记忆通常会随着时间的推移而减弱，从而导致对先前评估的记忆不完整（Anderson，2000；Zhao et al.，2011）。因此，消费者在做决策时实际使用的之前的质量评估是打折扣的。另外，遗忘导致更大的评估差异。指数衰减函数用于表示消费者对先验评估的不完全回忆，而该指数衰减的倒数可表示质量评估方差（Mehta et al.，2004）。因此，我们相应地提出贝叶斯更新理论。实证结果表明，模型中考虑遗忘的影响可以显著提高模型的性能。在方法论上，本书开启了一个新的动态多节目适用模型应用领域，该模型利用贝叶斯学习理论和遗忘理论预测电视节目的观众观看规律。

利用 TVB 的数据，我们验证了我们构建的新模型的性能。基于完整模型的参数估计，探讨了相关营销策略。主要分析结果可以分为两个方面。一方面是针对电视台的：①提高电视剧某些剧集的质量能够提高电视剧收视率。这种效果在前几集中更加明显，但由于消费者的遗忘效应，它会逐渐消失；②提高前几集的质量，对提高电视剧收视率的效果是最好的；③关于提高电视剧收视率，在前几集中投入有限的资源比在所有剧集中平均安排资源的效果更好；④增强消费者的记忆力，对提高电视剧收视率有积极影响。电视台可以定期播放宣传片来推广电视剧或延长每集的播放时长，以给消费者留下更深的印象。另一方面是针对广告商的：①选择"开头"质量更高、更具吸引力的电视剧；②选择被电视台推广的或播放时长较长的电视剧。本书将消费者的观看体验作为消费者质量评估的补充信息。然而，还可以通过一些其他信息渠道让消费者获得新的信息，如推广电视剧的宣传片（Erdem and Keane，1996）、口碑等。从这些渠道获得的信息也与真实质量相关，所以也可以将其作为消费者学习过程中的附加信息进行研究。

从消费者对节目的观看行为转移到消费者对广告的观看行为，我们发现直接研究消费者对广告的观看行为难度非常大；所需的以秒为记录单位的广告收视数据极难获得。于是，我们先模拟消费者对广告的观看模式。以分钟为单位的人员测量仪数据表明，在节目和广告播放期间，某频道的观众调入数量保持稳定，波动很小，并且广告播放前和广告播放后的调出数量变化也不大。然而，在广告播放期间，观众调出数量的变化显著不同，呈一种突然增加，之后随广告播放时间的持续而衰退的趋势。因此，我们使用均匀分布对调入行为、广告播放前和广告播放后的调出行为建模，使用贝塔分布对广告播放期间的调出行为建模。由于前三个广告时段的调出行为与第四个广告时段不同，因此，我们又构建了一个单独的广告观看时长模型，并使用卡方检验的拟合优度验证了模型。

根据观看模式的假设进行统计估计，本书方法的许多可行应用可能会让广告商和电视台受益。每秒的消费者人数可以根据人员测量仪以分钟为单位记录的原始数据来模拟。因此，我们的方法能够为广告商提供详尽的数据，这有助于广告安排和广告定价。我们扩展了以分钟为单位的人员测量仪数据的功能。

广告观看时长模型，没有时间间隔和群组的限制，易于得到广泛应用。换句话说，无须投入额外的资源或精力，广告商就能够从人员测量仪数据中，获得关于其广告的更为详细的信息。对每个消费者某一特定广告的观看时长的估计，将帮助广告商定位和预测潜在消费者。广告观看时长估计引入了一个经济概念，即观众秒数，以量化方式衡量广告效果。观众秒数为广告商提供通用而简明的信息，有助于比较在不同的节目或频道插播某一广告的效果。此外，观众秒数能够提供更详尽的信息，帮助对不同时段、不同节目中的广告进行合理定价。有理由相信，未来观众秒数会被广泛应用于学术研究和管理指导。

围绕消费者信息更新行为，我们研究了消费者的网页浏览、网站链接点击和网页停留问题。我们首次尝试使用生存分析来预测消费者在网站上购买的等待时间。根据网站上所有页面的内容将其分类，来研究它们对浏览和提交等待时间的影响。同时还考虑了消费者首次访问网站到购买截止日期之间的天数。针对注册数据和提交数据这两类样本数据，本书分别构建了四种基础的生存模型并进行比较，以选择数据拟合效果最优的模型。在估计基础模型的过程中，我们发现生存模型可以很好地拟合互联网数据，这意味着用生存模型拟合互联网数据具有可行性。根据三个衡量模型预测有效性的指标——BIC、MSE 和 MAD，分别选择 Weibull 函数和 gamma 函数应用于注册数据和提交数据。由于所有提交数据都超过 60 分钟，所以基础模型采用截断的 gamma 函数模型，并在第 4 章中推导出了新的比例风险模型。

Cox 比例风险模型用于研究协变量的影响。对于注册数据，所有商品的详细信息以及规定和类型都对消费者的购买意向有显著影响，在这些网页上提供足够的信息以满足潜在购买者的需求十分重要，以便消费者可以尽快注册，从而使注册等待时间缩短。对于提交数据，所有商品的详细信息似乎对消费者的最终提交影响更大。总之，提供更多关于商品的信息对缩短注册和提交等待时间有积极的作用，从而可以提高消费者的满意度，并吸引更多的购买者。

利用效用结构和随机效用理论研究消费者的网页选择行为是一种全新的、有价值的研究方向。以前对网站的研究或者是定性的、描述性的，或者使用数据挖掘技术来提取知识并从网页日志数据中挖掘行为模式。据我们所知，这些研究都没有从消费者的角度考虑浏览各种网页的最大化效用。

为了对消费者在不同时间里浏览多个页面的真实情况建模，排除了经典的离散选择模型，如多项 Logit 模型和 Probit 模型，因为他们只能模拟单个选择问题，即从一组互斥的选择中选择一个。经济文献中的标准需求模型更适合于同时进行多种选择的情况。Kim 模型特别适合，因为它明确地考虑了竞争和饱足效应。因此，选择了基于可转化、可加性效用结构的模型。

由于网页空间有限，网页设计人员总是会遇到如何安排网站主页的外观和适当数量的内容的问题。我们定义了两个度量指标来研究移除一个网页类别的效果。第一个是"效用损失"，定义为：在 TRT 保持不变的情况下，在移除某个类别的网页之前和之后，消费者所获得的最大效用的差异。第二个是"补偿时间"，定义为：在所获得的最大效用保持不变的情况下，移除某个类别的网页之前和之后，观看时长的差异。这两个指标非常有用，可帮助网站设计人员选择有价值的信息并进行安排。这些指标还可用于帮助设计搜索引擎的网页并进行在网站中引入新功能的可行性研究。

尽管主页空间有限，但由于硬件技术的进步，服务器中的存储空间几乎是无限的。因此，可以根据需要，在网站中包含尽可能多的页面/信息。唯一的问题是如何开发一个良好的链接系统来引导消费者快速访问所需的页面。主页和所需页面之间的点击时间是影响消费者满意度和忠实度的关键因素。本书的一个有趣扩展是研究效用损失和补偿时间与到达所需网页的点击时间之间的关系；对网页设计的模型的另一个有趣扩展是网页个性化，可以利用我们的模型获得效用损失和补偿时间，基于消费者在网站上的先前行为，促进网站个性化主页的设计。

基于消费者信息获知和信息更新行为的分析，我们探索消费者的信息使用行为机制。以网络服装购置为例，本书首先研究消费者对信息的筛选行为，主要表现为消费者不断更新网购预期和风险，本书构建的信息筛选模型能够有效模拟消费者对信息的过滤和使用机制，准确地模拟消费者在不断使用信息的过程中，呈现出的动态的购买决策行为。此外，也能够有效模拟不同市场营销策略的实施效果。其次，我们创新性地将扩散理论和生存分析理论相结合，创建新型理论模型，综合考虑当下网络服装多品牌竞争的市场特点、消费者网购行为特点以及服装本身的商品特点，将网络服装开发归结于三种市场使用者：创新使用者、模仿使用者和竞争使用者，并用一个生存函数解释这三者的购买行为。模型的构建简单易懂，有别于当前模拟竞争品牌开发的复杂结构。模型参数估计不需要其竞争品牌的销售数据。通过实证进行商品销售量的拟合并对模型进行对比验证，结果表明本书构建的创新生存函数模型对网络服装的市场开发有较强的解释和拟合能力。

8.2 研 究 局 限

本书讨论的主题有许多可能的扩展，对收视多样化动态模型的研究可以扩展到更多类别的节目和活动，并在所有类别中涵盖定量和定性动态。另外，为了研究更多电视节目的竞争关系，可以延长该段时间的持续时间。该主题中的模型将消费者的观看体验作为唯一附加信息来更新消费者对电视剧的质量评估。然而，消费者可以从其他渠道获得新信息，如促销电视剧的广告、口头传播等，消费者从这些渠道收到的信息也与电视剧的真实质量有关。因此，也可以将它们作为消费者学习过程中的附加信息加以研究。收视多样化动态模型也可用于处理其他问题，如上网冲浪。网站的消费者可以将他的总访问时间分配给几个不同类别的网页，并且学习模型可以再次用于研究消费者如何更新他们对网页内容的质量评估。另外，本书假设消费者获取的信息来源于广告和网页。随着数智时代的发展，信息获取渠道更加广泛，如视频直播、线上互动等。以后的研究可适当拓展信息源，使对消费者信息获取行为的研究更贴近现实生活。同时结合消费者常用的信息获取渠道组合，如电视＋手机的互动间歇性观看，手机＋电脑组合的检索性观看等多种新媒体信息获取行为。

尽管我们构建了一个动态的选择多样化模型来解决动态学习过程和选择多样化的问题，但本书的研究仍然存在一些局限性。首先，在研究学习行为时，只观察一个电视剧，并且根据最大似然函数估计该电视剧的真实质量，这从统计估计理论来看是不准确的，没有真实质量的基准。因此，难以确定电视剧的真实质量。一个更好的方法是同时选择消费者对两个或更多电视剧的学习行为进行研究。其次，当使用贝叶斯更新理论时，我们使用指数衰减函数来解决遗忘问题，由于指数函数具有简单的形式，因此我们的模型不那么复杂，实际上，应该选择一个拟合效果更好的模型，而不是更简单的模型。有几个衰减函数应该考虑，如贝塔分布和 gamma 分布。

未来关于消费者广告观看行为建模的主题，可能涉及以下领域：由于使用本书模型估计的以秒为单位的广告观看时长，尚未由人员测量仪以秒为单位的真实数据证明，因此如果人员测量仪以秒为单位的真实数据能够获得，未来的研究可以验证我们的估计；还可以考虑使用其他统计模型以描述调入行为和调出行为，或者将诸如质量、演员、主题等电视剧的属性纳入模型中，来构建更为准确的模型。

这些模型可用来构建预测系统，以预测观众在未来广告时间的广告观看行为。有两个因素对广告观看行为的影响非常显著：节目播出时间段和节目类型。由于在某个特定的时间段内，人们可能会从事某些工作，如在早上 7 点到 8 点，人们正忙着准备上班，而在 21 点 30 分到 22 点 30 分，许多人可能待在家里看电视或做家务。因此，当节目播出时间改变时，用于描述调入行为和调出行为的模型可能会改变。类似地，节目类型也可能对观看广告的行为有影响，如电视剧中广告的消费者保留率高于公共事务节目。考虑到这两个因素，可以构建适合广告观看行为的不同模型来组成预测系统。根据在相同时间段内播放的类型相同的节目的模型，可以预测未来节目的一般广告观看模式。因此，在预测节目收视率的同时，如果广告商想要选择播出其广告的时间段和节目类型，本书所提出的方法也可以方便且快捷地预测广告收视率。

本书所假设的调入行为模型可以进一步修改，因为一些研究结果表明，当广告即将结束时，一些对节目接下来的部分感兴趣的消费者将会回到该频道（Swaminathan and Kent，2013）。在这种情况下，广告即将结束时，消费者的调入行为并不统一。我们的数据没有给出这种现象的有力证据。但是，如果这种行为能够被证明，则不应采用统一的分布，需要引入其他分布。第 3 章介绍了对调入行为和调出行为建模来测量以秒为单位的广告收视率的第一步。卡方检验的贝塔分布的 P 值是 0.33。未来的研究可以致力于构建更先进的模型更准确地模拟观看行为。

网络品牌营销策略有很多，如模仿明星商品的优势特征、开展价格竞争等，不同营销策略下，商品开发机制有所变化，可引发一系列开发模型的拓展研究。第 3 章所构建的模型并未考虑营销策略的变化的影响，有待于进一步研究。

参 考 文 献

艾兴政，唐小我. 2000. 广告媒介下两种产品竞争与扩散模型研究. 管理工程学报，14（3）：19-22.

陈志刚，贾涛，陶厚永. 2017. 等待或决策：基于预测更新过程的报童模型. 系统工程，35（4）：116-121.

陈治，王曦璟. 2013. 大学生网购冲动行为影响因素研究. 数理统计与管理，32（4）：676-684.

邓爱民，陶宝，马莹莹. 2014. 网络购物顾客忠诚度影响因素的实证研究. 中国管理科学，22（6）：94-102.

丁士海，韩之俊. 2009. 基于创新扩散的耐用品品牌扩散模型探析. 软科学，23（3）：127-133.

丁士海，韩之俊. 2011. 考虑竞争与重复购买因素的耐用品品牌扩散模型. 系统工程理论与实践，31（7）：1320-1327.

杜宾. 2014. 基于社会学习的创新扩散模型构建与实证. 系统工程理论与实践，34（4）：2619-2627.

方新，蹇明，靳留乾，等. 2017. 考虑提前期压缩的 Newsvendor 型产品供应链契约协调模型. 管理工程学报，31（3）：174-182.

傅荣，王佩珊. 2018. 基于改进创新扩散模型的移动互联网产品迭代扩散研究. 科技管理研究，38（23）：94-100.

洪瑞阳，吴水龙，袁永娜，等. 2017. 社会身份信息一致性对消费者购买意向的影响研究：基于社交网络品牌支持者的口碑情境. 营销科学学报（辑刊），13（4）：67-82.

黄琦炜，张玉林. 2019. 动态消费者社交网络中产品扩散研究. 系统工程学报，34（4）：433-444.

霍良安，丁凡，蒋杰辉，等. 2018. 新媒介影响下的创新产品信息扩散模型研究. 数学的实践与认识，48（10）：1-6.

孔伟成，李琪，姜素芳. 2011. 网络服装购买行为的影响因素分析. 财经论丛，15（2）：105-109.

毛照昉，刘弯弯，李辉. 2016. 季节性易逝品预售与回购联合决策研究. 管理科学学报，19（2）：74-84.

饶燕芳，吕晓玲. 2014. 网络团购消费者选择行为和消费者获益研究. 统计与决策，（4）：95-99.

宋连莲，米传民. 2019. 基于贝叶斯更新理论的网购决策模拟研究. 营销科学学报，15（2）：102-115.

汪芸芳，史意，陈丽华. 2020. 基于 BP 神经网络及灰色 GM（1，1）模型的服装供应链第三方库存预测应用研究. 数学的实践与认识，50（3）：277-285.

徐琪，刘峥. 2014. 基于 SVM 的短生命周期产品供应链双渠道需求预测模型. 系统管理学报，23（2）：255-262，270.

叶作亮，王雪乔，宝智红，等. 2011. C2C 环境中顾客重复购买行为的实证与建模. 管理科学学报，14（12）：71-78.

张磊，李一军，闫相斌. 2008. 基于竞争的多代产品扩散模型及其实证研究. 系统工程理论与实践，28（12）：84-92，106.

中国产业信息. 2019. 2019 年中国各电商平台双十一规模及天猫 2019 年双十一预售各品类品牌份额. http://www.chyxx.com/industry/201911/804542.html[2024-05-15].

周英男，罗小利，张秀珍. 2012. 重复购买 Logit 扩散模型应用分析. 科研管理，33（4）：73-79.

Ackerberg D A. 2003. Advertising, learning, and consumer choice in experience good markets: an empirical examination. International Economic Review, 44（3）: 1007-1040.

Agag G M, El-Masry A A. 2016. Cultural and religiosity drivers and satisfaction outcomes of consumer perceived deception in online shopping. Internet Research, 26（4）: 942-962.

Akçura M T, Gönül F F, Petrova E. 2004. Consumer learning and brand valuation: an application on over-the-counter drugs. Marketing Science, 23（1）: 156-169.

Anderson J R. 2000. Learning and Memory: an integrated approach. 2nd ed. Hoboken: John Wiley & Sons Inc.

Anker G. 2007. RBSIP beats birthday deadline for online applications. Money Marketing. https://www.moneymarketing.co.uk/news/rbsip-beats-birthday-deadline-for-online-applications/[2024-05-15].

Aros L J L, Germano-Soares A H, de Moura Silva C R, et al. 2017. Trends in television and computer/videogame use and total screen time in high school students from Caruaru city, Pernambuco, Brazil: a repeated panel study between 2007 and 2012. Motriz: Revista de Educação Física, 23: e101793.

Atkinson C. 2008. How commercial ratings changed the $70B TV market. https://www.adage.com/images/random/0908/Commercial-Ratings%20White%20Paper.pdf/[2024-05-15].

Bellotti T, Crook J. 2009. Credit scoring with macroeconomic variables using survival analysis. Journal of the Operational Research Society, 60（12）: 1699-1707.

Bhat C R. 2005. A multiple discrete-continuous extreme value model: formulation and application to discretionary time-use decisions. Transportation Research Part B: Methodological, 39（8）: 679-707.

Bhat C R. 2008. The multiple discrete-continuous extreme value（MDCEV）model: role of utility function parameters, identification considerations, and model extensions. Transportation Research Part B: Methodological, 42（3）: 274-303.

Bhat C R. 2015. A new generalized heterogeneous data model（GHDM）to jointly model mixed types of dependent variables. Transportation Research Part B: Methodological, 79: 50-77.

Bhat C R. 2018. A new flexible multiple discrete-continuous extreme value（MDCEV）choice model. Transportation Research Part B: Methodological, 110: 261-279.

Bhat C R, Astroza S, Bhat A C, et al. 2016. Incorporating a multiple discrete-continuous outcome in the generalized heterogeneous data model: application to residential self-selection effects analysis in an activity time-use behavior model. Transportation Research Part B: Methodological, 91: 52-76.

Brynjolfsson E, Hu Y, Rahman M S. 2009. Battle of the retail channels: how product selection and geography drive cross-channel competition. Management Science, 55（11）: 1755-1765.

Bucklin R E, Sismeiro C. 2003. A model of web site browsing behavior estimated on clickstream data. Journal of Marketing Research, 40（3）: 249-267.

Caballero-Luque T M, Casa-Coila V H, Lima-Medina I. 2021. Characterisation of root-knot nematode（Meloidogyne spp.）and frequency of nematodes associated with artichoke crops in the "Irrigación Majes", Arequipa, Peru. Journal of Plant Diseases and Protection, 128（2）: 627-632.

Callens M, Croux C. 2005. Performance of likelihood-based estimation methods for multilevel binary regression models. Journal of Statistical Computation and Simulation, 75（12）: 1003-1017.

Chen L P, Dhillon J K. 2012. Deep approaches to learning in improving reading skills: a case study from Yunnan Agricultural University. Theory and Practice in Language Studies, 2（8）: 1603-1613.

Chen P T, Hsieh H P. 2012. Personalized mobile advertising: its key attributes, trends, and social impact. Technological Forecasting and Social Change, 79（3）: 543-557.

Chen S C, Dhillon G S. 2003. Interpreting dimensions of consumer trust in E-commerce. Information Technology and Management, 4（2）: 303-318.

Chen Y H, Lu Y B, Wang B, et al. 2019. How do product recommendations affect impulse buying? An empirical study on WeChat social commerce. Information & Management, 56（2）: 236-248.

Ching A T. 2010. Consumer learning and heterogeneity: dynamics of demand for prescription drugs after patent expiration. International Journal of Industrial Organization, 28（6）: 619-638.

Comanor W S, Wilson T A. 1967. Advertising market structure and performance. The Review of Economics and Statistics, 49（4）: 423-440.

Cox D R. 1972. Regression models and life-tables. Journal of the Royal Statistical Society Series B: Statistical Methodology, 34（2）: 187-202.

Cunliffe A L. 2001. Managers as practical authors: reconstructing our understanding of management practice. Journal of Management Studies, 38（3）: 351-371.

Cunliffe D. 2019. The market for Welsh language mobile applications-a developers' perspective. Telematics and Informatics, 36: 12-26.

Danaher P J. 1995. What happens to television ratings during commercial breaks?. Journal of Advertising Research, 35（1）: 37-34.

Danaher P J, Beed T W. 1993. A coincidental survey of people meter panelists: comparing what people say with what they do. Journal of Advertising Research, 33（1）: 86-93.

Danaher P J, Dagger T S. 2012. Using a nested logit model to forecast television ratings. International Journal of Forecasting, 28（3）: 607-622.

Danaher P J, Dagger T S. 2013. Comparing the relative effectiveness of advertising channels: a case study of a multimedia blitz campaign. Journal of Marketing Research, 50 (4): 517-534.

Danaher P J, Dagger T S, Smith M S. 2011. Forecasting television ratings. International Journal of Forecasting, 27 (4): 1215-1240.

Danaher P J, Danaher T S, Smith M S, et al. 2020. Advertising effectiveness for multiple retailer-brands in a multimedia and multichannel environment. Journal of Marketing Research, 57 (3): 445-467.

Danaher P J, Smith M S, Ranasinghe K, et al. 2015. Where, when, and how long: factors that influence the redemption of mobile phone coupons. Journal of Marketing Research, 52 (5): 710-725.

Dennis D M, Gray D M. 2013. An episode-by-episode examination: what drives television-viewer behavior-digging down into audience satisfaction with television dramas. Journal of Advertising Research, 53 (2): 166-174.

Diaz I M R, Ca taluña F J R. 2011. Antecedents of the importance of price in purchase decisions. Revista de Administração de Empresas, 51 (4): 370-381.

Dunn R, Reader S, Wrigley N. 1983. An investigation of the assumptions of the NBD model as applied to purchasing at individual stores. Journal of the Royal Statistical Society Series C: Applied Statistics, 32 (3): 249-259.

Elsbach K D, Stigliani I. 2018. Design thinking and organizational culture: a review and framework for future research. Journal of Management, 44 (6): 2274-2306.

Erdem T. 1996. A dynamic analysis of market structure based on panel data. Marketing Science, 15 (4): 359-378.

Erdem T. 1998. An empirical analysis of umbrella branding. Journal of Marketing Research, 35 (3): 339-351.

Erdem T, Keane M P. 1996. Decision-making under uncertainty: capturing dynamic brand choice processes in turbulent consumer goods markets. Marketing Science, 15(1): 1-20.

Erdem T, Keane M P, Sun B H. 2008. A dynamic model of brand choice when price and advertising signal product quality. Marketing Science, 27 (6): 1111-1125.

Etzioni A. 1996. The responsive community: a communitarian perspective. American Sociological Review, 61 (1): 1-11.

Ewing M T. 2013. The good news about television: attitudes aren't getting worse: tracking public attitudes toward TV advertising. Journal of Advertising Research, 53 (1): 83-89.

Fay S. 2009. Competitive reasons for the Name-Your-Own-Price channel. Marketing Letters, 20 (3): 277-293.

Feo-Valero M, Arencibia A I, Román C. 2016. Analyzing discrepancies between willingness to pay and willingness to accept for freight transport attributes. Transportation Research Part E: Logistics and Transportation Review, 89: 151-164.

Folse J A G, Niedrich R W, Grau S L. 2010. Cause-relating marketing: the effects of purchase quantity and firm donation amount on consumer inferences and participation intentions. Journal of Retailing, 86 (4): 295-309.

Fu J, Wu L, Jiang M, et al. 2017. Real-world impact of non-breast cancer-specific death on overall survival in resectable breast cancer. Cancer, 123 (13): 2432-2443.

Gao H Y. 2014. Western Economics（Micro Part）. 6th ed. Beijing：Renmin University of China Press.

Gensch D，Shaman P. 1980. Models of competitive television ratings. Journal of Marketing Research，17（3）：307-315.

Givon M，Mahajan V，Muller E. 1995. Software piracy：estimation of lost sales and the impact on software diffusion. Journal of Marketing，59（1）：29-37.

Givon M，Mahajan V，Muller E. 1997. Assessing the relationship between the user-based market share and unit sales-based market share for pirated software brands in competitive markets. Technological Forecasting and Social Change，55（2）：131-144.

Gross A J，Clark V A. 1976. Survival Distributions：Reliability Applications in the Biomedical Sciences. New York：Wiley.

Gruber M. 2020. An evolutionary perspective on adoption-diffusion theory. Journal of Business Research，116：535-541.

Guadagni P M，Little J D C. 1983. A logit model of brand choice calibrated on scanner data. Marketing Science，2（3）：203-238.

Hartzel K S，Wood C A. 2017. Factors that affect the improvement of demand forecast accuracy through point-of-sale reporting. European Journal of Operational Research，260（1）：171-182.

Helsen K，Schmittlein D C. 1993. Analyzing duration times in marketing：evidence for the effectiveness of hazard rate models. Marketing Science，12（4）：395-414.

Horen J H. 1980. Scheduling of network television programs. Management Science，26（4）：354-370.

Jain D C，Vilcassim N J. 1991. Investigating household purchase timing decisions：a conditional hazard function approach. Marketing Science，10（1）：1-23.

Jensen R. 1982. Adoption and diffusion of an innovation of uncertain profitability. Journal of Economic Theory，27（1）：182-193.

Jensen R. 1983. Innovation adoption and diffusion when there are competing innovations. Journal of Economic Theory，29（1）：161-171.

Jumbe C B L，Angelsen A. 2011. Modeling choice of fuelwood source among rural households in Malawi：a multinomial probit analysis. Energy Economics，33（5）：732-738.

Kahn B E，Kalwani M U，Morrison D G. 1986. Measuring variety-seeking and reinforcement behaviors using panel data. Journal of Marketing Research，23（2）：89-100.

Kalbfleisch J D，Prentice R L. 1981. Estimation of the average hazard ratio. Biometrika，68（1）：105-112.

Kanetkar V，Weinberg C B，Weiss D L. 1992. Price sensitivity and television advertising exposures：some empirical findings. Marketing Science，11（4）：359-371.

Keane M P，Wolpin K I. 1994. The solution and estimation of discrete choice dynamic programming models by simulation and interpolation：monte carlo evidence. Review of Economics and Statistics，76（4）：648-672.

Kent R J. 2002. Second-by-second looks at the television commercial audience. Journal of Advertising Research，42（1）：71-78.

Kerin R A, Hartley S W, Rudelius W. 2013. Marketing: The Core. 5th ed. New York: McGraw-Hill.

Khan K, Koti M O. 2018. Explore the buying behaviour towards online purchase of medicines with special reference to netmeds. Journal of Hunan University (Natural Science), 45: 12.

Kim J, Allenby G M, Rossi P E. 2002. Modeling consumer demand for variety. Marketing Science, 21 (3): 229-250.

Kim J S, Ratchford B T. 2012. Consumer choice and use of multiple information sources for automobile purchases. International Journal of Electronic Commerce, 16 (3): 7-40.

Kim M J, Lee C K, Contractor N S. 2019. Seniors' usage of mobile social network sites: applying theories of innovation diffusion and uses and gratifications. Computers in Human Behavior, 90: 60-73.

Kirzner I M. 2007. Market Theory and the Price System. Ludwig: von Mises Institute.

Kotler P, Armstrong G. 2014. Principles of Marketing. 15th ed. Hoboken: Pearson.

Krishnan T V, Bass F M, Kumar V. 2000. Impact of a late entrant on the diffusion of a new product/service. Journal of Marketing Research, 37 (2): 269-278.

Kukar-Kinney M, Xia L. 2017. The effectiveness of number of deals purchased in influencing consumers' response to daily deal promotions: a cue utilization approach. Journal of Business Research, 79: 189-197.

Lattin J M, McAlister, L. 1985. Using a variety-seeking model to identify substitute and complementary relationships among competing products. Journal of Marketing Research, 22 (3): 330-339.

Lee B. 1999. Calling patterns and usage of residential toll service under self selecting tariffs. Journal of Regulatory Economics, 16 (1): 45-82.

Lee B, Lee R S. 1995. How and why people watch TV: implications for the future of interactive television. Journal of Advertising Research, 35 (6): 9-19.

Lehmann D R. 1971. Television show preference: application of a choice model. Journal of Marketing Research, 8 (1): 47-55.

Li R Q, Liu Y P, Bustinza O F. 2019. FDI, service intensity, and international marketing agility: the case of export quality of Chinese enterprises. International Marketing Review, 36 (2): 213-238.

Lin R H, Jan C, Chuang C L. 2019. Influencer marketing on Instagram. International Journal of Innovation in Management, 7 (1): 33-41.

Liu H B, Kešelj V. 2007. Combined mining of Web server logs and web contents for classifying user navigation patterns and predicting users' future requests. Data & Knowledge Engineering, 61 (2): 304-330.

Liu J, Hill S. 2021. Frontiers: moment marketing: measuring dynamics in cross-channel ad effectiveness. Marketing Science, 40 (1): 13-22.

Liu Q, van Ryzin G. 2008. On the choice-based linear programming model for network revenue management. MSOM.

Liu X H, Lo H P. 2019. Audience learning in the television industry: modeling the audience's two-stage decision procedure. Working Paper.

Lowenstein-Barkai H, Lev-On A. 2018. Complementing or substituting? News in an era of multiple platforms and second screens. International Journal of Human-Computer Interaction, 34（10）: 922-931.

Lu X L, Lo H P. 2007. Television audience satisfaction: antecedents and consequences. Journal of Advertising Research, 47（3）: 354-363.

Lu X L, Lo H P. 2009. A new survival model for the diffusion pattern of TV programs. Communications in Statistics-Simulation and Computation, 39（1）: 28-44.

Luce R D. 1959. On the possible psychophysical laws. Psychological Review, 66（2）: 81-95.

Mandalinci Z. 2017. Forecasting inflation in emerging markets: an evaluation of alternative models. International Journal of Forecasting, 33（4）: 1082-1104.

Masseglia F, Poncelet P, Teisseire M. 1999. Using data mining techniques on Web access logs to dynamically improve hypertext structure. ACM SIGWEB Newsletter, 8（3）: 13-19.

McKnight D. 2012. Henry mayer lecture 2012: the market populism of Rupert Murdoch. Media International Australia, 144（1）: 5-12.

Mehta N, Rajiv S, Srinivasan K. 2004. Role of forgetting in memory-based choice decisions: a structural model. Quantitative Marketing and Economics, 2（2）: 107-140.

Meyer R J, Sathi A. 1985. A multiattribute model of consumer choice during product learning. Marketing Science, 4（1）: 41-61.

Montgomery A L, Li S B, Srinivasan K, et al. 2004. Modeling online browsing and path analysis using clickstream data. Marketing Science, 23（4）: 579-595.

Moon T H, Sohn S Y. 2011. Survival analysis for technology credit scoring adjusting total perception. Journal of the Operational Research Society, 62（6）: 1159-1168.

Moshkin N V, Shachar R. 2002. The asymmetric information model of state dependence. Marketing Science, 21（4）: 435-454.

Narayanan S, Manchanda P. 2009. Heterogeneous learning and the targeting of marketing communication for new products. Marketing Science, 28（3）: 424-441.

Nasejje J B, Mwambi H, Dheda K, et al. 2017. A comparison of the conditional inference survival forest model to random survival forests based on a simulation study as well as on two applications with time-to-event data. BMC Medical Research Methodology, 17（1）: 1-17.

Nguyen N, Leblanc G. 2001. Corporate image and corporate reputation in customers' retention decision in services. Journal of Retailing and Consumer Services, 8（4）: 227-236.

Özel I D. 2021. Market integration and transformation of business politics: diverging trajectories of corporatisms in Mexico and Turkey. Socio-Economic Review, 19（1）: 219-245.

Pinjari A R, Bhat C R. 2011. Activity-based travel demand analysis//de Palma A, Lindsey R, Quinet E, et al. A Handbook of Transport Economics. Edward Elgar Publishing: 213-248.

Reineke D, Crown J. 2004. Estimation of hazard, density and survivor functions for randomly censored data. Journal of Applied Statistics, 31（10）: 1211-1225.

Roberts J H, Urban G L. 1988. Modeling multiattribute utility, risk, and belief dynamics for new consumer durable brand choice. Management Science, 34 (2): 167-185.

Rogers E M. 1962. Diffusion of Innovations. New York: The Free Press of Glencoe.

Rubin D C, Wenzel A E. 1996. One hundred years of forgetting: a quantitative description of retention. Psychological Review, 103 (4): 734-760.

Rust R T, Alpert M I. 1984. An audience flow model of television viewing choice. Marketing Science, 3 (2): 113-124.

Sawyer A. 2021. Repetition, cognitive responses and persuasion//Richard E P, Ostrom T M, Brock T C. Cognitive Responses in Persuasion. Hillsdale: Lawrence Erlbaum Associates: 237-261.

Schweidel D A, Fader P S. 2009. Dynamic changepoints revisited: an evolving process model of new product sales. International Journal of Research in Marketing, 26 (2): 119-124.

Schweidel D A, Kent R J. 2010. Predictors of the gap between program and commercial audiences: an investigation using live tuning data. Journal of Marketing, 74 (3): 18-33.

Seetharaman P B. 2003. Probabilistic versus random-utility models of state dependence: an empirical comparison. International Journal of Research in Marketing, 20 (1): 87-96.

Seetharaman P B, Chintagunta P K. 2003. The proportional hazard model for purchase timing: a comparison of alternative specifications. Journal of Business & Economic Statistics, 21 (3): 368-382.

Segijn C M, Voorveld H A M, Smit E G. 2017. How related multiscreening could positively affect advertising outcomes. Journal of Advertising, 46 (4): 455-472.

Shi Y, Kim J B, Zhao Y. 2023. How much does ad sequence matter? Economic implications of consumer zapping and the zapping-induced externality in the television advertising market. Journal of Advertising, 52 (2): 229-246.

Simonov A, Nosko C, Rao J M. 2018. Competition and crowd-out for brand keywords in sponsored search. Marketing Science, 37 (2): 200-215.

Sismeiro C, Bucklin R E. 2004. Modeling purchase behavior at an e-commerce web site: a task-completion approach. Journal of Marketing Research, 41 (3): 306-323.

Song J, Zahedi F M. 2005. A theoretical approach to web design in E-commerce: a belief reinforcement model. Management Science, 51 (8): 1219-1235.

Song L L, Hu B X, Mou J. 2021. Investigating consumer binge-watching behavior: a valence framework perspective. Journal of Retailing and Consumer Services, 62: 102604.

Song L L, Lau R Y K, Kwok R C W, et al. 2017. Who are the spoilers in social media marketing? Incremental learning of latent semantics for social spam detection. Electronic Commerce Research, (1): 51-81.

Song L L, Shi Y, Tso G K F. 2022. Commercial audience retention of television programs: measurement and prediction. International Journal of Advertising, 41 (3): 435-461.

Song L L, Tso G, Fu Y L. 2019. Click behavior and link prioritization: multiple demand theory application for Web improvement. Journal of the Association for Information Science and Technology, 70 (8): 805-816.

Song L L, Zhang Q X, Hu B X, et al. 2022. To resist or to purchase: the causal mechanism of binge-watching and program purchase. Journal of Retailing and Consumer Services,

68: 103021.

Song Q B, Shepperd M. 2007. A new imputation method for small software project data sets. Journal of Systems and Software, 80 (1): 51-62.

Stoneman P. 1981. Intra-firm diffusion, Bayesian learning and profitability. The Economic Journal, 91 (362): 375-388.

Swaminathan S, Kent R. 2013. Second-by-second analysis of advertising exposure in TV pods: the dynamics of position, length, and timing. Journal of Advertising Research, 53 (1): 91-100.

Talluri K, van Ryzin G. 2004. Revenue management under a general discrete choice model of consumer behavior. Management Science, 50 (1): 15-33.

Tavakoli M, Cave M. 1996. Modelling television viewing patterns. Journal of Advertising, 25 (4): 71-86.

Tellis G J. 2017. Interesting and impactful research: on phenomena, theory, and writing. Journal of the Academy of Marketing Science, 45: 1-6.

Tellis G J, Chandy R K, Thaivanich P. 2000. Which ad works, when, where, and how often? Modeling the effects of direct television advertising. Journal of Marketing Research, 37 (1): 32-46.

Telser L G. 1964. Advertising and competition, Journal of Political Economy, 72 (6): 537-562.

Train K. 2009. Discrete Choice Methods with Simulation. Cambridge: Cambridge University Press.

Tse A C B, Lee R P W. 2001. Zapping behavior during commercial breaks. Journal of Advertising Research, 41 (3): 25-29.

van Dijk E, de Dreu C K W. 2021. Experimental games and social decision making. Annual Review of Psychology, 72: 415-438.

van Iwaarden J, van der Wiele T, Ball L, et al. 2003. Applying SERVQUAL to Web sites: an exploratory study. International Journal of Quality & Reliability Management, 20 (8): 919-935.

van Meurs L. 1994. The future at your fingertips: towards an automated forecasting model for television ratings. Paris: ESOMAR/ARF Worldwide Electronic and Broadcast Audience Research Symposium.

Wales T J, Woodland A D. 1983. Estimation of consumer demand systems with binding non-negativity constraints. Journal of Econometrics, 21 (3): 263-285.

Wilbur K C. 2008. A two-sided, empirical model of television advertising and viewing markets. Marketing Science, 27 (3): 356-378.

Wolfinbarger M, Gilly M C. 2001. Shopping online for freedom, control, and fun. California Management Review, 43 (2): 34-55.

Wycinka E. 2015. Time to default analysis in personal credit scoring. Prace Naukowe Uniwersytetu Ekonomicznego We Wrocławiu, (381): 527-536.

Yamaguchi K. 1998. Mover-stayer models for analyzing event nonoccurrence and event timing with time-dependent covariates: an application to an analysis of remarriage. Sociological Methodology, 28 (1): 327-361.

Yoo C Y，Kim H G. 2002. An analysis of prediction error for new prime-time television programmes: a comparative study between the USA and Korea. International Journal of Advertising，21（4）: 525-546.

Zhang C G，Gu Y D. 2014. Contralateral C7 nerve transfer: our experiences over past 25 years. Journal of Brachial Plexus and Peripheral Nerve Injury，6（1）: e62-e65.

Zhao Y，Zhao Y，Helsen K. 2011. Consumer learning in a turbulent market environment: modeling consumer choice dynamics after a product-harm crisis. Journal of Marketing Research，48（2）: 255-267.

Zhou J Y，Fan J X，Wang J，et al. 2019. Cost-efficient viral marketing in online social networks. World Wide Web，22（6）: 2355-2378.

Zigmond D，Dorai-Raj S，Interian Y，et al. 2009. Measuring advertising quality on television: deriving meaningful metrics from audience retention data. Journal of Advertising Research，49（4）: 419-428.

Zufryden F S，Pedrick J H，Sankaralingam A. 1993. Zapping and its impact on brand purchase behavior. Journal of Advertising Research，33（1）: 58-67.